上海市"十三五"重点出版物出版规划项目

马克思主义政治经济学译丛

An Introduction to Marxist Economics

马克思主义政治经济学分析

乔治·凯特弗里斯（George Catephores） 著

刘晓音 译

上海财经大学出版社

图书在版编目(CIP)数据

马克思主义政治经济学分析/(英)乔治·凯特弗里斯(George Catephores)著;刘晓音译.—上海:上海财经大学出版社,2023.9
(马克思主义政治经济学译丛)
书名原文:An Introduction to Marxist Economics
ISBN 978-7-5642-3970-1/F·3970

Ⅰ.①马… Ⅱ.①乔…②刘… Ⅲ.①马克思主义政治经济学-研究 Ⅳ.①F0-0

中国版本图书馆CIP数据核字(2022)第044344号

□ 策　　划　陈　佶
□ 责任编辑　胡　芸
□ 封面设计　贺加贝

马克思主义政治经济学分析

乔治·凯特弗里斯　著
(George Catephores)

刘晓音　译

上海财经大学出版社出版发行
(上海市中山北一路369号　邮编200083)
网　　址:http://www.sufep.com
电子邮箱:webmaster@sufep.com
全国新华书店经销
上海华业装潢印刷厂有限公司印刷装订
2023年9月第1版　2023年9月第1次印刷

710mm×1000mm　1/16　15.25印张(插页:2)　274千字
定价:86.00元

图字：09-2023-0573 号
An Introduction to Marxist Economics
George Catephores

© George Catephores 1989

All rights reserved. No reproduction, copy or transmission of this publication may be made without written permission.

First published in English by Palgrave Macmillan, a division of Macmillan Publishers Limited under the title An Introduction to Marxist Economics ISBN：978-0333461020 by George Catephores. This edition has been translated and published under license from Palgrave Macmillan. The author has asserted his right to be identified as the author of this Work.

CHINESE SIMPLIFIED language edition published by SHANGHAI UNIVERSITY OF FINANCE AND ECONOMICS PRESS，copyright © 2023.

2023 年中文版专有出版权属上海财经大学出版社
版权所有　翻版必究

目　录

总序/001

前言/001

致谢/001

第一章　经济学和历史唯物主义/001

第一部分　生产力的增长

第二章　商品生产和资本主义/017

第三章　劳动价值论/032

第四章　价值、劳动力和剥削/052

第五章　货币与增长/101

第二部分　生产力的束缚

第六章　资本主义与危机/119

第七章　增长、加速和信贷/138

第八章　利润率的下降趋势/156

第三部分　向社会主义的过渡

第九章　集体资本主义的兴起/179

第十章　工人阶级/195

延伸阅读/220

总　序

习近平同志曾在2017年9月主持十八届中央政治局第43次集体学习时发表讲话指出:"学习研究当代世界马克思主义思潮,对我们推进马克思主义中国化,发展21世纪马克思主义、当代中国马克思主义具有积极作用。"[1]"当代世界马克思主义思潮,一个很重要的特点就是他们中很多人对资本主义结构性矛盾以及生产方式矛盾、阶级矛盾、社会矛盾等进行了批判性揭示,对资本主义危机、资本主义演进过程、资本主义新形态及本质进行了深入分析。这些观点有助于我们正确认识资本主义发展趋势和命运,准确把握当代资本主义新变化新特征,加深对当代资本主义变化趋势的理解。"[2]上海财经大学马克思主义学院组织编译的这套《马克思主义政治经济学译丛》,正是遵循着习近平同志重要讲话所指引的方向,关注、追踪、分析、借鉴国外马克思主义在政治经济学领域当中的一些代表性理论成果,试图为国内读者学习研究当代世界马克思主义思潮提供一份助力,帮助读者更深刻地理解资本主义发展的内在规律和最新动向,更精准地诊断资本主义的症结、批判资本主义的反动本质、把握资本主义的变化脉络,为推进当代中国马克思主义、21世纪马克思主义的持续深入发展尽一份绵薄之力。

早在20世纪50—60年代,国内理论界就已经初步开展了对国外马克思主义若干代表人物和理论观点的关注,自改革开放新时期以来,对国外马克思主义的引介和阐释更是有了长足的发展,成为一门"显学"。到21世纪初,党中央

---

[1]《习近平谈治国理政》第二卷,外文出版社,2017年,第65页。
[2]《习近平谈治国理政》第二卷,外文出版社,2017年,第67页。

领导实施的马克思主义理论研究和建设工程推动设立了"马克思主义理论"一级学科,其中专门设立了"国外马克思主义研究"二级学科,科学界定了这项研究工作的地位和使命,研究好国外马克思主义是我们马克思主义理论学界"在马言马"不可或缺的组成部分。进入新时代,面对着中国社会主要矛盾发生改变,面对着中国胜利全面建成小康社会并昂首阔步迈上全面建设社会主义现代化的新征程,面对当今世界正在经历百年未有之大变局,习近平新时代中国特色社会主义思想全面系统地完善和总结了中国特色社会主义的基本路线、基本方略,并在实践进程中不断展现出中国特色社会主义的制度优势和文明图景,让科学社会主义的旗帜在 21 世纪的中国高高飘扬。当此时刻,通过比较分析国外马克思主义的思想理论积累和当代前沿成果,尤其可以为中国马克思主义的发展提供富源,我们应当像陈云同志所说的那样,以"交换、比较、反复"的辩证态度,对国外马克思主义与中国马克思主义的联系与区别做出深入的分析,继续深入推进马克思主义的科学事业。

而且我们特别需要指出的是,在我国之前开展国外马克思主义研究的几十年间,有一个比较显著的现象就是相关译介和研究的重心集中于哲学、文学、政治学、社会学等学科领域,而马克思主义的创始人早就一针见血地指出,"对市民社会的解剖应该到政治经济学中去寻求"[1],社会变迁和政治变革的终极原因"不应当到有关时代的哲学中去寻找,而应当到有关时代的经济中去寻找"[2]。习近平同志讲话当中关于资本主义的生产方式、阶级、危机等理论主题的阐述,也正是完全契合了马克思主义创始人对问题域的重点关切,具有鲜明的政治经济学属性,指引我们在关注和吸收国外马克思主义的相关成果时,必须尤其注重其政治经济学理论,同它们在哲学等其他学科领域的话语相结合,这样才能厘清资本主义的结构、演进过程、新形态及本质的完整图景。

由于当今西方发达资本主义主导下的全球经济体系遭遇越来越多、越来越频繁的难题、困境、波折,特别是在 2008 年金融危机、"反全球化"、"逆全球化"浪潮兴起等带有根本性、普遍性的问题冲击之下,国外马克思主义以及更广泛意义上的左翼理论家的研究、分析、批判工作尤其得到了激活,包括国内出版界也注意译介引入了一些相关论著,例如前几年托马斯·皮凯蒂的《21 世纪资本论》等作品就在我国引发了一阵关注和热议。但严格来说,国内这方面的努力

---

[1] 《马克思恩格斯文集》第 2 卷,人民出版社,2009 年,第 591 页。
[2] 《马克思恩格斯文集》第 9 卷,人民出版社,2009 年,第 284 页。

还不够,对照马克思主义科学事业深入发展的要求,对照习近平同志的指示精神,还有很大的提升空间。尤其,我们可以遵循习近平讲话精神,突出提炼出国外马克思主义这种揭示和分析工作的两大特点:一是"新",是针对当代资本主义新变化、新特征做出新的批判,而不是抽象地把握既往马克思主义的一些经典理论和做法,将它们简单重复、搬动、套用到今天;二是"大",是要把握住资本主义的趋势和命运这类宏大叙事,而不是纯粹学究式地沉浸在一些哲学思辨或文本考据功夫当中,或者说这种细节功夫最终一定要落实到为宏大主旨服务中去,彰显马克思主义和社会主义、共产主义的鲜亮底色。

当代国外马克思主义理论的"新"的方面,是在坚持马克思主义的批判的革命的本性前提下,对于经典马克思主义的一些具体分析社会现实的重要概念,比如劳动、资本、价值、剥削、阶级和阶级斗争等,与时俱进地反思和拓展其内涵外延,从而国外马克思主义在其论述中展现出了与经典作家和正统叙事不同的新见解,例如要结合全球化、金融化、数字化等新形态分析劳动、资本、价值、剥削、阶级和阶级斗争之类范畴的构成方式和经济意义,这成为国外马克思主义理论探讨当中一个非常热门的问题。当代国外马克思主义理论的"大"的方面,是其中的许多论者都注意到劳工问题、性别问题、种族问题、生态问题等与资本主义社会当中重大现实政治格局和实践走势有着紧密联系的议题,特别是注意到当今资本主义体系之下的新型社会关系尝试和萌芽,阐发其理论意义,给予其理论前瞻,而这就促使许多论者继承和发展马克思主义政治经济学,抓住经济分析的切入点,挖掘其背后的深层原因和运动机制,揭示全球性资本主义的不平衡发展和内在对立冲突,在新的高度上再次确证资本主义灭亡和社会主义胜利的宏大前景。

上海财经大学在马克思主义政治经济学领域具有深厚的学术底蕴,积累了十分丰富的研究成果,而这也是同我们积极关注和借鉴国外马克思主义政治经济学的有益元素分不开的。例如在"论"的方面,上财学人批判吸收国外马克思主义政治经济学研究的论题、观点和方法,同中国实际相结合,规范与实证、定性与定量研究有机统一,努力让上财成为国内推进政治经济学学科范式创新的代表性学术高地;在"史"的方面,上财学人积极构建科学全面的评价话语体系,以程恩富教授主编的《马克思主义经济思想史》(五卷本)为代表,纵览世界范围内的代表性学术流派,给予深入分析和公正评价,彰显马克思主义政治经济学的开放发展性;在"人"的方面,上财学人在研究工作中注意同大卫·科兹等一批当代世界著名马克思主义政治经济学家保持密切往来,多次邀请这些学者前来讲学交流,包括引进他们所培养的优秀青年学人加盟上财团队,保持上财在马克思主义政治经济学研究的朝气和活力。那么同样地,我们对于国外马克思主义政治经济学的关注和借鉴也要体现在"书"的方面,我们以上海财经大学马克思主义学院的学科建设为依托,系统筹划,遴选出 9 部具有代表性的国外马克思主义政治经济学著作,甘做冷门,甘坐冷板凳,以追求真理的热忱将之译介给中国读者,以求开阔我们马克思主义政治经济学研究的理论视野。

这 9 部著作的研究方向和阐述内容大致可以分为三个层次。

第一个层次,是对马克思主义的政治经济学理论的总体面貌,以及政治经济学同马克思主义整体理论和其他组成部分的关系,进行通览性的系统介绍和解读,带有一定的教材性质。《劳特利奇马克思主义政治经济学手册》(*Routledge Handbook of Marxian Economics*)作为哲学社会科学著名的通识读本"劳特利奇手册"的一员,全书 37 章依次介绍了马克思主义政治经济学从经典到前沿的一系列研究课题的基本内容、研究情况和发展动向,由当今英语世界学界的骨干学者亲自撰写,十分便于读者了解当今这一领域的研究动态。《马克思主义体系:经济、政治与社会观》(*The Marxist System:Economic,Political,and Social Perspectives*)则对马克思思想中的经济学、哲学和科学社会主义做出了卓越的阐述,并着重对其政治经济学要义及相关思想脉络做了翔实的回顾探讨。《马克思主义政治经济学分析》(*An Introduction to Marxist Economics*)充分借助了数学分析工具和图形推演,对劳动价值理论、货币增长、利润率下降趋势以及资本主义危机等丰富的话题开展了细致的探讨,从而使得本书无论在分析方法上,还是在结论呈现上都有着独特的价值。

第二个层次,是对马克思主义政治经济学当中一些论题的深入挖掘研究,特别是对资本主义存在矛盾和危机的内在必然性的揭示。《价值、技术变革与危机:马克思主义经济理论探索》(*Value,Technical Change,and Crisis:Explorations in Marxist Economic Theory*)针对马克思主义传统中的一些重要主题,如价格、价值、利润、工资、剥削等进行了系统评述,并运用现代经济学的分析工具来完善这些概念,充分结合了定量与定性研究方法,展现马克思主义理论研究的时代性。《马克思的危机理论:稀缺性、劳动与金融》(*Marx's Crises Theory:Scarcity,Labor,and Finance*)为解释马克思的危机理论提供了一个总体框架,展示了如何运用马克思的辩证法去严格分析各种资本要素,进而揭示了这些要素之中所蕴含的深层次矛盾和未来发生经济危机的内在必然性。《**全球化与政治经济学批判：马克思著作的新视角**》(*Globalization and the Critique of Political Economy：New Insights from Marx's Writings*) 以一种宏大的政治经济史框架来开展研究，帮助读者以全球视野重新认识马克思主义思想的伟大之处，充分体现其先进性和科学性，并结合全球化时代资本主义的新变化、新内容，向读者展现了《资本论》等巨著对资本主义经济规律的深入剖析所具有的普遍性价值。

第三个层次，是在马克思主义政治经济学同哲学、政治学、社会学等的交叉领域开展的创新话语研究。《**经济学与权力：马克思主义批判观点**》(*Economics and Power：A Marxist Critique*) 探讨了在马克思主义语境下对于"权力"和"竞争"等经典概念的创新阐释，分析了政治经济学语境中的极端自由契约主义，作者的观点充分基于"批判现实主义"哲学，给出了马克思主义对于资本主义中的权力与高压政治的解释。《**马克思主义政治经济学研究——知识与阶级视角**》(*Knowledge and Class：A Marxian Critique of Political Economy*) 则采用某种"后现代主义"的马克思主义解释路径，对辩证法、矛盾、知识、真理、阶级和资本主义等核心概念做出了重构性的阐述，力求突破各种形式的经济决定论视野，进而对马克思主义思想做出了新的构建。《**《资本论》与马克思的工人阶级政治经济学**》(原书第二版)[*Beyond Capital：Marx's Political Economy of the Working Class*(*Second Edition*)]主张以具体的雇佣劳动为主线建构起工人阶级政治经济学的新型叙事，突出人的需要与资本主义替代方案之间的内在关系，其理论话语颇有启示价值。

具体就《马克思主义政治经济学分析》一书而言，共分为三篇：生产力的增长、生产力的束缚以及向社会主义的过渡。在此主题下，分别对劳动价值理论、货币增长、利润率下降趋势以及资本主义危机等丰富的话题开展了细致的探讨。相比于其他的马克思主义政治经济学研究类著作，本书作者充分借助了数学分析工具和图形推演，从而使得本书的理论分析具有浓厚的学术意味，但所得出的结论却又清晰直观，无论是在分析方法上还是在结论呈现上都具有独特的价值。

书中所探讨的马克思主义政治经济学原理内容，既包含马克思本人所提出的思想，也涉及其后的一些马克思主义政治经济学家所做的经典阐述，有助于马克思主义研究者了解相关领域的发展动态。

总而言之,我们希望以《马克思主义政治经济学译丛》的出版为契机,进一步推动研究分析当代世界马克思主义思潮,进一步发展完善马克思主义政治经济学理论话语,进一步推进21世纪马克思主义的真理事业。

我们诚恳希望广大读者能够对我们的译文提出宝贵的意见和建议,鞭策我们保持初心、砥砺前行!

章忠民
上海财经大学马克思主义学院　院长

前　言

马克思主义经济学的学者有时可能会觉得他们的研究内容分为两个截然不同的部分：一部分是早期的、容易的；另一部分是晚期的、困难的。

早期部分涵盖了劳动价值理论、剩余价值理论和剥削分析的基本理论。对于准备将更有争议性问题（转化问题，同质劳动与异质劳动）的讨论放在课程单独部分的老师来说，这部分工作是可控的，而且也很有趣。其原始作者留下了高度完善的相关理论，理论连贯、论据充分，通常写得非常清楚，几乎是为教科书的演示而量身定制的。

此外，鉴于主流经济学顽固地反对给这种想法留出一席之地，在马克思之后，许多人认为这是简单的常识：在资本主义市场经济中，对劳动的剥削与一般竞争均衡完全一致——尽管年代久远，但强调剥削的马克思主义经济学仍然保留了新鲜感和独创性，这让大众感到惊讶。

马克思主义这一部分对普通人的基本正义感的强烈吸引力进一步增强了这种影响。有什么比将价值和分配的经济理论建立在这样一个前提下更公平呢？在理想条件下，只有生产劳动才应赋予产品所有权（因此是购买力的基础）。清晰、独创性加上道德承诺感，所有这些结合在一起，使马克思主义经济学课程的第一部分成为老师和读者的天堂。

在第二部分，事情发生了转变。在这里，必须面对的是资本主义生产方式的机制在其宏观经济后果中的复杂性，如何将劳动价值论与它们联系起来既不明显也不容易。棘手的问题，比如失业、垄断、危机、技术变革、资本积累、信贷、货币，又如整个社会阶层的富裕或贫穷、增长与停滞以及经济衰退等，都是必须解决的问题。在这样的问题上,马克思主义经济学的原始资料并不像在剥削问题上那样有帮助,但并不是说这些资料有任何思想上的缺陷。相反,想法很多;有时人们会想,这些想法是不是太多了。但是,清晰度、逻辑顺序、发展的连续性,以及一本好的教材(也可能是一本坏的书)的传统品质,往往是痛苦地缺失的。原本是老师的天堂,现在却变成了他(更不用说读者)的噩梦。我们该怎么办呢?

对这一问题的传统回应是试图抛开许多枝节问题,去寻找马克思分析的"宏大结构"。在马克思多产的著作中追寻这种结构可能是令人沮丧的,但也是有吸引力的。人们常常在无法解决的复杂问题中感到迷失,突然间,马克思的一个天才的闪光点照亮了道路、刺破了黑暗。人们感到被太长、重复的段落所带来的难以言喻的乏味所击垮,直到精神被马克思的某种意外爆发的嘲讽幽默所振奋。事实上,追逐可以变得如此引人入胜,以至于有些人从来没有费心思去结束它、从森林中走出来,拿着他们能够捕获的任何猎物来展示。

在更广泛的意义上,马克思本人在某种程度上也是这样一个被施了魔法的"猎手"。在他无休止地堆积起来的未发表的手稿中,与他在生前允许自己或被环境允许发表的结果相比,追逐的范围要大得多。例如,在《资本论》第一卷德文版的序言中,他写道:"这部作品的最终目的是揭示现代社会的经济运动规律。"但是,尽管他为这一目标贡献了大量的分析材料,但他从来没有明确指出他的各种公式中的一个,选择它作为一些这样的准则的最终版本。

其他人尝试为他做这件事是不可避免的。思想的传播,无论是在学术生活中还是在政治中,都需要一些更明确的东西,更能够在智力上被占有,甚至被驯化,而不是马克思的爆炸性思维中那种动荡的、常常令人困惑的、无止境的东西。科学革命的爆发必须由正常的科学来跟进。[①] 后者的职责是系统化,以一种有条不紊的、干脆利落的方式陈述规律和模型,这些规律和模型往往在其紧迫性上是不完整的,只能模糊地辨别出来,而那些被逼着实现一些伟大的原创性突破的人均如此。

我们难道不应该感谢"正常的科学家"(normal scientists),感谢他们所做的

---

① 本书序言中的"自然科学"一词,承载着首创者赋予它的特殊意义,正如托马斯·库恩在 1970 年芝加哥出版的《科学革命的结构》(第二版,扩展版)第 10 页中阐述的,"在这篇文章中,"库恩写道:"'自然科学'指的是,在过去的一项或多项科学成果的基础上进行的研究,一些特定的科学界曾一度承认的成就,为其进一步实践也提供了基础。"

工作吗？他们是使我们的工作成为可能的人。他们把讲课、教学、布道、写字、听课、学习甚至采取政治行动的任务降低到与大多数人的平均限制相称的程度。至少在马克思主义经济学的两个连续领域之间的差距问题上，我当然要感谢这样一位"正常的科学家"，他使本书的授课工作成为可能。多年前，罗纳德·米克(Ronald Meek)①的一篇论文提醒了我，存在着一个可能被视为接近马克思所承诺的资本主义"运动规律"的简明陈述。米克并没有自己写这个声明。他在美国马克思主义者约瑟夫·吉尔曼(Joseph Gillman)②的《利润率下降》(The Falling Rate of Profit)一书中找到了现成的陈述，并在没有修改和（当然）充分承认的情况下使用它。

不能说吉尔曼本人从马克思的著作中提取了一个独特的声明，总结了资本主义制度的整个中心趋势。相反，他提出了资本主义的4条"运动定律"的复合体：(1)利润率下降的定律；(2)周期性危机日益严重的定律；(3)资本集中和集中化的定律；(4)工人阶级日益痛苦的规律。虽然有4条，但它们是充分整合的，可以视为一个连贯的模型，代表了资本主义生产方式更狭隘的经济方面。

从前面提到的劳动价值理论和资本主义经济的宏观经济分析之间的差距来看，吉尔曼对4条定律的总结确实设法建立了一座桥梁。利润率下降的规律，即吉尔曼陈述中所隐含的模型的核心，可以被视为从劳动价值理论和剩余价值理论中直接推导出来的。危机也必须在积累过程理论的框架内进行分析，而积累过程本身是以价值术语描述的。鉴于这种联系，从价值理论到马克思主义宏观经济学的过渡成为可能，而4条定律的简洁陈述为有序介绍马克思论点中组织得比较差的部分提供了一个全面的框架。最后，对资本主义发展的演变趋势的强调，特别是在资本日益集中和集中化的规律中表现出来，将更狭义的经济模式与历史唯物主义的一般理论所开辟的生产方式的变化和继承的更广阔的视野联系起来。

最后一点确实引起了一些额外的困难。如果资本主义制度在其存在期间不断发展，那么是否有可能仅仅借助于一个单一的模型来理解其运作，还是有必要建立一整套模型？马克思在某种程度上已经预见到这种困难，他在《资本论》第一版的序言中写道："工业比较发达的国家只向欠发达的国家展示它自己

---

① "Marx's 'Doctrine of Increasing Misery'" in Ronald L. Meek, *Economics and Ideology and Other Essays* (London, 1967), p. 126.

② Joseph M. Gillman, *The Falling Rate of Profit* (New York, 1958), p. 1.

的未来形象。"因此,理论家应该有可能站在这个"未来"的立场上,把自己放在现有的最发达的资本主义经济的水平上,并在一个单一的理论工具,即主要适用于先进资本主义的分析模型的帮助下,对资本主义发展的最高阶段和通往它的道路给出全面的看法。

历史唯物主义、劳动价值理论、马克思主义宏观经济学和经济发展理论可以通过这种方式形成一个群组,围绕着吉尔曼提出的4条"运动定律"的核心。这种方法的好处并没有被表述的优势所穷尽。它所带来的马克思主义理论的充分性和强大的内部凝聚力,本身就是建立理论真理的重要一步。许多马克思的追随者都因为感受到他的教学的综合力量而被征服了,他们中最伟大的人——列宁——用以下华丽的语言给予了赞扬[1]:

> 马克思学说具有无限力量,就是因为它正确。它完备而严密,它给人们提供了决不同任何迷信、任何反动势力、任何为资产阶级压迫所作的辩护相妥协的完整的世界观。

本书作者认为,直到最近,一种与上一段开头所述大体相似的模式,以某种形式获得了大多数马克思主义从业者的忠诚,无论是在学术教学还是在政治生活中。我将其命名为"早期马克思主义模式"(the early Marxist model),我与许多其他马克思主义"正常科学家"一起,也在教学中采用这种模式,并试图通过研究来捍卫这种模式。

所有"正常科学家"的主要问题是如何处理相反的证据,因为他们被他们的范式的一些令人印象深刻的成功说服了,相信它的基本有效性。收集更多的证据,澄清和解释现有的证据,或者通过对他们的范式进行微小的修改来使其与他们的范式相协调,这些都是必须在某个场合应用的策略。游戏规则所不允许的是,一旦经验性证据出现轻微的反对,他们就会放弃一个经过试验的基本解释方案。如果他们这样做,就犯了"天真的证伪主义"(naïve falsificationism),

---

[1] 《列宁全集》第23卷,人民出版社1990年版,第41页。这算不上酒神赞歌,却是对马克思思想一致性基本的即时的评估。桑斯坦·凡勃伦曾非常中肯地说道:"除了作为一个整体……即马克思主义体系,不仅是站不住脚的,甚至是不可理解的……系统中没有任何成员、没有任何一条原则是可以被公平地理解、批评或辩护,除非是作为整体成员,并提供了源头和控制规范。"Thornstein Veblen, The Socialist Economics of Karl Marx and his Followers, *Quarterly Journal of Economics*, August 1906.

甚至连波普尔都不会宽恕。① 而且,"正常科学家"常常不得不把他们的理论与数据的冲突当作无关紧要的事情来处理,而这些冲突远比对经验证据皱眉头要严重得多。即便是牛顿范式的实践者也没有逃脱这种命运②,更不用说那些远不如经典物理学精确的学科的追随者了。

早期马克思主义模式的实践者,虽然没有物理学的威望或成功的支持,但在捍卫他们的范式方面,并没有比牛顿主义者顽固得多。然而,渐渐地,反常现象和反面证据堆积如山,以至于他们中的一些人意识到需要进行大幅度的修改。这些修改通常采取以下形式:鉴于有压倒性的证据反对吉尔曼总结的 4 条定律,其中一条将首先被放弃。但在一个像早期马克思主义模式那样紧密结合的思想体系中,事实证明不可能只放弃一部分。对整个结构进行全面而深远的修改是迟早的事。

在这方面,斯威齐(P. M. Sweezy)的案例很有启发意义。他本人是早期模式的杰出实践者,也是这方面的经典教材《资本主义发展理论》(*Theory of Capitalist Development*)的作者,他提出了对利润率下降规律的批判,同时仍在为基本模式的整体性辩护。在他的教材中,他只讲了一部分,对规律提出了某些限定。但他很快意识到,该模式的其他方面必须进行相应修改,并最终提出一个全新的模式。

他和巴兰(P. A. Baran)在他们合著的《垄断资本》(*Monopoly Capital*)中做到了这一点,在该书中,利润率下降趋势的规律被作者提出的剩余上升趋势的新规律所取代。斯威齐和巴兰——充分认识到马克思主义分析的各个部分之间,特别是劳动价值理论和利润率下降规律之间的强大凝聚力——没有忘记指出,在他们的新方法中,劳动价值理论不再直接适用。他们的理由是,在垄断资本主义(他们打算分析的资本主义生产方式的当前相关阶段)下,市场结构导致了一种与劳动价值理论的竞争假设不一致的定价。他们接着把吸收盈余定义为资本主义在其垄断阶段的新的、主要的经济问题。

巴兰和斯威齐的工作提供了一个例子,即真正意义上的深远尝试,用一个

---

① 一旦某种科学理论与特定的证据相矛盾,就予以拒绝,它在哲学上的困难之处参见 I. Lakatos, "Falsification and the Methodology of Scientific Research Programmes", in *The Methodology of Scientific Research Programmes*, Vol. Ⅰ (Cambridge, 1978), pp. 8ff。

② 有关牛顿物理学中的一些异常现象,参见 Paul Feyerabend, *Against Method* (London, 1975), p. 35。

旨在更好地解释资本主义经济的变化情况的模型来取代早期的马克思主义模型。他们的工作，或其他相同的工作，并没有使早期马克思主义模式完全过时。正如斯威齐所说[1]，依赖劳动价值理论的分析对于理解弥漫于资本主义生产方式所有阶段的基本结构是不可或缺的。

在赞同这一观点的同时，就劳动价值论而言，我认为，早期的马克思主义模式，即被视为围绕吉尔曼收集的4条"运动定律"的思想集群，已不再站得住脚。对其某些方面积累了太多的经验证据，对其某些概念积累了太多的理论批评。无论"正常的马克思主义科学家"为其基本范式辩护的本能有多么强烈，这些都不能再被置之不理了。

另一方面，在我看来，当务之急不是完全摒弃和取代，而是构建早期模式的修正版。在不预告本书任何部分的情况下，作者可以说，他把自己的努力倾注在以从早期模式过渡到他称之为"修正的马克思主义模式"的形式来介绍基本的马克思主义经济学上。在这一过程中，痛苦增加的规律已经消失了，利润率下降的规律也失去了它的中心地位，但书中（尤其是最后几章）所捍卫的修正的马克思主义模式，很明显是与早期模式同属一个家族的成员。

修正后的马克思主义模式与它的先行者大相径庭之处，不在于它的经济学，而在于它的社会政治含义。通过纳入剥削增加的规律，早期的马克思主义模式使工人阶级革命的成熟在所有意图和目的上都是不可避免的。如果没有这样一种规律，革命性的预测就不那么明显了。在修正后的马克思主义模式下，资本主义逐渐建立起社会主义改造的客观条件，它本身就是一个非常令人不快的剥削性制度，这一点仍然是事实。但它的恶化程度已不足以迫使主观条件的出现，即在大多数人口中形成革命意识。这种意识必须通过弱势阶层的政治自我教育的替代过程来发展，意识的内容成为对社会主义制度的积极认可和选择，而不是仅仅对资本主义制度的消极拒绝。在民主制度下，社会阶层的说服而非暴力对抗最终可能被证明足以在大多数人中形成社会主义变革所需的那些态度。这种"非革命"的含义是否会在全球范围内，甚至在地方范围内盛行，我并不打算知道。它们似乎符合我们这个时代的先进资本主义社会的条件。20世纪的所有革命风暴都是从不发达的资本主义国家开始的。早期马克思主义模式的革命含义，在马克思时代是由当时最先进的资本主义社会——英

---

[1] 参见"Marxian Value Theory and Crises" in Ian Steedman and others, *The Value Controversy* (London, 1981), pp. 20ff。

国的经验所启发的,如今在世界一些不发达地区,在经历了工业革命的劳动后,可能更有意义。从他们的革命潜力来看,可能对他们更有意义的是,马克思在《资本论》第一版第一卷的序言中,对他的祖国德国——在1867年,按当时的英国标准仍是一个不发达的国家——所说的一句简短但极富洞察力的话。马克思写道:

> 在其他一切方面,我们也同西欧大陆所有其他国家一样,不仅苦于资本主义生产的发展,而且苦于资本主义生产的不发展。除了现代的灾难而外,压迫着我们的还有许多遗留下来的灾难,这些灾难的产生,是由于古老的、陈旧的生产方式以及伴随着它们的过时的社会关系和政治关系还在苟延残喘。[①]

这种新旧罪恶的交织可能是对今天第三世界(或现在先进资本主义国家历史上的早期时代)观察到的革命动荡的最好解释。如果是这样,革命的潜力在早期而不是晚期资本主义中达到最大。

大多数马克思主义理论家认为,在世界资本主义的现代垄断阶段,不发达国家不能期待永远发展成为先进资本主义国家。如果是这样,"工业比较发达的国家"就不再向欠发达的国家展示"自己的未来形象"。与先进资本主义有关的分析——修正的马克思主义模式——不能再被视为对不发达国家也广泛有效。对于这些国家,早期的马克思主义模式可能仍然适用。鉴于这两种模式的社会政治影响截然不同,这种分离在马克思主义理论中造成了一条严重的裂缝。

这并不是唯一的问题。从早期的马克思主义模式过渡到修正后的马克思主义模式后,经济和政治之间的联系的放松,必须被视为同样严重的问题。对发达资本主义和不发达资本主义进行单独的理论处理,对发达资本主义的经济和政治趋势进行单独的处理,所有这些都与令列宁着迷的"全面而和谐"的学说相去甚远。然而,在更大的,有时是混乱的、多种多样的模式或方法中,如今声称从马克思那里获得灵感(或真正从那里获得灵感,而不是声称),原始来源的活力和多功能性得到了证明。对马克思的分析进行修正,旨在使他的见解与自他的时代以来的发展保持一致,是否以及在多大程度上为他的宏大项目服务,目前的从业者还不能肯定地说。只有像马克思那样大胆而全面的新综合体,通过衡量每一个部分的贡献或批评的价值与新综合体的整体性,才能解决这个问

[①] 《马克思恩格斯全集》第44卷,人民出版社2001年版,第9页。

题。在此之前,萨缪尔森(Samuelson)在美国经济学会纪念《资本论》第一卷出版100周年之际发表的告诫(在他想象的那样的审判日,他自己会有很多问题要回答),将困扰着马克思主义理论的从业者,不管是友好的还是不友好的。[1]

最后,我希望,就像汤姆·索亚(Tom Sawyer)参加自己的葬礼一样,卡尔·马克思也能出席他自己的百年诞辰。当"摩尔人"站起来说话时,我们都将为我们的冒失付出代价。

---

[1] P. A. Samuelson, "Marxian Economics as Economics", *American Economic Review*, Papers and Proceedings, 57, 1967, p. 623.

致　谢

作者要感谢梅格纳德·德赛(Meghnad Desai)教授,他慷慨地抽出部分时间阅读并深入讨论了本书的早期草稿。最终版本在内容和风格上都得益于他的建议,也得益于为麦克米伦(Macmillan)审阅书的约翰·金(John King)博士。G. H. 科恩(G. H. Cohen)教授阅读了本书的第一章,他在其中做了很多有用的评论。马尔科姆·彭伯顿(Malcolm Pemberton)博士检查了一些数学知识。森岛通夫(M. Morishima)教授检查了有关马克思主义基本定理的部分,并建议在表述上做一个重要改进。当然,尽管他们进行了大量的审读工作,但是以上学者不对表述出来的观点或者错误负责,责任完全由作者承担。

作者幸运地拥有一个乐于助人和令人鼓舞的编辑珍妮弗·佩格(Jennifer Pegg),而帕姆·多林(Pam Doolin)是作者梦想的打字员。他们纯粹的专业素养几乎让人忘记资本主义的弊端。

乔治·凯特弗里斯

第一章

经济学和历史唯物主义

马克思主义经济学和社会主义

生活在私人资本主义主导的混合经济社会中的人们,发现自己面临着一种相当矛盾的局面。他们的经济行为,整个社会的普遍精神,都建立在个人利益和个人主义假设之上。然而,他们生活条件的抽象个人主义往往成为实现个人目标的障碍,而不是帮助。举个例子,可能没有什么比私人汽车更具个人主义了。然而,众所周知,它在城市中的使用,破坏了个人快速、独立和舒适旅行的设定目标。

这类矛盾将社会上显然已经注定秩序的事物颠倒过来,自然会引发一个问题:如果社会秩序是被有意颠倒的呢?与其从个人主义开始,以个人抱负的挫败结束,还不如尝试从社会主义开始,以更好地满足自己的需求。社会主义替代方案的诱惑在人们脑海中反复出现(事实上,几个世纪以来,这种诱惑在人们脑海中反复出现),证明有必要对社会主义经济组织的可能性进行更为深入的研究。

马克思主义经济学的中心主题正是从资本主义向社会主义经济的过渡。另一方面,系统研究的主要对象,不是过渡本身或它的假定结果——社会主义,而是资本主义结构内部有利于社会主义转型的条件的成熟过程。这使得马克思主义经济学成为从社会主义变革的有利角度对资本主义进行的一项研究。

社会主义思想并非起源于马克思主义思想。它是马克思从先前存在的社会哲学理论以及19世纪欧洲工人阶级运动的目标中吸收采纳的。英国宪章派提供了一个更有力的早期影响。社会主义思想的历史和实践在先,使得马克思主义没有教条专断的痕迹。在成为一个理论研究领域之前,社会主义已经是并且仍然是一种活生生的思想。如果资本主义社会没有自发的社会主义运动,马克思主义理论早就失去了大部分的趣味和影响。

马克思主义采纳了社会主义,并且宣称它是工人阶级的真正目标。然而,在这样做的过程中,马克思主义努力提供一种新的元素。马克思认为在他之前的社会主义思想家的理论中缺少这种元素。这是对社会主义的科学预测,是资本主义发展所固有的社会类型。如果属实,那么这种趋势的存在保证了人类事业中社会主义组织的可行性;它将社会主义从早期社会改革计划的乌托邦层面拯救出来。对社会主义理想可行性的严格证明是马克思主义经济学的主要组成部分之一;除此之外,马克思经济学旨在确立社会主义改革的必要性(在某些极端版本中,或称必然性)。

这一证明代表了马克思主义经济理论的积极部分。它是基于对资本主义经济日常运行机制以及长期演变趋势的客观分析。根据这一分析,可以提出在特定条件下实现社会主义转变的具体措施。它们将构成这种经济学的规定性(甚至是规范性)部分。马克思本人对规定性部分最为重视,这可以从他早期的格言中看出来:

哲学家们只是用不同的方式解释世界,而问题在于改变世界。[①]

马克思主义经济理论的科学性既表现在对客观解释方面做出的努力——积极部分,也表现在对行动方式建议的框架中——同分析一致——规定性部分。可以说,马克思主义理论的主要建议是社会主义本身,它不是一种手段,而是一个目标。因此,任何对马克思主义客观科学性的断言都只是为了虚假地试图将科学权威投入预先选定的价值判断中。

然而,社会主义不仅仅是一个目标;它既是手段也是目标。它是解决困扰资本主义许多经济困难的一种手段;其支持者认为,它提供了一个比资本主义下更令人向往的生活方式的目标。与作者观点不同的那些人,即持有"从'是'

---

① 《马克思恩格斯全集》第3卷,人民出版社1960年版,第6页。

派生出'应该'是不可能的"的哲学立场的人,可能会否认社会主义作为一个目标的科学性;仅通过方法论的论证,他们不能挑战社会主义作为一种手段的科学性。

马克思主义经济学和历史唯物主义

马克思主义作为一个整体,是一个比马克思主义经济学更广泛的理论尝试;然而,后者在马克思主义建设中占据决定性的中心地位。这并非偶然,而是经过理论设计的结果。马克思选择经济作为主要研究领域,是因为他认为社会现象的经济原因相对而言比政治、宗教、种族等原因占据更主导的地位,但不否认它们也在影响社会事务。

马克思及其追随者(当今,不是所有的人)都站在一个明确、彻底、有组织的历史演变理论的基础上,即社会将人类经济活动(或更确切地说,是生产活动)置于舞台中心。但是,以一种更宽松、不太坚定的方式,即往往一点也不提及甚至忽略了马克思主义的思维方式,经济因素的主导性被许多经济学家、历史学家和社会学家所接受。凯恩斯就是一个很好的例子。在他的《货币论》(Treatise on Money)中,他写道:

莎士比亚,像牛顿和达尔文一样,死的时候很有钱……波普咏莎翁诗云:维子之翱翔兮,非荣而为利以鼓其翅;顾寂寞身后之名兮,非故为而有其志。

这说法是否正确姑置勿论,莎翁一生的事业总是正好遭际着千载难逢之世,其时英格兰任何具有中智之才的人,只要有意于赚钱,就会毫不费事地得利。从1575年到1620年,正是财运亨通的时期,其时出现了近代美国以前历史上空前的最大的"多头"动态之一……莎士比亚在1575年时是11岁,死于1616年。谨将以下的论点提供喜欢轻率作出结论的人研讨:全世界绝大多数最伟大的作家和艺术家都是在精神欢快、活泼喜乐、没有统治阶级所感受的那种经济忧虑的气氛中繁荣滋长起来的,而这种气氛则是由利润膨胀肇始的。[①]

这种概括是否鲁莽,这是长期以来历史哲学家一直在探讨的问题,而且毫无疑问,他们还将继续讨论这个问题。(凯恩斯在诗歌与利润通胀之间的直接联系将会引发许多成熟马克思主义者的反对,他们会指责他的"还原论"。)在一

---

① 约翰·梅纳德·凯恩斯:《货币论》下卷,蔡谦、范定九、王祖廉译,商务印书馆1986年版,第130—131页。

定程度上，这个问题的解决方法可能会被严密的公式所推进，马克思在他 1859 年的《〈政治经济学批判〉序言》（*Preface to the Contribution to the Critique of Political Economy*）中提出了一个非常严密的假设。虽然迄今为止这个文本的内容是著名的，被任何熟悉马克思主义思想的人熟悉到几乎感到乏味，但它仍然是向那些新的对它感兴趣的人介绍它的最好的方式之一。由于这个原因，同时也由于其内在的价值，相关部分在这里全文转载如下：

我的研究得出这样一个结果：法的关系正像国家的形式一样，既不能从它们本身来理解，也不能从所谓人类精神的一般发展来理解，相反，它们根源于物质的生活关系，这种物质的生活关系的总和，黑格尔按照十八世纪的英国人和法国人的先例，称之为"市民社会"，而对市民社会的解剖应该到政治经济学中去寻求。我在巴黎开始研究政治经济学，后来因基佐先生下令驱逐移居布鲁塞尔，在那里继续进行研究。我所得到的、并且一经得到就用于指导我的研究工作的总的结果，可以简要地表述如下：人们在自己生活的社会生产中发生一定的、必然的、不以他们的意志为转移的关系，即同他们的物质生产力的一定发展阶段相适合的生产关系。这些生产关系的总和构成社会的经济结构，即有法律的和政治的上层建筑竖立其上并有一定的社会意识形式与之相适应的现实基础。物质生活的生产方式制约着整个社会生活、政治生活和精神生活的过程。不是人们的意识决定人们的存在，相反，是人们的社会存在决定人们的意识。社会的物质生产力发展到一定阶段，便同它们一直在其中活动的现存生产关系或财产关系（这只是生产关系的法律用语）发生矛盾。于是这些关系便由生产力的发展形式变成生产力的桎梏。那时社会革命的时代就到来了。随着经济基础的变更，全部庞大的上层建筑也或慢或快地发生变革。在考察这些变革时，必须时刻把下面两者区别开来：一种是生产的经济条件方面所发生的物质的、可以用自然科学的精确性指明的变革，一种是人们借以意识到这个冲突并力求把它克服的那些法律的、政治的、宗教的、艺术的或哲学的，简言之，意识形态的形式。我们判断一个人不能以他对自己的看法为根据，同样，我们判断这样一个变革时代也不能以它的意识为根据；相反，这个意识必须从物质生活的矛盾中，从社会生产力和生产关系之间的现存冲突中去解释。无论哪一个社会形态，在它们所能容纳的全部生产力发挥出来以前，是决不会灭亡的；而新的更高的生产关系，在它存在的物质条件在旧社会的胎胞里成熟以前，是决不会出现的。所以人类始终只提出自己能够解决的任务，因为只要仔细考察就可以发现,任务本身,只有在解决它的物质条件已经存在或者至少是在生成过程中的时候,才会产生。大体说来,亚细亚的、古代的、封建的和现代资产阶级的生产方式可以看作是经济的社会形态演进的几个时代。资产阶级的生产关系是社会生产过程的最后一个对抗形式,这里所说的对抗,不是指个人的对抗,而是指从个人的社会生活条件中生长出来的对抗;但是,在资产阶级社会的胎胞里发展的生产力,同时又创造着解决这种对抗的物质条件。因此,人类社会的史前时期就以这种社会形态而告终。①

这段内容说明了为什么经济学(或政治经济学,在19世纪作为一门学科被人们所知晓)成为马克思关注的中心。不仅如此,它可以被看作将经济学、法律、历史、哲学、政治,事实上是将所有的社会科学结合为一个庞大的、不忽视自然科学成就的解释性综合体的研究计划。这一研究计划的主要组成部分是一个经济学研究子计划。本书旨在将马克思主义经济学作为这个子计划的实施工具,其要点如下:

(1)生产是经济活动最关键的方面。它比交换更为根本,因为社会可以生存。事实上,在没有多少交换的情况下,社会已经存在了很长一段时间。但如果没有生产,它一刻也不能生存。此外,生产是基本的,因为大多数人将大部分时间花在了生产上。

(2)资产阶级生产方式是主要利益领域。其原因显而易见。马克思同我们一样,生活在资产阶级社会。他把他的经济分析构建成一种影响其生活的手段。

(3)如同在每种生产方式中一样,在资产阶级中,也是两个时代交错而行:早期时,生产关系积极地作用于生产力;后期时,生产关系则对生产力产生消极影响,导致社会危机。解决危机的方式包括对生产关系的社会主义改革。另一方面,尽管这个体系的生产关系严峻且对立,但社会主义在资本主义之前的条件下是一种乌托邦式的道德学说,它在物质生产力水平上找到了现实基础。

马克思主义经济学的任务是发现和解释资本主义生产关系(所有权,管理和剥削的关系)如何促进生产力的增长,它们在后期如何阻碍这种增长,以及社会主义关系如何为生产力提供新的发展空间。1859年《政治经济学批判》序言中的历史唯物主义假设可以作为马克思主义经济分析的指导线索。然而,这绝

---

① 《马克思恩格斯全集》第13卷,人民出版社1962年版,第8—9页。

不意味着以马克思主义原理为基础的经济理论必然优于任何其他的经济理论。一个科学思想流派可能不需要哲学基础,但如果它有哲学基础,它也不能援引哲学基础来证明其发现的有效性。无论其是否明确与某些基础哲学相关,都必须在与其他流派平等的基础上,在解决科学问题时加以证明。另一方面,如果哲学总体上是有缺陷的,那么它所启发的任何科学研究计划也可能存在严重缺陷。因此,如果没有其他原因,了解哲学领域对历史唯物主义的批评对马克思主义经济学的学生是有用的。

批判的"右派"和"左派"

围绕1859年序言中的历史唯物主义假设展开了激烈的争论,主要集中在两个方面:社会制度历史演变的决定因素和人类智力活动的决定因素(基础和上层建筑问题)。两种批判性论述之间确实存在着一些重叠。如果思想可以独立于物质、实际考虑和条件而发展,那么就可以假定它们也会在历史发展中向前发展。然而,经济学不得不忽视基础-上层建筑问题的大部分。关于它的任何明智讨论都应该不仅涉及法律和政治以及与经济学相关的学科,而且还应该涉及哲学、美学、宗教和心理学——这些学科经济学家不能说得太多。

毫无疑问,经济学与社会制度历史演变研究之间存在更密切的关系。这个话题常常被杰出的经济学家所关注,不一定是马克思主义者[如熊彼特(Schumpeter)、凯恩斯(Keynes)、加尔布雷思(Galbraith)]。总体上,他们能够在经济发展与社会发展之间建立牢固的联系。马克思主义者虽然不反对这种贡献,但他们强调了生产在经济和社会生活中的首要地位。在这个基础上,他们做出了全球性预测,不是关于单个或者整套制度,而是关于作为一个整体的社会可能的未来进程。这就是马克思主义理论遭到"左派"和"右派"严重批评的地方。

"右派"这边,奥地利-英国哲学家卡尔·波普尔(Karl Popper)爵士将矛头集中在对全球历史发展做出科学预测的不可能性,例如一个社会政权向另一个社会政权的剧烈转变。历史唯物主义声称这种预测是可能的,实际上它们构成了历史科学的主要任务。波普尔认为,历史唯物主义是一种不健全的哲学,它使科学肩负着显然不科学的任务。

波普尔的批判并不是专门针对历史唯物主义的,而是针对历史主义的。"历史主义"一词据称涵盖了一整套相关学说,马克思主义只是其中之一。这种批判是以方法论的形式出现的,尽管它确实涉及历史因果关系问题的许多实质问题。

另一方面,"左派"的批判是相对实质性的。它挑战了 1859 年序言中的唯物史观,并将其作为历史演变的主要解释原则,不是生产力的增长,而是阶级斗争的发展。马克思本人在《共产党宣言》的正文开头写道:"迄今为止所有现存社会的历史都是阶级斗争的历史。"

因此,在主张阶级斗争的首要地位时,"左派"的批评家们并不排斥马克思;他们选择把马克思学说的一个方面放在重要地位而不是另一方面。在下文中,将会依次研究这两种批判主义。

社会变革的可预测性

波普尔坚持认为,即使全球革命能够在众多变幻莫测的历史变迁中识别出来,但从其特殊性来看,它们也是独一无二、非重复性的事件。全球革命被过程所控制。这种特殊性使得在自然科学中成功实践的科学预测变成不可能。科学规律是做出预测的基础,其不能从单个事件和具有独特性的历史事件中推断出来。不存在历史规律,即使历史规律不是从经验中归纳得出的,而是由纯逻辑推导出来的,它们也不能被称为科学,除非它们的预测可以被事实证据所检验。预测采用"如果 A 则 B"的形式。为了避免随机巧合的可能,在提出验证之前,必须对这种命题进行重复多次的验证。(严格来说,永远谈不上验证。根据波普尔的准则,一个科学假说被认为是正确的,直到发现了一个伪造的例子。)但是,在不断变化、不断流动的历史环境中,"如果 A 则 B"这种形式的预测不可能被验证超过一次,因为在进行第二次验证的时候,要么 A 已经不存在了,要么 A 对 B 的影响已经消失了。根据太阳、月亮和地球目前所处位置,辅以开普勒定律和牛顿定律,地球科学家可以非常精确地预测出日全食,并延伸到遥远的未来。但根据保守党、工党和联盟党目前的政策,只有非常鲁莽的人才敢预测一系列大选的结果。

对于世事的变化无常,许多解释是可以猜想的。波普尔最终开始关注其中之一:知识作为决定人类历史进程的一个因素的重要性。知识通过创造性的发现而进步;只要这些转化为社会发展,它们就会产生原始的、不重复的历史模式。这对历史事件的可预测性有明显的影响。知识的未来发展无法科学预测。

主张相反会导致逻辑上的矛盾。如果一个人能够预测未来知识的内容，那么他就已经拥有了这种知识；因此他并没有做出任何预测。根据其逻辑结论，任何关于新知识可预测性的主张最终都应该承认无所不知的可能性（因为在第一个预测的基础上，人们可以形成第二个、第三个预测，依次无限类推）。但如果未来的知识无法预测，如果社会的发展依赖于知识的发展，那么人类历史的进程就无法预测。推而广之，有关历史进程的任何值得检验的假设都无法形成。无法预测的事物显然无法检验。对全球社会变化的预测要求预测者不仅要知道未来单个知识项目的内容，还要知道它们组合在一起形成全球模式的方法。这将使预测全球社会变化变得更加不可能。

波普尔的马克思主义重申

没有一个马克思主义者会想质疑知识对历史发展具有非常强大甚至决定性的影响这一点。马克思反对历史演变唯心解释的论战的意义并不是说人类思想在社会生活中不起任何作用，或者是起次要作用。他坚持认为，关于人类和社会的任意抽象理论是无效的和不相关的。另一方面，他认为知识，特别是结合了人类改变、主导物质环境的科学知识，是最基本的社会力量之一。由于科学知识越来越多地成为一种直接的生产力量，它必须被视为历史进程的一个主要决定因素。这样，波普尔对其重要性的坚持就可以与历史唯物主义完全一致。在强调知识在历史中的重要性时，波普尔当然没有明确指出它必须作为一种生产力来使用。然而，这里他论点的形式，在申明的意义上被修改，在原始形式重新被考虑之前，将会被讨论一段时间。

将知识视为一种生产力并不意味着其未来的发展可以科学地预测；相反，生产力自身发展过程不能被预测的可能性出现了。

1859年序言中假设的有效性在多大程度上要求社会生产力发展的可预测性？要回答这个问题，就必须仔细区分马克思论点概括性的各个层面。在最高层次上，历史唯物主义只是生产力与生产关系之间必要对应的一个主张。这种对应是一种经验关系，它只能被对观察的直接引用，而非间接地对知识可预测性的某种方法论上的否认所挑战。

在波普尔看来，对应原则是一个可检验的假设吗？它能被伪造吗？通过一个有计划的控制实验，肯定不会。社会改变制度不仅仅是为了检验替代理论的正确性。它可以通过观察来论证吗？这是不能排除的，但很难想象什么样的观察案例既重要又有意义。可以说，如果资本主义在世界其他任何地方形成之前就发现了一个已经组织公司并建立一家证券交易所的原始猎人部落，那么马克思原理就会遭到决定性的失败。该例子的罕有特征或许证明了通过这种方式建立可证伪性的可疑价值。也许更合理的做法是将对应原则视为一个非常基本的原则，以至于它的检验不能脱离马克思主义理论主体的其他部分来进行。当然，马克思主义作为一个整体可以提供大量可证伪的具体假设。成功或失败的累积最终会巩固或者扫除基本原则，甚至不排除对应原则。①

对应原理从来都不是完美的。有时它几乎转向相反的方向，生产力和生产关系之间的差异可能呈现出尖锐的矛盾形式。这就提出了两个问题：(1) 是什么主要决定了最初和谐的紊乱，生产力的改变还是生产关系的改变？(2) 鉴于严重差异是事物一种不会永远持续下去的反常和破坏性状态，那么它是如何解决的，是生产关系适应生产力还是相反？(1) 和 (2) 共同提出的问题被描述为生产力量 (或关系) 的首要问题。这与"左派"对 1859 年序言的批评更为相关，但对问题 (1) 的回答对波普尔的可预见性论证也很重要。对问题 (1) 的答案必须基于对社会对立性的承认。对于非对抗性社会来说，其他答案可能是正确的，但我们并不太关心它们。这缩小了对应命题的范围，在本节的其余部分，仅在那些可能具有对抗性特征的生产方式中的一个子集里进行研究。

---

① 值得注意的是，即使在物理学中，也有一些命题是理论建构的基础，但与此同时，要面对经验证据，即使不是原则上不可能，也是非常困难的。在皮埃尔·迪汉姆 (Pierre Duhem) 的经典著作《物理理论的目标和结构》(*The Aim and Structure of Physical Theory*)(纽约，1962 年) 中提到了一些非常引人注目的例子。因此，迪汉姆写道："这些原则不能被实验驳倒……因为声称将它们与事实进行比较的行动没有任何意义"(第 212—213 页)。迪汉姆接着给出了惯性原理的例子："惯性原理告诉我们，脱离任何其他物体运动的物质点会沿直线匀速运动。现在，我们只能观察相对运动；因此，我们不能给这个原则一个实验意义，除非我们假设某一点选定……作为一个固定的参考点，物质点的运动与之相关……有多少个参照系，就有多少个不同的法则"(第 213 页)。更引人注目的是，孤立系统的重心只能做匀速直线运动的原理 (第 213—214 页)。关于实验验证这一观点的可能性，迪汉姆引用了伟大的当代物理学家 M. 庞加莱 (M. Poincaré) 的评论。"我们能证实吗？因此，孤立系统的存在是必要的。现在，这些系统不存在，唯一孤立的系统是整个宇宙。但我们只能观察相对运动；因此，宇宙中心的绝对运动将永远是未知的。"(因为在宇宙之外存在一个与宇宙运动相关的固定点在逻辑上是不可能的。) 因此，这些原则完全不受实验验证或证伪的影响吗？一点也不。根据迪汉姆的说法，"孤立地看，这些不同的假设没有实验意义；不可能通过实验来证实或反驳它们。但是，这些假设是构成某些理性力学理论的基础"。因此，与它们构成部分的理论一起，是可以被检验的 (第 215 页)。马克思关于生产力和生产关系的对应原则很可能也是如此。就其本身而言，很难 (如果不是不可能的话) 进行实证检验，它是与整个马克思主义经济学一起检验的，因为后者面临着越来越多的证据。

序言中描述的"敌对"社会是什么样的社会？文本仅仅提议，它不是指"个人对抗，而是指个人生活社会条件引起的对抗"。把马克思方法作为一个整体来考虑，尽管没有明确提及阶级和其他形式对抗存在的可能（如性别之间、民族之间），但是认为他在序言里的对立是阶级对立，这样的观点也不是太武断。

马克思列出的所有生产方式（亚洲的、古代的、封建的、现代资产阶级的）（除了亚洲可能例外，一个在分析上不完善的社会，呈现出国家剥削和无阶级的奇怪特征）都被描述为阶级对立。诚然，历史材料是独特的，但必须考虑的是，就阶级现象而言，按照历史研究的标准，确实存在相当广泛的类似样本。这就有助于追踪某些以科学预测为基础的重复模式。这里需要指出的是，如果它们可以被证明属于过去已知的重复模式，那么波普尔确实承认对历史事件预测的可能性。不过，他认为任何此类案例都是不重要的。这又是一个实质性问题，不能通过参考科学知识的科学不可预测性来解决。

在阶级对立下，马克思观察到，社会的分裂在一系列阶级专政中达到顶峰，统治阶级占有经济的剩余产品，而被统治阶级为了统治者的利益而从事无报酬的劳动。维护和捍卫（生产）剥削关系显然符合统治阶级的利益。他们的既得利益使生产关系具有僵化、不易改变的特点，而生产力的发展从本质上讲，允许更宽广的范围。预测的结果是，在阶级对抗的生产方式中，由于生产过程特征的变化，生产力和生产关系很可能会出现差异。当差异出现时，它们会使经济机制产生障碍和崩溃，最终导致社会的普遍不适。一个迄今为止的非统治阶级可能会在这种情况下意识到自己的机会——特别是如果生产过程中的突变使其处于某种优势地位的话——并可能挑战执政阶级的权力，即最终存在的生产关系。统治阶级将捍卫其统治地位，这一过程的高潮是社会革命危机。

这似乎是从1859年序言中提取出来的最小预测，也能在马克思著作的其他部分看到。它建立在生产力的易变性上，而不是阶级对立造成的生产关系的相对固定性上。这意味着，考虑到变革过程的起源[上文问题(1)]，马克思的解释完全符合生产力的决定性首要地位。它不会预先判断上文问题(2)（社会冲突进程的结果）的答案。

如果以带条件的方式将上述预测改写为：如果生产力发生变化，它们与生产关系之间的差异将导致在所有阶级对立社会都会发生的社会纷争过程，那么上述预测将受到更大的限制。在这种形式下，预测完全基于从历史上观察到的社会规律，这种规律的重复是可以合理预期的。它不是以预测生产力的未来进程为前提,甚至不是以生产力未来增长或下降的必要性为前提。因此,在最严格的波普尔主义基础上,它必须被接受为一个可接受的且非微不足道的假设。

与预测的条件性相反,可以说马克思致力于生产力增长的必然性。如果生产力的增长被其不变性所取代,那么马克思的大部分著作会变得无关紧要。然而,从这一点来看,并不是马克思预测到这种增长的必然性。他在1859年的序言目录中提到了亚洲的生产方式,他曾在其他地方将其描述为遭受了千年停滞的生产,这应该足以证明他确实考虑过稳定经济的可能性。难道不能扩大替代性的范围,使之包括生产力倒退的可能性吗?

诚然,被他其他著作强有力支持的1859年序言,或多或少地表达了马克思希望进步的态度。对于像他这样把从石器时代到19世纪的整个人类历史都纳入视野的思想家来说,将进步视为发展的典型总体特征也就不足为奇了。他没有忽略进步可能被长期停滞(亚洲模式)阻碍的可能性。可以进一步假定,如果向他提出停滞,一位视野开阔的理论家不会拒绝倒退的可能性。即使他这样做了,其他人也不必效仿。举个例子,罗马帝国末期,在生产关系静止不变的背景下,西欧的生产力已经进入一个实际下降的阶段,这似乎是合理的。这方面的主要证据是有据可查的奴隶劳动力和总人口的下降。

由奴隶数量减少而导致的生产力和生产关系之间的差异,不是马克思主义分析中通常认为的典型形式,也不是马克思所认为的那样,尽管他对罗马历史有着深刻的了解。生产力并没有对它们的制度外壳施加压力,恰恰相反,它们正在从制度的容器中流出。即便如此,这种差异仍引发了巨大的社会动荡,为帝国在入侵的野蛮部落的冲击下的垮台奠定了基础。人们很容易得出这样的结论:马克思关于阶级对立社会在生产力和生产关系差异影响下的社会危机的预测,对社会生产力的倒退和进步同样有效。此外,在这样一个普遍水平上,似乎根本不必预测生产力转型的更具体特征。预测很简单:如果一个阶级对立的社会,生产力发生了足够的变化,必将爆发一场革命或者某种灾难性的剧变。由于不依赖于对生产力未来特征的任何具体预测,波普尔对科学预测未来知识过程的可能性的反对不会动摇该预测。此外,它经受了反复发生的历史危机的考验,尚未被证伪。

迄今为止,知识一直被视为一种生产力。波普尔肯定会反对以这种方式限制它。然而,在阶级对立的社会中,即便是未明确内容的知识,假设它起到波普尔赋予它的最终决定性作用,也将面临类似于生产力的情况。在阶级对立的社会中,知识本身必须在统治阶级主导的制度(知识生产关系)中产生。在固化的阶级关系中,知识的积累最终会导致危机,统治阶级在捍卫一种符合其物质利益的组织形式中,甚至会反对知识本身。中世纪教会对哥白尼(他本人是一名神职人员)思想传播的抵制,或许暗示了相关类型的冲突。马克思的预测基于阶级结构的固化与人类创造力的多样性,这似乎为波普尔的历史因果关系假设提供了最合适的方案。

然而,如果马克思主义的预测仅局限于上文所描述的不受波普尔方法论反对影响的广泛的一般性陈述,那么马克思主义当前的吸引力将非常有限。马克思主义对当代相关性的主张建立在对工业技术和工业组织未来进程更为具体的预测之上。从19世纪中期几乎无法察觉的趋势,马克思预测会出现一种高度一体化的生产机制,通常由大型单位组成,机械化程度日益提高到自动化的程度,并实现前所未有的高生产率。对于这种生产过程来说,生产的市场协调将变得越来越失常。它在技术上的整体性将更好地对整个社会层面的事先规划协调做出反应,而不是对单个企业。作为社会经济计划的一个障碍,生产资料之外的私有财产将再次被整个社会的公有制所取代。之前在资本主义下,个人为了生活和福利,需要获得私有财产,而这将被社会为其每个成员提供体面生活水平的义务所取代。通过机械化和科学应用于生产而实现的高生产率将使平等分配成为可能。普遍富裕将减少个人之间的竞争压力,并使以共商管理经济的提议成为现实。

第二个预测显然与前面讨论的基本预测大不相同,也更具体。然而,尽管波普尔严格要求,尽管它涉及对未来知识的一些预期(如自动化),但在积极方面它承认其科学地位,而不是像波普尔说的是"预言性的"地位。上文已经承认,对未来知识的预测使预测者陷入逻辑矛盾。它意味着现在拥有将来才会获得的知识。然而,这只是在非常狭义的意义上是正确的。它排除了对充分阐明、完整的未来知识的预期,但并不排除对未来知识总体特征的预测,可以从当前趋势的外推中得出。这种外推不仅限于理论上的,还包括实践发展。在这些数据基础上,它可以勾勒出未来社会的大致轮廓,从而预测全球历史变化。它无法预见可能出现能够影响甚至扭转当前趋势的情况。因此,在这种程度上,马克思或其他人的类似预测都必须被视为尝试性的。这并不意味着它们是"预言性的"或不科学的。

阶级与生产力的首要地位

"左派"对1859年序言中的历史唯物主义的批判集中在其所认为的机械论特征上。对序言的字面解读——或者可能过于字面的解读——确实传达了这样一种印象：即有意识的人类行为、主观的人类机构，无论是个人还是集体，在历史舞台上都是活跃的，只是作为演员扮演剧本所赋予他们的角色，而剧本的写作与他们无关。社会发展运动作为一个整体是由客观的或者是非主观的力量构成的，因此历史就成为一个没有主体的过程。对历史唯物主义这种解释持批评态度的人反对说，历史发展的动力是由阶级对立社会自我分裂出的自我构成阶级的政策决定的，而序言中列出的结构类别（生产力量、生产关系、基础、上层建筑）不是解释性的，而仅仅是被理论家用来记录和组织社会阶级冲突的结果的形式上的分类手段。

如果要把阶级斗争作为主要的分析概念，那么，是什么使阶级形成并采取行动，在什么条件下它们的行动变得有效，这一问题就需要重视。然而，在历史发展的每一个阶段，重要性并不相同。对马克思来说，在其每种生产方式的第二个阶段，当生产关系开始"束缚"生产力时，这一点就变得至关重要。此时，人们开始"意识到冲突"并"为之奋斗"，"一个社会革命的时代开始了"。在此之前，尽管可以假定统治阶级在发展生产力或至少在维持允许其他人发展生产力的社会框架方面表现出一定的能量，但它也可能发现自己或多或少能在没有反对的情况下采取行动。真正的考验是，在出现分歧之后，一个迄今为止的非统治阶级意识到了这种可能性，并发起了革命性的挑战。

在生产过程的演变中积累了新的潜在需求，其需要制度变革才能释放，进展取决于革命阶级的胜利。这一结果不能被视为之前的结论。客观的发展可能有利于社会转型，但从中受益的阶层可能会发现，他们不可能调动成功冲击所需要的能量。马克思在序言中思考了这一可能性，他写道：阶级斗争的结局"要么是整个社会的革命重建，要么是相互竞争阶级的共同毁灭"。因此，对于生产力首要地位的问题，就算存在差异，不管是生产力适应生产关系还是生产关系适应生产力，答案必然是不确定的。新的生产关系并不是新生产力崛起的必然结果，从这个意义上说，生产力并不是完全主要的。

因此，似乎不能将马克思主义的分析解释为纯粹结构性或纯粹主观性（在阶级主观的意义上）。客观物质情况通过创造可能性和施加限制对人类行动产生了非常大的影响。人类代理人试图确定这些可能性和限制因素，并制定行动方案。在这样做的过程中，他们辨别出自己所选的替代方案，尽管在对立社会中，无法保证他们对自己的选择有清楚的认识。他们的行为（无论他们是个人还是阶级）部分是由客观决定的，部分则包含一定程度的自由，该自由可能因波普尔知识的变化而增加。历史上的人类行为既不是任意的，也不是完全不可预测的。客观条件产生了一系列社会阶层可能无法识别，也可能无法采取的选择。人类的创造力不是凭空发挥作用的。它在预先确定的条件下运行，反过来，它又有助于进一步确定。历史预测，被视为一系列可能结果，而不是唯一的预测，在这种情况下应该是可能的。这是一个平衡的问题，正如马克思本人清晰地看到并明白描述的那样①：

> 人们自己创造自己的历史，但是他们并不是随心所欲地创造，并不是在他们自己选定的条件下创造，而是在直接碰到的、既定的、从过去承继下来的条件下创造。

> 人们自己创造自己的历史，但是他们并不是随心所欲地创造，并不是在他们自己选定的条件下创造，而是在直接碰到的、既定的、从过去承继下来的条件下创造。

---

① 《马克思恩格斯全集》第8卷，人民出版社1961年版，第121页。严格地说，这篇文章与这个论点没有直接关系，因为在《雾月十八日》中马克思提到的是精神上的约束而不是物质上的约束。关于物质的限制以及这些限制所允许的选择余地，他在《德意志意识形态》(German Ideology)中明确地说："历史并没有结束于作为'精神的精神'而分解为'自我意识'，而是每个阶段都包含着一种物质结果，一种生产力的总和，一种历史上创造的、从上一代传下来的与自然的关系和人与人之间的关系；大量的生产力、资本和环境，这一方面确实是被新一代所改变的，但另一方面又规定了它的生活条件，使它有了明确的发展和特殊的性质。这说明环境造就人，正如人创造环境一样。"(Collected Works, Vol. 5, p. 54. Poverty of Philosophy, in Collected Works, Vol. 6, p. 173 中也有类似的观点。)尽管在资料来源中存在着对所讨论的观点的直接支持，但由于其简洁的文学形式，主要文本中的引文还是作为首选，即使它在《雾月十八日》中的上下文在这里有些不同。读者将马克思主义解释的这种现象归功于 G. A. 科恩(G. A. Cohen)教授的一丝不苟，他将作者充分阐明文本(和上下文)的立场视为一种荣誉。

第一部分

生产力的增长

第二章

商品生产和资本主义

对于资本主义的定义

第一章的范围现在必须缩小到马克思在1859年序言中列出的生产方式之一——在其中被描述为"现代资产阶级",或用我们现在的话来说,叫资本主义。

人们普遍认为有一件事是值得怀疑的,即当考虑资本主义时,是否首先应想到生产而不是资本主义的其他特点,如大金融、大商业、盲目竞争、痴迷赚钱或经济危机。本章的任务是奠定基础,使人们能以一种连贯的方式,将资本主义生产方式的常识性特征与生产过程中的共同基础联系起来。

关于资本主义这一话题,比较老生常谈但却非常重要的问题是市场经济中的资本主义特征(对于这一问题,主流经济学关注并做了大量改进,但实际上这么做却将其余的一切排除在外)。这是什么类型的市场经济?对这个问题的回答,将分两个阶段进行,并在回答时提供所要求的定义。

简单的商品生产,从其主要方面进行定义,是一种类似于资本主义、完全依赖市场经济的生产方式。我们假定其他方面不变,以资本主义的两种不同特征取代简单商品生产的两个关键特征的方式介绍资本主义。

除了十足简洁的美学优势和便于思考之外,这一过程也获得了一些重要的物质成果。一方面,通过将资本主义与一个更初级的市场经济相比,强调试图将所有资本主义关系还原为普通交易行为的简单复制品是徒劳无益的。在这里,资本主义制度的剥削性质相比简单商品生产中交换的非剥削性质,起着决定性的作用。另一方面,在资本主义定义中保留简单商品生产的大量残余,可以使注意力集中在资本主义经济与普通商品交换之间的连续性上。因此,资本主义对于非资本主义经济交易既近又远的双重性质被显著削弱了。

简单商品生产的定义

关于简单商品生产相关概念的理论地位的简要讨论可能有助于正确理解所述的方法。简单商品生产是一种半假设半现实的生产方式,尽管马克思在许多地方讨论过,但其并不包括在 1859 年序言中。首先必须指出,序言中提到的所有生产方式在某种程度上是真实历史情形的理想化。从这个角度来看,简单的商品生产没有什么不同,所以它相对缺乏现实性不能成为将它排除在外的原因。然而,这种情况下还有一个额外的考虑。作为一个分析实体,它所对应的历史情形,包括各种不同于长途贸易的地方贸易,其在资本主义时代(开始于 16 世纪中叶左右的欧洲)的曙光到来之前,是最重要的。上述贸易在地理位置相近的小生产者(小规模的商品生产者)中进行,并经常亲自进行;拥有自己的生产资料并为自己而工作的工匠和农民,独立于任何雇主(他们既不是农奴,也不是奴隶)。有足够的证据证明这些群体的历史存在,这些证据可以从一些事实中被直接观察到并加以巩固,小规模的生产和贸易,在大型资本主义制造业征服了经济的主要领域之后,持续了很长时间。然而(可能除了 18 世纪的北美殖民地之外),没有任何证据表明,与以前时代的小规模商品生产相比,资本主义是一个根据截然不同的法则运行的经济"飞地"(在资本主义以前是自给自足的原则)。这可能是马克思避免在 1859 年序言的历史生产方式目录中将其包含于其中的原因。马克思有时把简单商品生产视为自成体系的一种生产模式,与资本主义、封建制度等一样。

不可否认的是,在资本主义时代初期,小商品生产已经深深嵌入欧洲中世纪晚期的经济结构。可以说,资本主义在某种程度上起源于那个时代的小型当地贸易和手工制造活动。根据这些历史原因,在分阶段构建经济发展理论模型的过程中,将简单商品生产的构建作为分阶段中的一个阶段是合理的。从现实的、历史上存在的小商品生产出发,这种构建会有两种不同的方式。第一,当小商品生产是局域性的、空间不连续的,其几个中心被大量自给自足的农业土地所隔开时,它被视为非资本主义市场生产和交换普遍流行的资本主义以前的状态。第二,它被形容为一个完全成熟的交换经济,而实际的小商品生产在各个方面仍然不发达。如果有的话,它几乎不使用货币,它在很大程度上取决于物物交换。各种类似货物之间的交换比率可能在各种各样的不相互交流的当地市场上有很大差异。生产商或贸易商不能在所有经济活动部门平等地竞争,但他们在中世纪监管的束缚下,必须坚持传统的职业。

简单商品生产模式假定所有这些市场缺陷都消失了。它把商品交换和竞争资本主义阶段的贸易自由归功于所谓的前资本主义市场经济。在这种程度上,这个模型是人为的。同时,不可否认的是,现实的、历史上存在的前资本主义贸易既可以在理论上归因于在简单商品生产结构的制度下繁荣,也可以在一段时间内保持在小商贩或工匠的控制下,即保持非资本主义。

因此,如果采用这样的分析技术的目的是通过将资本主义最关键的具体特征与一种理想化的前历史情况的图像进行对比,使之显得引人注目,那么简单商品生产的引入就变得合法了。同时,它也被排除在1859年序言的名单之外,理由是它的作用是辅助的,而不是一个主要的关于历史演变的解释性结构。

商品及其特点

商品生产的定义是以商品的定义为前提的。它被定义为一种有用物品,一种与其他产品相交换的劳动产品。劳动产品不必为了进行交换而被生产,其原始目的可能是为了生产者自己的消费。如果是这样,那么只有通过交换行为的劳动产品才能成为商品。另一方面,如果它带着交换的目的被专门(甚至是主要地)生产,那么它在生产阶段就是商品。这样就有可能将商品生产作为一种具体的经济组织类型来讨论(马克思主义没有在定义中排除诸如服务等非物质商品,但这方面的理论在这里不做讨论)。

考虑到这个广义的定义,将简要介绍简单商品生产的特点,这些特点是说明和理解资本主义生产关系定义的步骤。它们分为三类:技术、经济和法律。这种分类很有用,既可以有启发性,也可以有分析性,考虑到它不是在范围之间划出严格的分界线,在本质上,它构成了一个连贯一致的整体。

1. 技术特点

(1)普遍分工。这被假定为完全细化分工,即专业化数量等于最终产品的数量。如果半加工品被单独交易,那么它就可以被视为最终产品。

(2)所有生产由单个个体生产者小规模进行,每个生产者专门从事一项生产活动。生产技术对所有人都具有相当程度的复杂性。从历史上看,"个体"可能是一个家庭或者是师傅与他的学徒,而专业化并不总是,但是对于目前的目的,这些资格是不必要的。

(3)所有的生产要素,包括物质的和人力的,都被假定为经济部门中的完全流动的要素。所有产出的投入(与土地和劳动力不同)是与最终产出的商品一样多。有人专门进行"通过商品进行商品的生产",在这里想起了皮埃罗·斯拉法(Piero Sraffa)的一本著作的书名。①

2. 经济特点

这里说的"经济"是狭义上的"与经济协调机制有关"。

(1)每个生产者都是个体经营者。至于生产什么、生产多少、如何生产,他只受自己个人意志的支配。排除所有个人之外的权威,包括一切客观权威,诸如传统、事先建立的社会偏好模式、坚持一些固定的理想类型的社会,以及任何从一个综合的社会计划里预先设定要产生的生产订单(如果计划是可能实现的)。劳动分工不是预先安排的,而是完全自发的。借用马克思的一个经典的提法:生产的无政府状态普遍存在。

(2)没有人为的垄断;或者说,从长远来看,没有人能够维持垄断。

(3)劳动分工中事前协调的缺失引致事后协调。这是通过价格机制和要素流动性实现的。考虑到生产的无政府状态,各种市场中经常会出现不平衡,并伴随着资源从一个部门到另一个部门的持续纠偏性转移。只要失衡没有累积起来(在简单商品生产中,由于在第五章中将要解释的原因,从来没有发生过这种情况),价格和数量可以或多或少被看作简单波动的平衡点。价格和数量的一般均衡可以推论为一种理论上的可能性,对应于(不可获得的)劳动分工之间的完

---

① Pierro Sraffa, *Production of Commodities by Means of Commodities* (Cambridge, 1960).

美平衡。(在下一章中,我们尝试用劳动价值论来解释价格机制。)

市场报价不一定是货币价格。对于简单商品生产的理论分析来说,一份完整的比价表就足够了,尽管在实践中不可能设想不使用货币作为交换媒介的完全一体化的市场经济。

在这一点上,重要的是停下来,思考商品生产者在从事维持其生活的活动时的状况。劳动分工使他们相互依赖,所以对他们来说生产只是一种社会活动。他们的劳动只有在作为彼此的劳动,即社会劳动时才有意义。然而,他们工作的社会性质在生产过程中并不是直接有效的。他们相互依存,但并不直接合作。每个人都独立地对生产做出自己的决定,并独立地从事必要的技术活动,只有当他认为必须支付某种成本时,才考虑到他人的劳动。私人劳动在个体生产中出现,被搁置在生产阶段,其固有的社会性质只有在交换阶段才显现出来。然而,通过交换,它们都在生产之前和之后对生产过程有间接的控制影响。

商品生产者作为生产者与社会没有直接的联系。当他们交换产品时,建立了作为商人的社会连接。在一个原子化的社会中,市场是仅存的社会关系。劳动的社会性质在这里得到了肯定,因为作为交换,每个人的劳动只有那么多的报酬,而这些报酬是按照社会生产结构中隐含的比例和规范来执行的。如果过多的劳动力被引导到一个部门,价格就会下降,一部分已完成的工作就会相当于没有实现价值。如果有些生产者效率不高,他们就无法任意提高价格,以弥补不合理的成本。他们的产品将以一定的价格出售,前提是工作效率正常。劳动中低效的部分将得不到回报。(劳动的有效执行部分可以被描述为社会必要劳动,这个术语对第三章劳动价值论的发展很有用。)

因此,交换是对私人劳动进行审计的一种制度,它或被接受为社会劳动,或被拒绝。商品生产者在出售其产品的过程中,正在努力把个人劳动转变为社会劳动。只有当他成功时,他才有权从社会分工中的各个部门所提供的产品池中提取份额。

交换使个体商品生产者成为生产者社会的有效成员,但这却不是以任何一种顺利的合作方式达成的。私人生产的孤立特性以对抗竞争的形式再次出现在市场中(在这里,隐含的社会关系变得明确和有效)。每个生产者都是独立工作、自负盈亏,每个生产者都试图从市场关系中获得尽可能多的东西而不考虑他人。随之而来的竞争淘汰了效率低下或过剩的生产者,从而促进资源的合理配置。同时,在交换过程中创造了诱惑和剥削的可能性,一些交易者通过优越的谈判技巧、暂时的垄断地位、强迫或精准的练习,可以从市场中获得比他们所从事的活动应得的更多的利益。对抗性竞争不断地为不平等交换开辟道路,这一概念将在下一章中做出更精确的定义。

3. 商品拜物教

商品生产者不能有意识地控制整个社会的生产设备,因为他们不能在一个有意制定出来的、相互同意的计划的基础上协调他们的活动。缺乏整体意识控制也意味着缺乏对每个人的个人领域的控制。他们必须服从市场的指示,而市场的指示不会遵循任何人的预期设计。市场将大量不协调的部分决策平均地付诸实施。每个人都必须接受这个平均数,它不代表任何人的计划,即使它违背了个人的利益。此外,市场的管制影响是在做出生产决定(可能是错误的决定)和做出了不可逆转的承诺之后产生的。当误差出现时,误差的调整以价格修正的形式出现,而对冲的成本则落在那些没有预见到的人身上。

当面对市场这只看不见的手时,个人面对的只是他们自己的决定和行为的后果。然而,作为意想不到的后果,它们给经济烙上了不可控制的客观性的特征,在那些经历过它的人看来,这与自然事件的客观性类似。与自然现实平行,另一种物质现实是由生产者自己创造的,即商品世界,这一事实加强了这种类比。由于生产的无政府状态,这个世界脱离了创造者的控制,并通过市场这只看不见的手反过来打击和控制他们。生产者,特别是较发达的市场经济国家的生产者,不断地进行斗争,以渗透不透明的市场关系,进行市场研究,并通过广告、长期承包、投机等控制市场环境。他们在这方面取得了一些成功,但总的来说未能消除市场调整的不可预测性、事后性和任意性的特点。

当然,在市场经济中,实际上支配生产者的不是作为物质对象的商品,而是通过商品交换建立和解决的未被承认的社会关系。由于不存在任何直接意识到的、有效的方式(对普遍相互依赖的抽象承认是不相关的),这些关系已经被识别为商品,而不是通过商品交换联系的个人。例如,在某一市场上,供过于求表现为大量商品与消费者的主观需求之间的关系,而消费者的主观需求已经供过于求。但是,更往前看,人们发现,供应过剩是某个部门与经济其他部门之间的失调造成的。该部门的生产者孤立地工作,只为追求自己的个人利益,创造了过剩供应,而过剩供应反过来又摧毁了他们。这种失调是生产者之间未被承认的社会关系的结果,而不是客体之间的关系。

当生产的社会关系由商品数量之间的关系来调节,而生产者达到将其社会关系视为事物的属性这一点时(回想通货膨胀,通货膨胀被描述为"太多的钱追逐太少的商品"),这种现象被描述为商品拜物教(fetishism of commodities)。在马克思主义的分析中,它被视为商品生产的一个关键的、存在广泛分歧的、不可避免的特征,它既影响感知,也影响功能。商品拜物教作为一个具体的概念和技术术语,是马克思主义经济学所独有的。然而,这种现象本身也以某种形式被非马克思主义经济学家,特别是研究失业和经济衰退经济学的人所注意到。凯恩斯就是一个很好的例子。在讨论流动性偏好防止利率下降到与充分就业相一致的水平时,他对客体施加于人类生产关系的瘫痪效应做了引人注目的描述。

就是说,失业之所以出现,原因在于,人们意图得到像月亮那样得不到的东西——当人们意图得到的对象(即货币)是不能被生产出来的东西,而这种意图又不能轻易加以抑制时,人们便不可能受到雇用。唯一的解决之道是说服公众,使他们理解,纸币也是货币;然后,建立一个由国家控制产量的纸币工厂(即中央银行)。①

因此,商品拜物教可以被列为简单商品生产协调机制的第四个特征,仅次于个体决策、缺乏垄断和市场事后协调。第五个也是最后一个简单商品生产的经济特征是生产目的。

一般来说,所有生产的目的都是为了满足生产者的需要。然而,在商品生产中,生产者不能从自己的产品中寻求满足,因为在劳动分工制度下,他不是为自己生产,而是为他人生产。(生产者可能是他自己产品的消费者,但这种消费只能满足他需求中微不足道的一小部分,以至于可以忽略不计。)由此可见,生产者对于产品对自己是否有用不感兴趣。他不是在为自己创造使用价值,而是为别人创造价值。他对自己的产品直接感兴趣的是其相对于其他商品的购买力,即商品的交换价值。只有当他必须向其他生产者提供他们想要的、可以充分交换的东西时,他才能满足自己的需求。在同一种产品中,商品生产者同时试图为他人生产使用价值,并为自己生产交换价值。当然,在长期的交换对立中,生产者可能会试图在其产品的消费者心中培养欲望,甚至是虚假的需求,以

---

① 约翰·梅纳德·凯恩斯:《就业、利息和货币通论》(重译本),高鸿业译,商务印书馆1999年版,第242—243页。

伪劣商品冒充有用的商品等。

使用价值和交换价值是商品的两个不同方面，可以在概念上和功能上分开。使用价值（对他人而言）显然是交换价值存在的条件，而交换价值是获得使用价值的手段。在这种情况下，生产者的直接目的只能是交换价值。但是简单的商品生产在某些方面是仿照它在现实生活中对应的小商品生产的。小生产者做生意不是为了致富；即使他们对财富有一种抽象的渴望——他们的活动类型并不是能创造大量财富的原因。他们追求交换价值不是作为一种致富的方式，而是简单地作为一种满足他们的使用价值需求的手段。他们的经济活动的直接目的，就是取得交换价值。他们最终的但并不遥远的目的支配着交换价值，那就是为了商品的使用价值而占有商品。

4. 法律特征

从上文可以看出，商品生产者之间的社会交往呈现（生产中）分离的一面和（交换中）结合的一面。在法律领域，它们的分离体现在私有财产制度上，联合体现在契约制度上。这两种制度，加上废除了奴隶制和对公民的经济监护的现代国家为其公民提供的人身自由保障，构成了以商品生产为基础的社会法律制度的支柱。下面，我们将试图追溯这些社会中法律和经济之间广泛的对应关系。

（1）经济决策独立性的先决条件是个人有能力在与社会（在国家中拟人化）和与他人的关系方面自由行动并且自己具有人身自由、彼此平等对待（至少从法律和经济的角度来看，但最好是每一个角度都是如此）。因此，社会活动范围对商品生产的正常运行是有帮助的。然而，这种自由（个人权利法案）还不够。为了切实利用其经济自由，商品生产者还必须拥有对其物质资源和产品的绝对和排他的处置权利。私有制赋予他们这种权利。

（2）所有权在最初可以获得，也可以通过现有的转让获得。最初的所有权或是通过占领获得的，比如没有所有者的物体；或是通过建造获得，每个独立的生产者都被认为是他自己制造的任何东西的所有者。占领，特别是在早期，也可能采取一群侵略者暴力夺取一个社群的领土的形式。那么在这种情况下，土地所有权就会属于入侵的国家或部落，这使得它可供个人使用，同时始终保留一些剩余权利本身。

从历史上看，这些剩余权利已经成为阻碍商品生产和交换充分发展的因素。对于一个努力实现完全商业化和个人主义的政权来说,他们反对表达部落主义或原始地方自治主义精神(与商品生产完全不同)的集体所有制或国家所有制形式。一般来说,如果政治实体本身不是贸易机构,而是试图代表经济组织非市场原则,则商品生产基本上与政治实体的存在是不一致的这些政治实体要求与私人生产者共同拥有所有权。原因是,如果卖方有能力转让的所有权的范围不确定,那么商品的买方就不能放心地知道他已经获得了他所支付的货物的独家所有权。因此,在由私人经济活动接管的部门中,清算公共所有权是商品生产的一个条件。

(3)所有从事简单商品生产的生产者的自主经营,其前提条件是,个人不仅限于获得生产性资产所有权的形式上的能力,而且他们是其生产资料实际的、积极的所有者。这一假设是简单商品生产与资本主义最明显的区别。它不是一个纯粹的法律条件,因为它超越了一项权利的抽象表述。实际上,这项权利的内容必须由每个人享有,而且所有人都有行使这项权利的物质地位。它被纳入简单商品生产特征的法律部分,主要是因为它强调了生产者所有权方面的地位。

(4)对个人物品的绝对排他性处置权,隐含在私人所有权中,也包括将所有权自由转让给他人的能力。这方面的私有财产权显然是交换功能的本质。但是,由于没有人可以强迫别人获得所有权,因此交换的前提是一种产权转让的协议,即相互给予和接受。这项协议是基于这样一个事实,即商品生产者作为自由和独立的经济主体,可以以其自由意志约束自己承担某些相互义务。显然,该协议不必采取具体的形式,也不必当场执行。通常情况下是这样的,但将交换协议与交换行为本身分离开来会成为一个很大的优势。它赋予市场交易高度的灵活性,在一定程度上抵消了商品生产的无政府特征,因为它使一定程度的前瞻性规划成为可能。

合同是建立在商品所有者私人意志自治基础上的。但在一个原本四分五裂的社会中,交换是唯一剩下的提供凝聚力的纽带,因此尊重合同就成为公众关注的问题。社会通过国家代表个人进行干预,使私人合同具有法律效力。当然,更进一步说,社会的干预不是代表个人,而是代表其自身的完整性。在保护个人免受其他个人违反合同的情况下,国家保护商品生产的结构本身。合同制度的两面性——签订合同时的自由,执行合同时的可执行性——引人注目地反映了私人生产者的双重地位,既孤立(因此是自主的、不受外部强加的义务),又相互依赖(因此在某些阶段被迫承担对彼此的义务)。

(5)在上文中,人们认为,由于政治团体最初是基于部落或地方主义原则的,因此在私人生产扩大的情况下,它应该退出其资源共同所有者的角色。这种退出必须从更一般的角度来看待,包括可能对私人积极性产生抑制影响的公共生活的所有方面。国家的作用仅限于通过其对武装力量的垄断来支持生产者作为私人个体的地位。为了做到这一点,国家宣布私有财产不受侵犯,并宣布准备执行经过适当谈判的合同。它既保护个人的分离性(私有财产),又保护个人的团聚性(合同)。最后,它通过宣布个人拥有国家在任何情况下都不能干涉的权利(人权)来保护他们不受国家权力的侵害,只要他们作为公民保持守法。作为国家发展的进一步步骤,在民主制度下,国家还将给予个人不受侵犯的参与国家自身管理的权利(公民的权利)。

这就是资产阶级人权和政治权利的本质。它们的确代表了人类前进的一大步。同时,我们必须看到,它们把一种特定的、历史上有限的、特定类型的人奉为普遍的"人":私人商品生产者。

因此在理想情况下,国家的作用是保护作为个人的公民。政治当局不承担发起或指导经济活动的角色。它没有自己追求的私人利益。就其维护法律和秩序而言,它可以被视为一般利益的代表。然而,这种对商品生产情况的兴趣的缺乏,使得它仍然是一种消极利益,因为人们只期望国家阻止各种事情的发生。同时,私人利益扩大,占据了人类积极实践活动的整个空间,使一般利益成为无人的(积极)利益。

无论是坚持私有财产的绝对性质、私人意志的绝对自治,还是国家从经济生活中退出,以上对商品生产法律规范的概述都是高度理想化的,而且根据目前的经验而言是过时的。如今,私有财产代表社会受到诸多限制,私有主动性受到各种方式的控制,国家已成为管理经济的一股非常活跃的力量。所有这些发展都是真实存在的,但它们与成熟和复杂的资本主义有关,而上文概述的法律特征指的是一种有意简化的早期商品生产模式。这一理论通常被认为是古典经济学在关于一个以商业为基础的社会中,个人与国家之间的适当关系的理论。在资本主义发展的影响下,我们将在适当的时候研究这一情况。

资本主义:劳动力市场

简单商品生产的两个关键特征,即经济性和法律性,必须被资本主义的定义所取代,这是每个生产者都是其生产资料的专有所有者的假设以及关于生产目的的假设。

与第一章所述的历史唯物主义原则相矛盾的是,使资本主义与简单商品生产有所区分的第一个变化应该存在于法律领域。但从某种意义上说,在某种权利或规范发生变化的狭义意义上,这种现象是不合法的。法律保持不变,它的经济基础发生变化。在一个简单的商品生产社会中,出现了许多没有生产资料所有权的人。读者可以想象——如果他们愿意——竞争在简单商品生产者中造成了如此大的破坏,以致大多数人破产了,从而将原先是同质的社会分化为两个相对的类别,一小类垄断了生产资料,还有更大的一类人发现自己被排除在生产资源之外。从历史上看,在形成现代无产阶级的过程中有一个组成部分,但与其他暂时不考虑的发展相比,它就相形见绌了。

这个没有财产的阶级严格来说叫作无产阶级。无产阶级失去了生产资料,就不能生产任何商品。因此,他们被排除在参与社会分工和市场交换之外。如果他们找不到获得社会生产资源的途径,他们就会灭亡,而这些生产资源现在被少数资产阶级所垄断。他们通过出售其仅有的一种商品——他们的劳动能力——来获得机会。劳动能力之所以能够出售,是因为在简单商品生产的法律范围内,无财产并不剥夺他们的个人自由,而且他们也不能通过把自己卖为奴隶而放弃这种自由。他们仍然可以自由选择如何处置自己,并与其他公民达成契约安排。这种安排的内容由私人协议确定。

通常这种协议,即雇佣合同的性质是这样的:劳动能力的所有者将其提供的服务在一段时间内出租给生产资料的所有者。后者允许前者在监督和指示下使用这些能力,以制造产品为目的。产品的所有权属于资本家,他们承担的义务不是按比例或任何其他比例向直接生产者支付产品,而是支付固定数额的工资。(为了激励员工,员工可以按件计酬。在这种情况下,计件工资率的设定是为了平均地使每个工人薪酬的总金额等于通常的时间工资。)

在马克思主义理论中,这种交易被技术性地描述为为了价格(工资)出售(劳动力)的能力。劳动力市场(劳动力的买卖)和一种新的就业形式的出现,是资本主义有别于简单商品生产的第一组重要特征。

其余的原始生产方式(理论上)仍然没有改变。产品仍然作为商品在分工下生产,而生产的调节是事后通过市场实现的。交换仍然是一个原子化社会中唯一的社会联系。在某种意义上,交换变得更加重要,因为在简单商品生产下的生产者与他们的生产资源有直接的个人关系,现在必须通过交换行为,即劳动力的买卖来建立这种关系。

然而,在表面之下,重要的变化开始发生。首先是私有财产和契约功能的变化。在简单商品生产中,私有财产的排他性(它赋予所有者排除他人使用其商品的权利)是私人生产者独立性的保证,私人生产者与其他私人生产者处于同等地位。另一方面,在资本主义中,它变成了一种手段,使劳动人民处于永远依赖生产资料的无财产状态。

契约制度功能的变化更加深远。在简单商品生产中,契约服务于法律和经济上平等的伙伴之间的产品交换。在资本主义中,它汇集了在法律上平等但在经济上极不平等的合伙人,他们不再交换商品,而是其中一个购买另一个,就好像人也是一种商品。当然,在将资本家描述为"购买"工人时,有意夸大了事实。正如马克思将雇佣合同定性为"工资奴役"一样。但是夸大的目的是强调工人疏远了一部分他的创造力和他的生产能力。这不仅剥夺了他自己工作-活动的方向,而且剥夺了他对该活动产品的任何直接要求。在简单的商品生产中,制造者(只有制造者)成为所生产商品的原始所有者。在资本主义中,制造者不再拥有任何所有权。凭借买卖劳动力的资本家(越来越多的是非制造者)拥有原始所有权。

为了实现这一社会关系和法律关系的重大变革,法律秩序没有进行任何改革。雇佣个人服务的合同——一种在前资本主义时代已知的合同类型,但不太适用于不准备出售其劳动力的无财产阶级的情形中——仅仅成为一种正常的雇佣合同。在新的条件下,契约不再仅仅是提供劳务,而且还包括剥夺工人的劳动成果,这一事实在资产阶级的意识中根深蒂固,以至于在日常生活中几乎没有人注意到。

同时,资产阶级的政治哲学有时会承认契约的新功能。罗伯特·诺齐克(Robert Nozick)是当代资本主义制度最坚定的捍卫者之一,他在下面的评论中合理化了资本家对产品的权利[①]:

无论是谁制造了某件东西,购买了或承包了所有其他持有的资源(为这些合作因素转移了他所持有的一部分),都有权得到它。

这一规则将"制造"作为原始获取的正义原则,但当包括资本家购买自身制

---

① Robert Nozick, *Anarchy, State and Utopia* (Oxford, 1974), p. 160.

造能力的"其他持有"资源时就涉及一定的困难。在这种情况下,谁是"创造者"?资本家(假设他作为经理直接参与生产,但这是一个越来越不切实际的假设)还是工人直接对生产过程做出贡献?如果他们都是"制造者",为什么不成为产品的共同所有者?除了解释为将"他人拥有的"资源(他的劳动力)出售给资本家之后,工人已经转让了他作为"制造者"的权利,没有别的解释。人们被迫得出这样的结论:合同从单纯的简单商品生产中转移所有权的工具,变成了(默认)资本主义原始积累的方式。

但现在,它不再被认为是合同协议内容的理由,即合同是两个自由的、有主权的个体之间思想碰撞的产物。工人不得自由出卖或者不出卖自己的劳动。由于他没有财产,所以他不得不因为挨饿的痛苦而卖掉它。资本主义所有权的来源只是形式上的契约;事实上,它依赖于经济上的强制。因此,即使在资产阶级道德的背景下,它的合法性也值得怀疑。

有人认为这种强制并不是单方面的,因为资本家需要雇佣工人,就像工人需要被资本家雇佣一样,因为没有工人,资本就注定是闲置和无生产力的。从长远来看,在抽象意义上这是真的,但是在任何虚构的对抗中,如果他们都罢工,资本家作为社会中商品存量的所有者,将能够坚持更长的时间,这就可能在即使没有政府的帮助下也能使工人阶级就范。在整个资本主义历史中,这两个阶级结构性相对力量的长期不平衡,日常对应的是一部分工人阶级的持续失业。失业是实现无产阶级无财产状态的最有效形式。

另一个类似的论点是,如果工人出去租用资本并建立自己的企业而不是将服务出售给资本所有者,他们就可能摆脱其依赖性的地位。从纯逻辑上来说,这个论点是无可非议的。确实,在现实中资本家要费心去组织生产过程,将生产资料留给劳动者,通过生产性资产的出租获得可观的收入是没有道理的。然而,这种情况下,在经受实际现实的考验时,在抽象逻辑中看似合理的东西却崩溃了。在本书中有很多很好的理由值得我们进一步思考,为什么资本家,特别是在资产阶级生产方式的形成时期,必须结合所有者和管理者的角色,以及为什么他试图成为唯一的存在会很危险。在先进的资本主义中,缺席的资本主义所有权确实是可能的,前提是管理权被安全地掌握在可信赖的资本公职人员手中,而不是在工人手中。

工人的从属地位通过对产品的没收使他原来的无产状态永久化,从而推定了资本主义可以剥削工人这一论点。关于剥削的理论我们将在第三章进行深入讨论。在此仅指出,由于资本家是产品的唯一所有者,并且承担支付固定工资的义务,因此工人得到的报酬越少,他就越有能力生产(成为依赖他人的雇员),资本主义所有者的剩余利益就越大。在这种情况下,动机和剥削机会都将显而易见。而且,只要一定比例的失业劳动力始终存在于市场上,资本家就不必为相互竞争而竞购劳动力,以至于冒着工资水平普遍高涨而导致其优势消失的风险。

用马克思在《资本论》中的一篇文章作为本节的结尾是很有用的,他在文章中设法抓住工人与资本家在资本主义的正式行为中享有的自由与平等之间的全部矛盾,包括工资劳动合同及其在履行合同过程中的依赖性和自卑性。

劳动力的消费……是在市场以外,或者说在流通领域以外进行的……劳动力的买和卖是在流通领域或商品交换领域的界限以内进行的,这个领域确实是天赋人权的真正伊甸园,那里占统治地位的只是自由、平等、所有权和边沁。自由!因为商品例如劳动力的买者和卖者,只取决于自己的自由意志。他们是作为自由的、在法律上平等的人缔结契约的。契约是他们的意志借以得到共同的法律表现的最后结果。平等!因为他们彼此只是作为商品占有者发生关系,用等价物交换等价物。所有权!因为每一个人都只支配自己的东西。边沁!因为双方都只顾自己。使他们连在一起并发生关系的惟一力量,是他们的利己心,是他们的特殊利益,是他们的私人利益。正因为人人只顾自己,谁也不管别人,所以大家都是在事物的前定和谐下,或者说,在全能的神的保佑下,完成着互惠互利、共同有益、全体有利的事业。

一离开这个简单流通领域或商品交换领域,——庸俗的自由贸易论者用来判断资本和雇佣劳动的社会的那些观点、概念和标准就是从这个领域得出的,——就会看到,我们的剧中人的面貌已经起了某些变化。原来的货币占有者作为资本家,昂首前行;劳动力占有者作为他的工人,尾随于后。一个笑容满面,雄心勃勃;一个战战兢兢,畏缩不前,像在市场上出卖了自己的皮一样,只有一个前途——让人家来鞣。[①]

资本主义:生产的目的

导致资本主义定义的简单商品生产特征的第二种变化是生产目的。前面

---

① 《马克思恩格斯全集》第 44 卷,人民出版社 2001 年版,第 204—205 页。

我们已经注意到，在简单商品生产中，经济活动的最终目的是获取使用价值，而直接目的是获取交换价值。相反，在资本主义中，交换价值的获取和积累，实际上是通过交换产生的交换价值，这成为商业活动的目的和驱动力。

在作者看来，第二种不同于简单商品生产的地方与第一种不同之处同样重要，但很少有人对其做出同等的评论。在第三章和第四章中，货币的概念发展出来之后，人们才能充分考虑它的含义。现在可以预料的是，从作为经济活动目的的使用价值到交换价值的这一步，相当于从一个静止或缓慢增长的经济到一个动态的、快速甚至有时爆炸性增长的经济的过程。在完全以交换价值为导向的经济中（历史上只有资本主义显示了这一特征），人口增长率不再是产出扩张的上限。物质生产获得了它自我维持的节奏，在几代人的一生中，达到了前所未有的生产成就水平。人类进入了一个全新的时代，在可行的范围内废除对绝大多数人的千年剥夺。然而，只要这种巨大的生产率仍然受制于私人资本主义利益，它就只会为提高份额提供额外的激励。资本的价值甚至超过了劳动的价值，劳动是生产的依赖因素。这种劳动依赖性和经济活力（在劳动剥削和资本积累之间）的相互加强的结合，构成了资本主义生产方式的显著特征。

第三章

劳动价值论

本章的目的是提出一种简单的劳动价值理论的非数学表述，为第四章和第五章资本积累的讨论做准备。该理论是在第二章中描述的简单商品生产的经济关系的量化。然而，作为资本主义分析的主要对象，劳动价值理论在第四章中不能被充分阐述，这是对资本主义生产关系的最重要的应用。

在开始这一章的时候，必须注意到，特别是在过去的十年里，劳动价值理论已经丧失了而不是得到了发展。它的批评者不再局限于那些对马克思主义怀有敌意的作家圈子，甚至在那些支持社会主义运动的人当中，即使有很多人认为马克思主义是这一运动的理论，但也有越来越多的人认为，就其目的而言，劳动价值理论已经站不住脚了。

在作者看来，这一类批评者无疑为马克思主义或激进经济学的发展做出了有趣而有价值的贡献，因为他们对劳动价值理论的全盘否定，如同把婴儿连同洗澡水一起泼了出去。在对资本主义生产方式具体的、基本的运作的研究和系统的阐述中，劳动价值理论似乎还没有找到一个继任者。这一点，而不是任何假定的逻辑或数学上的完善性（在作者看来，任何价值理论都不能自夸），是它在这里被介绍和辩护的意义。

为了避免对该理论的反对意见进行完全存在分歧的讨论，而掩盖其正面内容，因此本章没有试图反对最近的批评意见。第四章的附录部分讨论了其中的一些。这种对论点的划分是为了在尊重客观性的同时不破坏清晰度。另一方面,本章第四部分讨论了更基本的、历史悠久的批评,其依据是,劳动价值论单方面地关注劳动,而把其他同样重要的生产要素排除在外。下面三部分的顺序是:第一,阐述基本定义;第二,讨论竞争作为一种机制——理论预测在实践中得到落实的机制;第三,对抽象劳动和货币之间的关系做了简要的评论。

基本定义

1. 交换率和生产成本

在一种简单商品生产状态下,两种商品之间的交换比率将符合它们相对的劳动投入。如果制陶工制作1个陶罐需要2天,而铁匠制作1把斧头只需要1天时间,那么陶罐和斧头之间的交换比率将是1∶2。某种特殊的情形是,在一个存货充足的市场上盛行的交换率下降到1∶1,那么没有人会再费心去制造陶罐或者从生产商手中购买。制陶工将变成铁匠,在市场上生产相当于他们可能需要的任何数量的陶罐,而所需时间仅为直接生产陶罐的一半。当然,在这种情况下,任何现有的陶罐库存都将很快被耗尽。随后出现的短缺将把交换比率水平推回至每个陶罐值2把斧子,甚至更高。制陶工将以新的热情重新开始生产,可能超越限制,造成供应过剩。然后,交换率将再次下降,并继续波动,直到均衡建立在与劳动力投入相等的水平上。(上文的假设是,制造各种商品的材料都是从自然中获得的。)

2. 具体和抽象的劳动

这则小的经济寓言的意义在于,激励人们通过商品的劳动内容——在生产中所消耗的劳动来衡量商品的价值。这种方法导致了以下问题:根据观察,就其工作效果而言,交换行为有能力将铁匠变成制陶工。一个人制造过斧头,但在生产-交换周期结束时,他发现自己配备了1把斧头,反之亦然。鉴于这种将一种工作转化为另一种工作的能力,谁的劳动必须成为衡量所有劳动投入的共同标准,是铁匠的还是制陶工的?答案是:都不是。为了确定其数量,铁匠可以将他的工作与另一个铁匠的工作进行比较。他不能与制陶工的工作进行比较,因为他们的活动有性质上的差异。只有作为非特定商品的生产者,即作为纯粹的人类劳动的提供者,不同生产部门的生产者才能确立一个共同的标准来衡量他们工作的相对数量。这个标准是指以不确定的方式进行的劳动时间,是从各种职业的具体环境或劳动所采取的形式中抽象出来的。因此,在商品生产者之间对工作投入进行主体间定量测量的劳动被称为抽象劳动(abstract labour)。

这一观点似乎与个人的心理特征相冲突,这种心理特征往往试图对自己的行为更加重视,而不是与邻居的行为相联系,尤其是如果他们能从中获益的话。铁匠可能不愿意接受制陶工工作的3小时相当于他自己的3小时;他可能需要4~5小时。但如果他这样做了,他的客户就会去找他的竞争对手,准备以更低的价格卖出去,最终,相互竞争的压力会迫使所有的生产商站在平等的立场上。

在考虑了一系列的交换而不是单一交换行为的情况下,抽象劳动的力量变得更加明显。制陶工不需要他从铁匠手中购得的斧头。他可以把它们进一步交换为一些兽皮,最后交换为一双鞋。交换使制陶工的工作与铁匠、皮匠和鞋匠的工作相当。只要有足够的市场联系,任何人的工作都可以转化为其他人的工作。交易的距离越远,对标准的比较就越明显,这对所有人来说都是普遍的。

交易链表明,私人劳动——生产者在劳动分工的环境下进行的活动,是主动进行的,无须事先与其他生产者达成一致的协调——以抽象劳动的形式获得社会有效性。因为相关概念被定义为一连串易货交易链,甚至一笔单一的交换就足够了。但从实际的角度来看,交易链是一种相当笨拙的工具。商品生产者的劳动的社会有效性只有当他能够在一个跳跃中到达链条的最终环节,而不需要经历中间交易的麻烦和风险时,才能获得全部的效果。为了达到这一目标,在市场经济环境下,他需要能够将自己的产品与普通商品进行交换,并与其他任何商品直接交换。拥有这种特殊的商品(当然就是货币),会立即将他的私人劳动转化为一般社会有效性的劳动,也就是抽象劳动。货币与抽象劳动之间的名义对应关系由此确立。

3. 抽象劳动和货币

在没有货币的情况下,生产者可以通过一系列交换行为来维护他的私人工作的社会性。他的劳动不需要任何公共权威的认可:生产者所需要的是拥有可交换的商品。然而,如果没有货币,抽象劳动与市场表现之间的某种不对称就会明显地体现在交换价值上。抽象劳动是指劳动与任何生产部门的特定特征相分离的劳动。交换价值则与商品的实物联系在一起,与它们的使用价值密不可分。货币作为一般商品的出现,以一种与任何特定商品分离的形式交换价值;它使交换价值的表达不受任何商品的使用价值的影响,从而使抽象劳动与在市场交易中有效性的物质表达之间完全对称。货币商品本身的使用价值,比如黄金的装饰性,在其作为独立交换价值代表的角色中逐渐消失。这三种概念——抽象劳动、独立形式的交换价值、作为一般商品的货币——在讨论的理论中提供了最一般的确定交换比率的框架。

4. 社会必要劳动

劳动的双重性与商品的使用价值和交换价值的双重性相对应。交换价值与抽象劳动相结合,使用价值与具体劳动相结合。交换价值(和抽象劳动)被表示为纯粹的量。任何商品的价值都是用同一单位来衡量的,在使用价值和具体劳动的情况下,质是最主要的特征。

如果目前先不考虑需求的影响,极其严格的假设是单个生产商同样勤奋、所有的经济领域都充满灵活性,具体的和抽象的劳动(以及扩展为使用价值和交换价值)可视为完全独立的类别。为了使同一生产者的1小时的工作客观上与任何其他生产者(同类的劳动)的工作时间是一样的,需要假设生产上完全相同的个人。然后就可以把工作时间加在一起,估算各种商品的价值,而不用问每个人的劳动质量问题。定量方面(抽象劳动)可以与定性方面(具体劳动)完全分开。

作者认为,在不损害马克思主义经济分析的关键洞见的前提下,我们可以做出假设,并强制实行严格的分离。然而,马克思本人却对这个问题有不同的认识。他选择了一种不那么抽象的价值计算方法,在这种方法中,他试图对需求的结构和不同生产者的技能和勤奋程度的差异进行补贴。由于这些特性,尤其是技能,只有在与特定对象的生产相关时才有意义,因此马克思的方法不可避免地导致了具体和抽象劳动概念之间的某些重叠。重叠的结果是社会必要劳动的混合概念的出现,以及技术劳动和非技术劳动力之间的区别。

社会必要劳动的概念并没有产生实质性的影响,但它确实改变了上述内容中提出的抽象劳动的分析。在交换过程中,具体劳动转化为抽象劳动的过程,还有两个附加条件:(1)劳动力必须具备其所从事行业的技能;(2)它必须对应于满足相应社会需要的总劳动量,而社会需求的给定与商品的单位价值无关。

在这两个条件下,现在社会必要劳动被认为是抽象劳动,对应每小时一定数量的交换价值。产品效率低下或多余的劳动力在市场上是无效的。工作效率低下的生产者从他们工作的多余部分中得不到任何价值；他们只能承担自己效率低下的负担。以铁匠和制陶工的故事为例，如果有些铁匠需要2天时间来制作斧头，而他们的大多数同事只需要1天时间，他们不会同意拿1个罐子来交换1把斧头。他们将不得不工作2倍的时间，为了获得同样的4个罐子，他们4天的工作时间将仅仅是2天的社会必要劳动。相比之下，如果在铁匠中碰巧有两个非常高效的人，他们一天生产2把斧头，他们就能在同一个工作时间里买2倍的罐子，就像大多数其他工人一样。他们工作的2天将被算作4天的社会必要劳动。同样，如果由于生产者的孤立和无政府状态，某些产品生产超过所需（实际所需），价格将低于价值，错误地分配给项目的一部分劳动力将会没有报酬。

5. 熟练和非熟练劳动

除了在前文中讨论过的相同行业的技能差异之外，还存在一些行业被认为比其他行业更有技巧。一个金匠或银匠被认为是比石匠、铁匠更有技巧的工程师，没有理由认为，这些职业1小时的工作时间等于其他职业1小时的工作时间。此外，某些身体或精神上的能力，虽然不是通常意义上的技能，但由于稀缺和抢手，以至于被视为一种技能。马克思观察到，如果工人阶级的体格普遍恶化，那么一个足够强壮的人就能视为一个熟练工人。

在这种情况下，不管产品的种类（抽象劳动的概念），工作时间的定量等价性都已经不复存在。从某种意义上说，所有劳动都是等价的，因为工程师可以买到银匠的产品，反之亦然。但是从数量的角度看，在抽象劳动和交换价值能够得到适当的衡量之前，熟练的劳动力必须转化为大量的非熟练劳动力。假设从熟练到非熟练劳动力的交换比例可以得到确定和应用。1小时的银匠劳动将会被增加，比如把3倍的劳动力转化为相当于非熟练劳动力的劳动。因此，可以建立一个衡量各种劳动产品的交换价值的计量单位，即将价值量化。

非熟练的劳动力没有特权来提供这个公用单位，那么熟练劳动力的工作时间也同样如此。然后，一个熟练工人的工作时间必须乘以比如1/3的系数，才能减少到相当于熟练劳动力的时间。然而，由于非熟练劳动力相对更广泛，因此具有更普遍的地位，可以作为一种更自然的减少各种工作的共同基础。

将各种劳动转化为非熟练劳动力的想法足够简单。确定相关换算系数的原则就不那么简单了。类似的问题也出现在标准确定的情况下，这些标准决定了劳动力的实际数量,在每个部门中实际执行的工作都是为了达到这个目的而进行的社会必要劳动价值的计算。

在这些问题上,马克思似乎有如下的理由。在生产过程中,劳动过程需要一定程度的纪律:关于工作的技能、强度和效率,并将任务划分为熟练程度或多或少的层次。所有社会都需要这样的纪律或等级制度。另外,为了进行适当的协调,社会所有生产都必须在各种各样的活动中遵循特定的比例。因此,熟练和非熟练劳动力之间的区别也适用于各种各样的社会。

属于不同生产模式的社会,各自发展不同的机构,在其劳动过程中定义或实施纪律和等级制度。例如,在中世纪,由行会制定工匠生产的标准,由各行业的师傅对他们的学徒和工匠执行这些标准。社会也发展出不同的技术,以保持其生产活动在它们之间的正确比例。乡村社区长期以来一直依赖于对传统模式的复制。计划经济试图通过中央计划来达到同样的效果。但所有经济体都必须以某种方法解决这些问题。方法是不同的,任务本身是一样的。它们不以历史上变化的生产关系为条件。它们构成了所有社会经济组织普遍存在的"生产法则"的一部分。这就是为什么社会必要劳动的概念(在它的两个方面)和熟练劳动力与非熟练劳动力的区别适用于所有类型的经济。

市场经济(商品生产的经济)也必须满足所有人共同的"生产法则"。从这个意义上讲,决定劳动力社会必要特征的规范,或熟练和非熟练劳动力之间的关系,都是独立于市场的。它们隐含在生产过程中。但它们只能被人们所知,它们可以由生产者确定,只有通过市场才能确定。通过将具体劳动转化为抽象劳动,交易所明确了生产关系中隐含的规范,并通过竞争,将这些规范强加于所有人。通过建立不同的回报率,市场向生产者告知各种任务的等级重要性。但问题仍然在于,在商品生产的背景下,没有任何其他的信息来源和/或市场以外的换算系数。

这个问题有多严重?对于许多经济学家来说,他们既反对又同情马克思,这是非常严重的。在他们看来,这构成了劳动价值理论的致命弱点,这让马克思的论点在一种无法补救的循环中,一旦被扩展到覆盖不均匀的劳动,就会产生影响。首先在市场上寻求熟练劳动力到非熟练劳动力的换算系数。在此基础上,劳动时间的总工作时间是估算的。最后,我们的主张是,衡量经济中的总交换价值(以及特定商品的价值)只能在生产劳动成本的基础上得到完全的衡量。这种说法是虚假的,而且是循环论证,因为在生产过程中所花费的工作时间的数量已经被证明是依赖于熟练劳动力到非熟练劳动力的换算系数,这种转换系数是在市场中完全确定的。

一个简单的算术例子可以阐明这一点。假设有两种不同技能的劳动,即 A 和 B,在经济中每一种劳动都有 50 小时的实际工作。因此,实际工作的总时数为 100 小时。如果市场对 B 类劳动的奖励是 A 类劳动的 2 倍,并将此作为 B 类劳动的小时数必须转化为 A 类劳动的小时数以计算价值的比率,则该经济体中的总劳动价值相当于 150 小时的 A 类劳动。现在,如果在供求关系的影响下,报酬差异变化为 A=3B,则该经济体的总价值上升为相当于 200 小时的 A 类劳动。由此可见,来自劳动过程的价值计量对交换中的供求波动是敏感的。

尽管马克思毫不犹豫地将市场作为熟练劳动力与非熟练劳动力的换算系数的来源,但循环的问题似乎从来没有困扰过他。他认为以下两种情况没有本质区别:将一个木匠的劳动(如在椅子上体现)转换为假定同样熟练的铁匠的劳动(体现在一个铁水壶上),以及其他情况下,铁匠的劳动转化为一个高度熟练的银匠或手表匠的劳动。为了把握经济中交换功能的实质,为了解开商品生产历史特殊性的秘密,前一种情况对马克思来说是最基本的。正是在这些领域,他做出了最重要的贡献,从这一点来看,他的思维没有循环,因为生产和交换过程在不同的层面上运作。生产是更基本的活动,交换只是简单地执行(尽管是盲目地)生产中隐含的需求、优先级和规范。

另一方面,就像上面的算术例子所说明的那样,马克思在出现多种劳动的情况下,对其方法的严格定量上的困难没有给予足够的重视。为了消除这些困难,人们进行了各种各样的尝试,其中最有希望的一项是将教育作为一种生产过程,将非熟练劳动力变成熟练劳动力[希尔弗丁(Hilferding)、森岛通夫(Morishima)、罗索恩(Rowthorn)]。然而,到目前为止,还没有从理论上完整解决的方案。在其缺失的情况下,放弃劳动价值理论的两种主张仍然存在。第一个主张是坚持劳动同质化的空洞假设,这一假设在作者已经陈述的观点中,并没有实质性地削弱从马克思理论中可推导出的重要观点。第二个主张是估计各种熟练工作之间报酬差异的长期均值、各种大宗商品总需求的长期均值以及各种任务的效率准则执行的长期均值,并将这三个类别的估计值作为价值计算中的常数。这里的假设是,这样的平均水平代表了经济的基本结构,通过市场揭示,而不是依赖于供求的波动。在此基础上计算的价值可以与普通的市场价格相比较。

6. 现在和过去的劳动

商品的生产不仅吸收了当前的劳动力，也吸收了过去劳动力的产品。它们的成本以及耐用设备（也是过去劳动力的一种产品）的成本，必须从当前产出的价值中得到偿还，并相应地收取费用。考虑到这些费用，商品的价值现在可以被定义为过去和现在社会所需要的劳动力的总和，所有类型的技术工作都被转化为一种单一的、简单的（即非熟练的）劳动。然而，在对过去的劳动力收费时，必须附加一个条件。在过去生产的商品中，只有现在生产同样的商品所必需的劳动时间才能算作当前的成本，而不是历史上所花费的那么多。价值会计是基于复制的原则而不是历史成本。例如，如果一件原价为 1 000 英镑的设备，必须将其价值的 10% 计入当前的折旧费用，但是同样的物品现在可以用 500 英镑的价格购买，只需要 50 英镑的折旧费，而不是 100 英镑。

耐用设备在上文没有被描述为资本，因为这个概念还没有被引入。马克思主义理论认为，生产资料的持久性这一纯粹的技术特征，对于定义资本既不是必要的，也不是充分的，这是一种社会关系，可以在耐用或非耐用的商品中体现出来。由于劳动价值理论仍在简单商品生产的制度环境中讨论，每个生产者都是他自己的老板，没有人是资本主义的雇主，耐用的设备不能被当作资本来对待，而后者以构成对这些设备的资本主义所有权为前提。

严格地说，简单商品生产的理论模型不允许任何所有者、资本家或其他生产者的存在，不允许与直接生产者相分离；特别地，它排除了一个单独的地主阶级。因此，租金并不是计算商品价值的成本，它只被看作过去和现在劳动力的结晶。这种排斥导致了非生产要素如原始土地、土壤的"原始和不可破坏"的力量以及地下的矿藏所发生的问题。这些都是由每个生产者免费使用的吗？在使用者中，他们是否应该在一个纯粹的稀缺价格体系中进行定量配给？

当然，实际的市场经济包括地主阶级和根据相对稀缺的非劳动因素来设定价格的做法。地主的存在引入了一种垄断剥削的因素，这可能会扭曲非生产要素价格的纯稀缺性特征。然而，在某种程度上，纯粹的稀缺元素进入了价格的制定，显然不能用任何劳动价值理论来解释。不是劳动的产物，而是曾经是劳动产品但目前无法被劳动复制的东西（如艺术杰作、古董、老爷车），它的价值不能由生产所需要的工作时间来决定。这些物品，以及不可生产的土地（比如与耕地不同的原始土地），有价格但没有价值。

由此可见,作为对商品或生产成本之间的交换比率的解释,劳动价值理论只能在纯粹的工业经济中得到完全的适用,因为所有的投入都是由非稀缺资源所生产的物品。

现实中没有这样的经济。如果在实践中,租金、特许权使用费等费用构成了生产成本的重要组成部分,那么劳动价值理论所揭示的差额是一个很重要的因素。相反,如果它们在总成本中所占的比例很小,那么纯粹的制造业经济可能是对现实的一种可接受的情况。事实上,这是一个经验性问题。值得注意的是,在发达资本主义国家,租金占 GDP 的比例一直在稳步下降。在英国,这一比例从 1855 年的约 14% 降至近年来的 5% 左右,其中相当一部分由城市租金构成,部分原因是对建筑的收费,也就是劳动产品的租金。因此,对真正无法生产的生产要素的支付,甚至低于 5%,可以被视为微不足道。

基于稀缺原理的价值理论不会受到无法解释的生产要素成本的特殊缺陷的影响。此外,它能够解释不可再生商品的价格,就像老爷车、前辈大师的艺术作品等。这将是一个更普遍的理论,劳动价值理论在资源分配的分析方面取得一定的成功,但不适合那些特定的任务。我们将在第四章及其附录中讨论这些任务与对剥削问题的分析有关。因此,在两种价值理论(稀缺或劳动力)之间的选择,可以归结为选择的问题,是选择研究分配还是剥削。这种选择是在选择价值理论之前;在这种情况下,它是先验理论的,就像任何其他选择一样,它涉及预先选择的成本。在市场价格的解释中,一定程度上的损失是劳动价值理论的机会成本。

竞争和不平等交换

1. 价值法则

在第二章中,我们对竞争做了定性分析。现在,我们有可能构建其数量上的对应关系,这也将作为一种手段,将劳动价值理论与马歇尔供给和需求理论相联系。

竞争既有功能性的,也有剥削性的(这里的剥削不限于资本主义)。在实践中,把两者分开是不可能的,但是它们可以在概念上被分离。功能效应是通过社会必要劳动的概念来研究的,而通过不平等交换的思想来研究剥削效应。必须引入的定量度量包括个体与市场价值的差异和价值与价格的差异。

社会必要劳动是对个体生产者的劳动支出的控制。从数量上来说,就第一种意义上的社会必要劳动而言(即作为一个行业中典型的技能和效率的规范),这种控制可以通过个体价值和市场价值之间的差异来进行。只有后者与社会必要劳动相对应,但没有什么能阻止生产者取得比行业平均水平更好的业绩。生产者的成本低于其部门的成本,也低于市场价值,但他们不需要以较低的价格出售。他们可以利用自己的竞争优势,通过低于竞争对手的价格来扩大自己的市场,同时赚取利润。或者,他们可能会继续与之前一样的交易量,但利用较低的成本从差价中获得超额利润,而且是在给定的销售价格下。相比之下,那些个人价值高于市场价值的生产者被迫亏损,要么提高业绩,要么遭到行业淘汰。

个人价值与市场价值的差异有两种方式。在长期成本上升的情况下,需求可能会增加,因此,必须动员越来越少的有效生产者向市场供应某种商品。在这种情况下,市场价值不是由最高或平均水平的劳动力决定的,而是由生产率最低的劳动所决定的。考虑到需求的程度,正是这种类型的劳动力决定了进入该行业所需的效率标准。在这种情况下,内部生产者发现,他们的个人价值低于市场价值,而不需要付出任何额外的努力。他们能够获得效率租金,就像在李嘉图(Ricardo)的分析中,边际地块产生的租金的差异。

另一方面,生产者可能会通过引入改进的技术方法主动提高劳动生产率,而这些方法是他们的竞争者还没有时间去模仿的,从而降低其个人价值。只要他们的技术优势持续存在,生产者就可以获得额外的利润,或者扩大市场,或者两者的结合。他们的利润被描述为企业家才能,因为它们是在改进生产方法方面的一种奖励。当其他的跟随者纷纷效仿时,这种利润就被消除了。于是,一个新的市场价值逐渐在较低的成本水平上建立起来,这种价值以前只由一些非典型生产者的个别价值所覆盖。这个过程与熊彼特对企业家创新活动的描述惊人地相似;这部分马克思主义分析可能是奥地利学派经济学家理论的灵感来源之一。

第二种意义上的社会必要劳动,代表了经济中可获得的全部劳动力的份额,如果分配给某个部门,就足以满足现有水平的长期需求。当错误发生时(这在市场经济中是不可避免的),价格会高于或低于相应的价值。如果分配在实践中是最理想的,那么该部门处于长期均衡状态。在这种平衡的所有领域中,整体经济处于一般均衡状态,价格和价值在任何地方都是一致的。相反,对于它们的巧合(假设是马克思主义经济学的主要命题的价值术语)的假设,可以被解释为默认的一般均衡。这并不意味着马克思主义经济学是一般均衡经济学,即认为市场在经济的各个方面都达到了一种协调一致的和谐状态。然而,它确实意味着马克思和后来的马克思主义者经常使用一般均衡的概念,即使仅仅是为了证明资本主义的不均衡是不可避免的。

在社会必要劳动的第二个方面,竞争不再是一种效率的社会规范的执行者。它的作用是在意外的、自发的劳动分工的情况下促进资源的合理分配。在供给或需求的随机偏差的影响下,形成短期价格,而价格和商品价值之间的差异消除了多余的生产者(或吸引新的供应商)。

如果一个行业的供应过剩,竞争对手就会开始降低价格,以试图先把他们的库存脱手。价格的下跌可能会刺激需求的增加,并说服消费者吸收所有现存的库存(马克思完全接受这一点,因此普通的需求曲线与他的基本价值理论完全一致)。然而,在这种情况下,生产者只能亏本出售,因此他们的部分劳动力支出将得不到回报,而其中一些较弱的企业可能会因此破产,从而被淘汰。

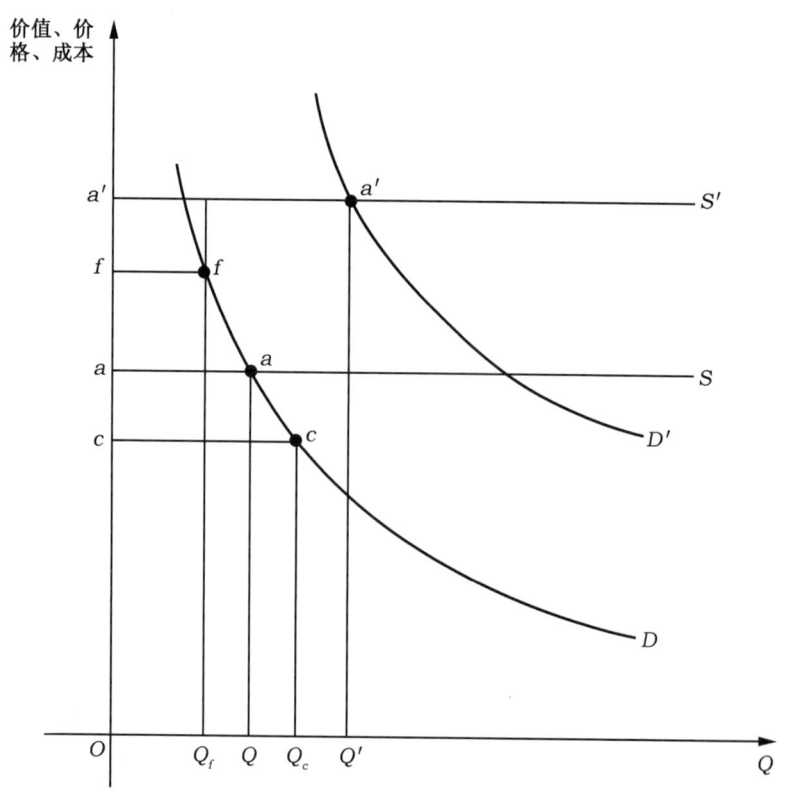

图 3.1

图 3.1 总结了关于价值和价格之间相互作用的讨论。在该图中，价格和价值以纵轴表示，在社会必要劳动的单位中，产出的数量用横轴表示。D 和 D' 是普通的需求曲线，S 和 S' 为短期供应曲线，从 S 到 S'（或从 S' 到 S）的转变是一种长期的转变，反映了技术的变化或者长期成本的上升。价值是 a 或者是 a'，在短期内它与需求无关（因为供给曲线的水平斜率）。Q 和 Q' 是两种情况下的均衡量。在 c 和 f，社会所需的劳动力被错误地分配给了这个行业；因此，价格要么下跌，要么高于价值。理想情况下，需求曲线应该是单位弹性的，因此社会所需要的劳动报酬（事前不同于事后分配）没有变化（矩形 $OaaQ$、$OffQ_f$ 和 $OccQ_c$ 都是相等的）。如果需求永久性地增加到 D'，效率较低的生产者就为该行业设定标准，从而使价值上升到 a'。长期的价值变化被证明是不连续的，以强调其独立于需求和成本的短期波动。

竞争调整机制通过个体与市场价值、市场价值与市场价格之间的差异来运作，被描述为价值法则。在"法则"这个词中，强调的是价值和竞争，作为经济的调节者，以一种盲目的方式运作，无视那些没有得到任何好处的人的苦难或利益。价值法则的确表达了社会的需要，但它是以一种不协调的、非社会的、偶然的方式来做这件事情。生产者协会意识到它的目标和潜力，原则上可以计划其生产活动，以使它们相吻合，而不需要大规模的修正。这种类型的计划将取代价值法则，避免其盲目的破坏性。但在商品生产的背景下，由于生产与所有权关系的对立性，有意识的事前协调是不可能的。

2. 交换中的剥削

价值法则的盲目性并不是商品生产竞争规则所造成的唯一破坏性影响。竞争产生了一种对抗的精神，同时也带来了生产者在市场上互相竞争的机会。个人主义是商品生产的固有特征，在心理上，人们会把别人当作一个异类来对待，这是允许的，甚至是值得尊敬的，因为他们期望自己会得到回报，给自己一个机会。社会意识到自身保护，通过有意识的国家机关来施加影响，从而防止相互之间的攻击。在私下交易中，赤裸裸的暴力、彻头彻尾的欺诈和更为明目张胆的垄断市场行为被官方压制。即便如此，在贸易中行使武力和欺骗的行为仍然存在很大的余地，这是由于个人的国别态度所造成的，这不可避免地伴随着生产过程的独立的"私人宪章"。

在交换中，剥削的形式是价值的差异，是由社会必要劳动内容决定的，而消费者能够在市场上为其商品讨价还价。任何高于价值的价格都不是纯粹随机的、不可预见的需求或供给变化的结果，而是源于某种市场力量的行使，这显然是剥削性的。这种现象被称为不平等的交换，因为用抽象的劳动来衡量，卖方获得了一个比他所交付的更大的对等物。从某种程度上说，不平等的交换是日常事务中偶然发生的事情，它可能被认为是可以忽略不计的。另一方面，它变成了一个严重的问题，如果社会中某个国家或某个群体，或某个国家的国际组织发现自己在谈判中处于不利地位，那么与他们的交换就会永远地、系统地不平等。在欠发达地区，对少数民族或妇女在劳动力市场上的歧视，以及发达资本主义与前殖民地之间的不平等贸易，是现代资本主义世界中两个最普遍的主要领域。欧佩克（OPEC）国家的垄断石油定价政策被认为是第一个，也是迄今为止唯一由不发达的贸易伙伴对工业资本主义进行不平等的交易的情况。

在过去的 15 年里，基于种族或性别的歧视和不平等的国际贸易受到了马克思主义者和其他激进经济学家的极大关注。在这两个领域中，只有国际贸易受到了价值和不平等交换的系统研究。如果劳动力是一种商品（在接下来的章节中将广泛讨论的一个话题），那么从原则上讲，劳动力市场上的歧视没有理由不能受到与在世界商品市场上的歧视一样对待。

回到国际贸易中，从抽象劳动的角度来看，这似乎是一种解决削减成本、谈判立场、运输成本、政治事件等问题的方法。不是通过关注数量和价格，而是通过商品交易所交换的抽象劳动总量，人们可能希望发现一个国家是否利用了另一个国家。但这种比较受到一个危及稳定性的内部问题的困扰。从上文可以看出，由于被视为抽象的目的，熟练劳动力被转化为相当数量的非熟练劳动力。然而，也许有人认为，发达工业国家的劳动力比不发达国家的劳动力技能更高，或者至少更有生产力，而且应该更有技能。因此，即便是直接计算得出欠发达国家的劳动时间（在他们的产品中体现出来的）比他们得到的劳动时间还多，仍然不能说这是不平等的交换。必须首先确定在国家之间的熟练劳动力转化为非熟练劳动力的换算系数。鉴于这样的系数，一个工业发达国家的出口所体现出的工作时间减少，相当于一个不发达国家的出口所体现出的工作时间大大增加，因此，尽管一个国家的劳动力供应给其他国家的总时数不同，但不能说存在不平等的交换。只有假设工业化资本主义经济体中 1 小时的工作时间与发展中经济体的 1 小时工作时间完全相同，在国际贸易中不平等的交换才能获得明确的含义。

抽象劳动和货币

抽象劳动的概念源于生产者之间的所有类型的劳动的等价性。在其抽象劳动能力中,生产者的工作获得了对他人劳动(即产品)的购买力。当然,这在某种程度上是一个理论上的比喻。在实践中,没有人直接用劳动来购买东西;购物是通过货币完成的。抽象劳动与货币(与使用价值无关的交换价值)的对应关系已经在上文提到过。在交易过程中,货币是抽象劳动的二重性,而抽象劳动是生产过程中货币的二重性,两者都是交换价值的方面,交换价值独立于任何特定的使用价值。劳动价值理论的观点通常认为维持价值是由商品的劳动内容决定的。如果劳动力是生产的唯一要素,并且在上述假设的前提下,就可以建立这种论点的有效性。在均衡中,商品的交换比率与它们相对的劳动力成本是不同的。从这个意义上说,因果关系的箭头可以从劳动力投入指向交换价值。

在均衡之外,情况有所不同。价值法是通过工业中的资金流动来实现的。如果一个行业扩张过度,就会造成损失,资金流出。如果它过于收缩,就会产生超常的利润,资金流入。为了从一个行业流向另一个行业,资金必须以一种不与任何特定用途相结合的形式存在;从这个意义上说,从使用价值中获得的交换价值的独立性对经济的监管是至关重要的。

劳动力流动必须对应于行业间的资金流动。只有当劳动力能够从一个特定的行业中分离出来,像资金那样迁移到另一个行业时,这才有可能实现。理想的情况是,抽象劳动作为一种没有特征的劳动,一般来说,在生产中是一种像货币一样灵活的工具。但是在货币的情况下,它的概念与一个经验给定的对象(一种没有其他主要用途的货币商品,如黄金或者像纸币一样的货币制品)相对应,它并不像经验上有形的东西与抽象劳动的概念相对应。是否存在这样的经验性财产有待进一步研究。

商品生产以一种基于个人能力的劳动分工开始,越来越趋向于切断生产者与产品之间的主观联系。在简单商品生产中,这种分离采用相对温和的形式,生产者对其产品的使用价值漠不关心,因为就他自己的消费而言,他没有为自己生产使用价值,而是为他人生产。在资本主义中,这种分离采取了更为激进的形式,工人对自己的产品没有所有权,对自己的劳动活动也没有控制权,因为他是按照指令行事的。在这样的条件下,如果就业条件是可比较的,那么工人对自己所生产的东西和所从事的行业就无所谓了。在他的眼中,在那个阶段,他的劳动已经是抽象的了。

客观地说,困难仍然存在,工人没有接受那种使他们或多或少能够从一份工作转移到另一份工作的培训。在机械化和科学管理的帮助下,简化任务可能会导致工人完全被取代,使他们活动的部门对他们和社会漠不关心。这将在货币和抽象劳动之间建立完美的联系。在实践中,这种状况几乎不可能完全实现。但是对于一些作者来说,有证据表明现代工业正在朝这个方向发展。他们会声称这是从劳动价值理论中获得的主要观点。

当经济失衡时,劳动力的分配就会受到资金流动的控制,这就提出了生产和交换相对优势的问题。在均衡中,交换比率是由相对的劳动力成本决定的;在外部均衡中,其独立形式的交换价值导致资源重新配置的过程。人们是否应该意识到这两种对称力量的运作,最终结果只不过是一种普通的供需平衡?

马克思主义理论与供求分析并不矛盾,它提出了一种不同的分析。它强调发达经济体是由资金流动控制的,而资金流动是由生产活动和劳动最终的流动所控制的。但是生产活动并不是生产者有意识的结果;相反,它以劳动纪律的形式支配着生产者,而劳动纪律并不是来自任何有意识的人类机构(生产者自己或生产者可以识别的社会机构),而是来自可交换对象的物质现实。这并不是说交易主导了生产,因为没有公认的生产需求(在部门间的平衡、努力的程度等)获得一种客观的形式,并通过价值法则来支配生产者。以下马克思的语录是非常贴切的:

> 活动的社会性质,正如产品的社会形式和个人对生产的参与,在这里表现为对于个人是异己的东西,物的东西;不是表现为个人的相互关系,而是表现为他们从属于这样一些关系,这些关系是不以个人为转移而存在的,并且是由毫不相干的个人互相的利害冲突而产生的。活动和产品的普遍交换已成为每一单个人的生存条件;这种普遍交换,他们的相互联系,表现为对他们本身来说是异己的、独立的东西,表现为一种物。在交换价值上,人的社会关系转化为物的社会关系;人的能力转化为物的能力。交换手段拥有的社会力量越小,交换手段同直接的劳动产品的性质之间以及同交换者的直接需要之间的联系越是密切,把个人互相联结起来的共同体的力量就必定越大——家长制的关系,古代共同体,封建制度和行会制度……每个个人以物的形式占有社会权力。如果从

物那里夺去这种社会权力,那么你们就必然赋予人以支配人的这种权力。[1]

由抽象劳动所决定的交换价值,是由构成商品生产的整个关系网络构成的。这一制度所需要的交流的渗透,体现在抽象劳动的概念上。其独立形式的价值,即货币,并不是因为劳动以某种神秘的方式"创造"了一种被称为价值的形而上学实体,而是因为抽象劳动就是价值。劳动的流动与货币的流动相对应。(然而,这种对应只是定量的。除非在特殊条件下,货币价格与商品的抽象劳动内容是不一样的。定量对应的问题将在第四章的附录的转型问题部分再加以讨论。)

劳动和等待

在劳动价值理论中,最违背常识的是,选择劳动作为生产要素,而不考虑其他因素,交换价值取决于劳动支出。主流经济学在区分土地、劳动力和资本三个基本生产要素(有时还有第四个要素,即企业家才能)时似乎更为合理。在交换比率(或价格)的确定上,它似乎也更具有相关性。首先,通过供给和需求的相互作用,建立基本要素的稀缺价格。在此过程中,通过将所有对生产要素直接和间接支付的成本相加,得出成本在均衡的同时与商品价格相一致。这种方法具有不可否认的优点,可以将注意力集中到资源的最佳配置问题上。根据所描述的理想方案,最稀缺的要素将被贴上最高的价格标签,从而被分配到最重要的用途(消费者愿意支付最高的成本);其次是第二稀缺的;以此类推,直到所有的稀缺要素都被用完。

人们已经承认,面对基本的稀缺,劳动价值理论是无能为力的。它对不可再生商品的定价没有提供任何解释,而且不得不让位于另一种理论。在每一种情况下,构成基本的稀缺性是另一个问题;在生产性资本的情况下,一个特别难以回答的问题是:它是否由可再生的对象(如耐用设备、机器、材料的库存,甚至是生存的手段)组成?

在资本的情况下,最合理的基本稀缺性要素的候选者是"等待"。这代表了生产的一个方面,到目前为止还没有被注意到:在生产中第一次大量的劳动支出(如为建筑物挖地基)和作为最终产品出现的可销售的东西之间必须经过一

---

[1] 《马克思恩格斯全集》第30卷,人民出版社1995年版,第107页。

定的时间。在整个生产过程中(如果在最终生产开始之前必须提供持久的生产资料——通常理解为资本——那么这段时间显然会更长),生产者不仅要工作,而且要等待他的努力的结果最终形成。甚至在有些情况下,他除了等待什么都不能做——例如等待收获的农民、等待木材的植树者,或者等待酒窖里葡萄酒成熟的酿酒师。在这些情况下,"等待"作为生产的一个方面出现,甚至事实上与"运作"不同。这表明两者之间有可能存在概念上的区别,即便是在没有实际区别的情况下(当工作时间与生产时间相一致时)。

考虑到这一区别,问题就出现了:(1)这是否意味着一种成本不能再简化为过去和现在的劳动力;(2)如果对(1)有一个肯定的答案,那么"等待"的单独费用是否必然会使劳动价值理论无效。

处理问题(1)的一种直截了当的方法是,把"等待"定义为几个小时的工作,并计算商品的价值,不仅是根据它们的生产所吸收的活跃劳动力的时间,还包括有效的劳动时间和"等待"的时间。在这种情况下,如果买家愿意以足够的时间(体现在他们的产品中)以支付额外的成本,才会生产出具有平均工作时间而生产时间更长的商品。劳动价值理论以目前的方式进行修改,从配置的角度来看,将导致合理的交换比率。(但必须强调的是,马克思本人在讨论工作时间和生产时间的差别时,含蓄地否定了这种解释。这方面的工作在这里没有进一步探讨。感兴趣的读者可以参考《资本论》第二卷第十二章到第十六章的内容。)

在实践中是否可以确定劳动时间与"等待"之间的区别(在理论上是合理的),取决于特定经济体中普遍存在的社会关系。一方面,如果是生产商自己提供"等待",作为他们工作的另一个方面,那么这种识别是有意义的;另一方面,如果"等待"是由一个特殊的非生产者提供的,那么它作为一个单独的生产要素的分配问题就会出现,并且必须对成本单独收费。

如何才能专注于"等待"的供应呢?简单地说,通过将消费的方式储存起来——以高于当前市场价格的价格——供那些生产长时间商品的生产者使用,这些生产者不愿意或不能在开始消费的时候再等待他们的产品的销售。显然,这些生产者没有能力直接购买自己的产品。由于没有生产出任何可供销售的产品,他们缺乏购买的手段。他们只能通过赊购的方式从"等待"的供应商那里购买消费品。或者更实际地说,他们可以借钱,所以最终"等待"的供应商除了钱的问题外,没有别的作用。通过让一些原本不愿承担这一任务的生产者从事需要长时间生产的商品的生产,这种形式的"等待"已经成为生产的一个要素,利息是合理的生产成本。

劳动价值理论不能恰当地涵盖这种情况。"等待"从只是生产劳动的一个方面，到与其他方面密不可分。劳动本身已经获得了自主的存在，而且必须被视为价值决定的第二个独立原则。商品必须作为直接劳动成本和"等待"成本的总和进行估价。把这两者混在一起，在以工作时间为单位的同质核算下，只会造成混乱，因为供应来源不同。

这听起来像是为资本主义收入辩护（典型的代表是利息），但这并不符合事实。在一个阶级存在的问题得到解决之前，不允许使用某种利益的合法性，这个阶级通过自己承担克制消费的负担来提供"等待"。

马克思主义者显然否认资产阶级从事任何此类活动。他们很快就指出，资本家推迟满足的情况是罕见的，而工人通常需要等待——有时是永远等待——才能看到他们满意的基本需求。马克思主义者认为，在资本主义制度下，劳动力和"等待"都是一个阶级的负担，即工人阶级。

马克思主义者这样争论是意料之中的。鲜为人知的是，他们绝不是唯一强调这一观点的人。在其他方面与马克思主义相距甚远的经济学家，如萨伊（J. B. Say）和凯恩斯（J. M. Keynes）都说过基本相同的事。在抨击亚当·斯密（Adam Smith）对作为资本来源的节俭的赞美时，萨伊问道[①]：

但是，斯密所赞扬的个人节俭，不正是因为政治制度的某些缺陷而不可行吗？不是穷人在存钱……储蓄是以他们为代价的。

一百年后，在凯恩斯最早引起广泛关注的著作中，他这样描述了第一次世界大战前的资本主义：

这一卓越制度的发展是建立在双重误导或者说欺骗的基础之上的。一方面，劳动者阶级因为无知或无能为力，或是被强迫、劝说，或是被风俗、惯例、权威以及已经建立的社会规范所哄骗……在这种制度下，劳动者只能获得由劳动者、自然、资本家联合生产的蛋糕的很少一部分。另一方面，资本家阶级却可以将蛋糕的大部分据为己有，理论上，他们并不需要消费这些产品；而事实上，众所周知，他们只消费这些产品的很少一部分。[②]

或许，凯恩斯应该被原谅，因为他没有过分夸大那些显而易见的事——在

---

① J. B. Say, *Traité déconomie po/itique*; 5me édition (Paris, 1826), Vol. Ⅰ, pp. 130—131. 本文作者从原文翻译的引文。

② 约翰·梅纳德·凯恩斯：《和约的经济后果》，张军、贾晓屹译，华夏出版社 2008 年版，第 15 页。

"等待"这个问题上,资本家们从理论上自由地获得了蛋糕中最好的部分,而工人由于无知和无能,成就了他们的命运。

正统经济理论坚持认为,在自由企业(即资本主义)经济体中,有一个单独的市场"等待",即资本市场,利率只是代表"等待"的价格。如果是这样,那么价格就不会付给这种特定商品的实际供应商,而是给那些与他有剥削关系的人(这将在之后几章中解释)。资本家确实会产生"等待",但这仅仅是通过强迫劳动力的不自觉的节俭来实现的。

在将利率视为另一种生产要素的普通价格时,经济理论把注意力放在任何这种价格的两种功能上:(1)激励功能,即要求充分的"努力"来提供"等待";(2)优化功能,即将要素分配到它最需要的活动中。

如果一个专门从事等待艺术的独立阶级的假设是真的,那么等待的另一个价格确实会有这些功能。因此,它将是一个非常有用的核算和分配工具。如果不是专业的,同样的情况也会成立,但工人们本身就是"等待"的自愿提供者,而与他们生产劳动的其他方面是分开的。

在资本主义的问题上,利益并没有表现出这两种功能。就其激励效应而言,凯恩斯主义分析表明,它的作用是对充足资本供应的抑制。如果资本能够在不受打击的情况下积累起来,那么在现代的条件下,至少在凯恩斯看来,这将不再是生产的一个稀缺因素。资本家通过对这种特殊的稀缺性的所有权来实现劳动的剥削关系,他们会发现自己被剥夺了特权的物质基础。他们通过在关键时刻阻止资本积累(通过抑制投资)来防范这种危险,而这些时刻是由利率下降所确定的。

就其配置功能而言,利息也表现不佳。考虑到它的剥削性,再加上市场的无政府状态,获得这些特权收入的一部分,更多的是通过侵略性或投机获得的,而不是谨慎地考虑到社会需求的相对紧迫程度。凯恩斯对股票交易所的评论值得重复一遍:

> 当一国资本的积累变为赌博场中的副产品时,积累工作多半是干不好的。[1]

凯恩斯的分析在资本主义经济的实际运作经验的支持下,论证了利率在激励和分配功能上的失败。在这一问题上,马克思主义的分析可以做出解释。利息作为一种价格不能表现得很好,因为它不是主要的价格;在资本主义条件下,

---

[1] 约翰·梅纳德·凯恩斯:《就业、利息和货币通论》(重译本),高鸿业译,商务印书馆1999年版,第162页。

这是一个社会阶级对另一个社会阶级掠夺的经济表现。它可能实现的任何价格功能取决于收入的主要角色。正统经济学理论选择忽视这一现实,把利息当作纯粹的稀缺性,而不是别的什么。在这个扭曲的假设基础上,它成功地构建了一个非常优雅但完全不现实的资本构成配置模型,最后只剩下一些辩解。

劳动价值理论认为,在生产的剥削关系中,精心设计的理想资源配置模型是徒劳的,在它们衰落的阶段,对经济合理性的每一个真正原则都是一种嘲讽。劳动价值理论可以作为一种替代性的核算方法进行开发,目的是揭示由于剥削现象引起的资源配置的变化。这就会产生一种马克思主义的福利经济学。一些马克思主义经济学家尝试对现代资本主义资源配置进行批评,但他们发现,劳动价值理论对这一目的毫无帮助。

这并不奇怪。这一理论被认为是刻意选择忽视资源配置的问题("等待"只是一种资源),而更倾向于把注意力集中在对剥削问题的分析上,而这些问题被认为是更为紧迫的问题。(这一决定与凯恩斯主义者在选择失业问题上的偏好是类似的。)马克思所提出的劳动价值理论,最适合在自由市场经济环境下对剥削进行分析。相比之下,把生产过程的各种特征合并成一个,即抽象劳动的支出,那么在分配问题上就变得很弱。这也是它在后资本主义制度下的表现值得商榷的原因——社会科学家对资本主义的运作有了许多重要的见解。其持久的力量,正如下一章所讨论的,是对剥削和自由市场的分析,这是它生命力的源泉。

第四章

价值、劳动力和剥削

经济理论中的剥削:两种观点

承接第三章中对劳动价值理论的一般表述,本章将会把这个理论应用到剥削问题中。首先从经济学家对这个问题的态度的描述开始,紧接着对马克思主义的观点进行详细分析,最后对关于利润现象的两种非马克思主义解释进行了评述。

马克思主义经济学与非马克思主义经济学的最显著区别是:前者坚持认为资本对劳动的剥削是资本主义生产方式的基石。这个基本前提产生了两个主要的结论:首先,理论分析必须把重点放在资本主义这个关键特征上;其次,对于工人阶级来说,除了集体摆脱资本主义制度,没有其他办法把他们从剥削中拯救出来。这两项任务,理论的和实践的,是相互依存的——这是本章最后一部分,重申和展开作为本书中其他章节的观点。在重视剥削的方面,马克思主义经济学是经济思想流派中独一无二的。

对剥削的研究,要么完全不在主流经济学中,要么它被视为无足轻重。只要市场在一般竞争均衡位置的合理点上,经济理论就可以证明,理性消费者或生产者会处于一个尽可能合理的、与他的资产禀赋一致的(一般竞争均衡的帕累托最优)位置。只要行为合理,在完全竞争市场上就没有人会成为剥削的牺牲品。非理性的人可能会由于他们自己的过错而遭受损失,但这不能归因于经济制度的任何内在剥削特征。因此,期望在社会科学(即资产阶级社会科学,马克思不允许对人性做任何硬性的、非历史的概括)中成为纯粹自我的个人,可以进行对抗竞争的博弈,因为他们相信,原则上他们头脑冷静和利己主义的行为,也是通过事物的幸运顺序,是唯一符合总体福利最大化的方式。资产阶级社会的整体精神,重点放在以自我为中心的个人主义的这种思想的提高上。经济学通过提供一个分析理由为这种精神做出了贡献。从马克思主义批判来看,这赋予了经济学意识形态功能,正如马克思所说的,包括为资产阶级思想的安定开出处方。

非马克思主义经济理论不否认,市场博弈进行的资产分配可能是不公平的。市场本身往往不会去纠正这种不公平的现象,也不会使情况变得更糟糕。这可能对财富不平等问题做出双重回应。一些批评资本主义制度的经济学家认为,市场是长期存在不公平现象的工具,强调工人阶级没有资产是一个特别确凿的事例。① 大多数人会强调,通过市场交换,每个参与者都有可能从贸易中获得收益,改变财富分配和收入不是经济问题,而是政治问题。市场会通过平等的手段服务于公众所偏好的任何分配理想。

与第二种普遍自满的情况相反,有两个严重的反对意见被提出:(1)我们这个时代的市场基本上是垄断而不是竞争;(2)放任自由的资本主义无法把经济维持在充分的就业水平(凯恩斯主义的批评)。对于那些坚持(1)的人来说,剥削可能会成为一个利益的问题。在有些情况下,工资低于边际劳动产品,这就是标准福利经济学对劳动剥削的定义。但是在这方面劳动并不是唯一的。其他生产要素也可能被类似地剥削。即使证明在一个特定的场合劳动是被剥削因素,也并不意味着资本一定会受益。甚至可能是市场的不完善以牺牲资本为代价让劳动力受益。② 事实上,从剥削的情况来看(定义为从边际价值产品而来的要素价格的偏差),明确的最终失败者是消费者的福利。剥削并不意味着资本家剥削工人,而是垄断者剥削消费者。这种剥削的解决方法是环境的恢复尽可能接近竞争市场,而不是对资本主义所有制生产方式的废除(尽管控制垄断

---

① 这篇论文被阿伦·博斯(Arun Bose)在《马克思主义和后马克思主义政治经济学导论》(*Marxian and Post-Marxian Political Economy—An Introduction*)(London,1975)第 52 页命名为"瓦尔拉斯-兰格-勒纳剥削理论"。

② 在 Joan Robinson, *The Economics of Imperfect Competition*, 2nd edn (London, 1969), pp. 281ff 中包含了本文的一个经典陈述,特别是在第 288 页。

的国家干预可能需要侵入资本家所有权)。

似乎凯恩斯主义对自由放任资本主义的批判认为,失业是一个体系但不如剥削那样根深蒂固,但对于绝大多数人来说更为相关,或者至少更为紧迫。然而,在凯恩斯主义的概念中,失业与剥削是不同的,因为失业对工人来说是一种痛苦,它不直接造福于其他社会阶层,而且失业的基础性也不强,通过正确的改革可以被改变,而不是通过革命推翻制度。

马克思主义对剥削的强调并不意味着拒绝主流经济学对贸易收益存在的观点。马克思在一个简短而重要的评论中指出,即使在不平等交换的情况下,这种收益也存在。在《剩余价值理论》(第3卷)(*Theories of Surplus Value*, Ⅲ)中,他写道:

通过欺骗行为,由于一个人得到了另一个人失掉的东西,也可能获得利润。在一个国家内,亏损和盈利是相抵的。在不同国家之间,情况就不是这样了。即使从李嘉图理论的角度来看——这一点是萨伊没有注意到的——一个国家的三个工作日也可以同另一个国家的一个工作日交换。价值规律在这里有了重大的变化。或者说,不同国家的工作日之间的关系,可以像一个国家内熟练的、复杂的劳动同不熟练的、简单的劳动之间的关系一样。在这种情况下,比较富有的国家剥削比较贫穷的国家,甚至当后者像约·斯·穆勒在《略论政治经济学的某些有待解决的问题》一书中所指出的那样从交换中得到好处的时候,情况也是这样。①

如果贸易收益与不平等交换下的剥削是一致的,那么它们在平等交换(马克思试图建立的强有力的剥削案例)下更为一致。在剩余价值理论的基础上,可以试图概括:一般竞争均衡的帕累托最优的证明与马克思自己在所有参与者的普遍自由和形式平等的条件下,通过同样的优化市场机制实施剥削的可能性的证明是完全一致的。在新古典经济学和马克思主义经济学之间,不存在在市场(或商品生产)特征问题上的冲突,作为从不同角度看待市场的决定,他们分别关注不同的问题。这个理论之前的选择绝不是武断的。在马克思主义新古典经济学的眼中,无论其形式分析是多么的精练,都构成了对资产阶级经济消极方面的一种巨大的意识形态规避。

---

① 《马克思恩格斯全集》第35卷,人民出版社2013年版,第111—112页。

一般剥削和资本主义剥削

在马克思主义的语境下,剥削被定义为某一特定阶级对另一阶级生产性劳动的占有,而这个占有者本身并不向另一个阶级提供生产性劳动的同等对应物。剥削者对产品的侵占是他们自己先前(以某种形式)对生产性劳动占有的结果。在这个广义的定义下,剥削并不是资本主义所特有的。它贯穿了过去所有阶级分裂的社会,也就是1859年序言中提到的所有"对立的社会形式"(见第一章)。在所有这些社会中,剥削都是以生产力条件为前提的:被剥削的劳动者必须富有成效,使他们既能够养活自己,又能够满足剥削者的需要。因此,他们的劳动分为两部分:一部分是维持他们自己的(必要劳动,与前一章社会必要劳动不同的概念);另一部分是剥削者并未对应参与的剩余劳动。产出也以类似的方式分解为必要产品和剩余产品。历史上,剥削者有时不仅攫取劳动者的剩余产品,还攫取必要产品的历史事例并非闻所未闻,但这种情况不能成为常态,否则劳动者将被迫灭亡。反之,剥削者也将灭亡,或者他们通过自己工作来养活自己,对他们中的大多数人来说,这是比死亡还糟糕的命运。无论哪种情况,剥削都将不复存在。因此,以剥削者自身的利益来说,没有比这件事情更明确的了,就是将几乎所有的劳动变为剩余劳动(除非已决定把一部分工人的过度劳动消灭掉,就像在纳粹集中营那样)。

在前一节结尾中提出将剥削作为马克思经济学分析的中心主题这一选择是理论前提。有没有初步证据证明这种选择是正当的?在以奴隶为基础或以自我为基础的经济体中,社会政治制度本身就公开承认,有效率工作的人口中很大一部分受到剥削。相比之下,资本主义在其政治甚至经济体制上不可能找到这种假设。情况正好相反。这个制度的基础是贸易自由和私人利益的自由追求。因此,任何坚持资本主义剥削的系统性而非偶然性的人都面临着双重的任务。首先,他必须在材料中寻求初步证据,而不是工人的制度条件。假设这种情况值得进一步关注,需要进行理论分析,以使事物的日常外观下的现象或不透明的东西变得透明清晰。在资本主义市场中,关于劳动的剥削性支出并不明显。

资本主义生产的商品性质使具体的、有用的劳动成为一种剥削者并不感兴趣的活动。这种形式的劳动不是他们寻求的适当的劳动;它既不具有作为交换手段的普遍的社会效力，也不为雇佣工人的人产生使用价值。生产球轴承或衬衫的工厂老板，不需要产品的使用价值（即与总产量相比，他自己的需求无穷小）。剥削者要使自己在商品经济中处于支配地位，必须针对不是具体的而是物化为货币的抽象劳动。通过直接劳动过程来进行使用价值的生产，仅作为一种没有对应物的获得手段来干预一定数量的交换价值。资本家对经济中流通的交换价值总额的一定比例的自由占有，是在商品生产条件下唯一有意义的剥削。这一比例对应于前资本主义剥削制度的剩余劳动和剩余产品。在马克思所使用的广为人知的名词里，它叫作剩余价值。在具体资本主义形式中，剥削的定义为对剩余价值的占有，是在资本主义市场中对超越公平关系的必要分析的第一步。下一步是证明一种机制的可能性，使得这种占有成为可能，这种机制不是违背而是符合商品生产和交换的原则。

贸易悖论

在本章的第一部分中，有人认为马克思故意选择在对这种证明最不利的假设下证明剥削的可能性，为剥削的存在提供强有力的证据。他开始表明，在资本主义经济中，即使没有不平等的交换，市场上的剥削也可能发生并确实发生了。这个决定暗含在他的假设中，即为了讨论的目的，所有的商品都是以其价值进行交换，既不高于也不低于这个价值。经济处于一般均衡状态。另一方面，资本家首先也是交易者。他们为了获得利润而进行买卖，他们不仅是交易者，还是实业家。在后者的能力中，他们的交易包括购买物资和劳动力，以便卖出通过这些手段产出的产品来获得利润。但是，作为交易者，资本家必须为他们所获得的价值付出相应的代价。在不存在不平等交换的一般均衡状态下，任何一方都不可能通过交换来获得免费的剩余价值。无论他们买什么，他们都得付出全部的价值。剥削似乎与商品生产经济中的交换假设不一致。这在逻辑上似乎是不可能的。

劳动价值理论的悖论

但是由于争论集中在资本家作为交易者，那么这个逻辑不就进入了一个死胡同吗？难道在劳动力市场上，他们与其雇员之间没有一种特殊的不平等交换,使得资本的所有者可以利用？答案应该是理论家无权通过这种特殊的、专门的假设来完成自己的任务。如果假设按全额支付,那么它必须在所有市场中都这样,而不是所有市场中减去一个。劳动力市场不能构成唯一的便利例外。此外,作为雇主的资本家在这个市场上购买劳动时间的事实增加了在劳动价值理论基础上解决问题的困难。不包括材料等资本家为一定数量的工作时间支付的全额工资。他们希望从产品的销售中收回成本。产品的价值是由其生产中的工作时间直接或间接决定的。在购买材料和工作时间时,资本家已经支付了构成产品价值的时间的合理价值。应该说,销售收入恰好足以支付工资成本,而没有留下任何盈余。理论分析非但没有发掘资本主义制度内部的剥削,反而似乎把它埋在了更深的层面。劳动力和资本交易中剩余价值的获得在逻辑上似乎不可能像商品平等交换中提取的那样。第二种逻辑的不可能性构成了劳动价值理论的悖论。

"劳动力"商品

为了解决这一悖论,马克思在古典政治经济学分析工具中引入了一个新的概念,以其简单性、独创性和强大的力量注定要打破旧秩序,从中提炼出马克思主义经济学的一个新的综合推理或新的范式。他又回到劳资双方的交易中,并提出下列问题:这真的是资本家从工人那里购买的时间吗？或者它是另一种商品吗？毫不奇怪,他想出了答案:工作时间不是交易的对象。资本家不是购买一定数量的工作时间,而是购买一个人工作数小时的能力。

可以想象,马克思可能是纯粹通过理论思辨产生了这个答案。事实上,他提出这个方向也是由于他在英国时期的一段记忆犹新的经历(他的资本主义经济的原型),当时没有任何法定的工作时间限制。(从1833年起,有些立法对工作日规定了最大限度。)马克思在《资本论》中筛选了大量正式文件之后,引用了关于这个问题的一个证据样本,这个证据特别引人注目。它由1860年工厂检查员报告中的一句话组成[①]:

> 事实是,在1833年的法令之前,儿童和少年被迫整夜、整日或整昼夜从事劳动。

[①] Karl Marx, *Capital*, Vol I (New York, 1967), p.279.

在这样一个原始的和早期的资本主义原始劳动合同中,纯粹由人道主义考虑或立法干预,马克思可以提炼出劳动力买家(资本家)的自然行为倾向是压榨雇工,但是是劳动者体力可以承受的时间,而不是法律或协议规定的几小时。马克思致力于对资本主义行为的这方面描写是《资本论》中最精彩的内容之一。以微小偏差为代价,品一品某些片段是值得的。

什么是一个工作日呢?当然比一个自然的生活日短。短多少呢?关于这个极限,即工作日的必要界限,资本家有他自己的看法。作为资本家,他只是人格化的资本。他的灵魂就是资本的灵魂。而资本只有一种生活本能,这就是增殖自身,创造剩余价值,用自己的不变部分即生产资料吮吸尽可能多的剩余劳动。

资本是死劳动,它像吸血鬼一样,只有吮吸活劳动才有生命,吮吸的活劳动越多,它的生命就越旺盛。工人劳动的时间就是资本家消费他所购买的劳动力的时间。

如果工人利用他的可供支配的时间来为自己做事,那他就是偷窃了资本家。[①]

因此,在原始的、不受监管的资本主义的原始劳动合同中,雇佣劳动者工作的确切时间不确定。这个规定是通过资本家能够施加的和工人能忍受的最大压力实现的。工人没有按照合同规定的工时工作,而是受到外部监管和规定影响,以自身劳动极限在工作。发达资本主义国家工作日长短的立法规定使得这种关系不那么透明,但不改变其实质。工人仍然出卖他的劳动力。尽管现在资本家必须在合法的范围内采取行动,并采用更精练的心理动机方法,而不是粗暴的压力,他仍然试图努力尽可能地压榨工人。作为一个个体,工人几乎不能控制自己的工作时间,对于所有的员工来说是相似的,他们的工作时间都被工作条例所固定。立法规定了在24小时之内对剥削的开放和关闭的时段;在资本主义经济的背景下,法律保护相当于没有。

劳动力概念的表述使得在劳动价值理论的帮助下分析这个事实情况成为可能。在没有不平等交换的情况下,资本家购买劳动力,他必须付出全部的价值。这个价值是什么?决定价值的第一个障碍为劳动力显然不是一种工业产品。在制造过程中没有生产成本,至少在通常意义上没有,所以它的价值不能由在制造过程中吸收的抽象劳动的数量来决定。它成为一种商品,不是因为它

---

① 《马克思恩格斯全集》第44卷,人民出版社2001年版,第269—270页。

是一种产品,而是因为工人被迫将他的可获取的人格的一部分供别人使用,以换取工资。

然而,间接地,劳动力可能被看作一种产品,正是因为这是劳动者个人的一个方面。为了生存,人类需要消费商品。在资本主义中,消费品或生活资料本身就采取了代表一定价值总量的商品形式。它们体现了市场机制为工人阶级个人生存所分配的一部分抽象劳动的比例。暂且不考虑家庭劳动的时间,生活资料的价值整体上决定了劳动力(非技术)的价值。另外,这个生存不是工人作为一个个体的生存,而是作为一个被设想的家庭的生存。资本主义制度为了长久存在,需要可再生的劳动力供给,即工人的一个家族而不仅是一代人。(在工人自己眼中,为了自身的金钱利益,工人的家庭是否变成了一个产生可剥削的人力资源的"车间",这是一个特殊的问题,将在本章最后简单讨论。)

由于不得不为劳动力做出支付,因此对于生活资料的价值,资本家不会提前提供相当于他所雇佣工人的工作时间的金额,而是提前支付工人所消耗的作为生活资料生产者的工作时间。两者并不相同,因为从资本主义时代初期已经实现的生产力水平来看,一个生活资料生产者可以养活一个以上的消费者。也就是说,如果他在 10 小时的工作时间内的净产值能够养活他自己和其他 4 个人,那么这 5 个人中的每个人只需要 2 小时相应的必要劳动。另一方面,5 个人每天工作 10 小时,就是每个工作者创造了相当于 8 小时的剩余劳动。相应地,他们的产品可以分为必需品和剩余产品。

这个数值例子说明了劳动价值理论悖论的解决方法。包括劳动力在内的所有商品都是按其全部价值支付的。任何地方都没有任何不平等的交换发生(一直保持着一般竞争均衡的假设)。然而,资本家已经能够适当地确定一定数量的剩余价值,等于工人消费的生活资料的价值(2 小时的劳动)和劳动者的产品(10 小时的劳动)的价值的差值,整体上属于资本家。不平等的交换并没有阻止剩余价值的产生,因为后者不是在交换领域产生的,而是在生产领域产生的。第二章末尾提出的关于生产作为剥削支点的推定,现在已经通过劳动价值理论和劳动力概念的结合运用得到了严格的证实。因此,资本主义生产过程可以被分析为剩余价值生产过程。

不变资本和可变资本

资本家通过一系列的买卖行为来组织生产。他作为一定数量货币(货币价值)的拥有者出现在市场上,通过购买生产资料和劳动力来投资生产非人力和人力的生产要素。在生产过程中,他将这些生产要素结合起来,最后他成为新商品的所有者。考虑到以劳动小时数计量的劳动力价值与以工作日的持续时间计量的劳动力价值之间的差异,生产出来的商品所代表的价值大于在这一过程开始时投入的价值之和。最后一个阶段是资本家出售新商品,并收回比他原来花费的更多的钱。因此,剩余价值获得了一种明显的货币形式,就像在这个过程中所涉及的两笔钱之间的差额。钱被用来换更多的钱,或被用于钱生钱。

通过生产获得剩余价值的过程被描述为资本的循环,可以简要表示如下:

$$M-C-\genfrac{}{}{0pt}{}{MP}{LP} \cdots P \cdots C'-M'$$

其中,M 代表货币,C 代表商品,MP 代表生产资料,LP 代表劳动力,P 代表生产过程,其初始数量大于非引发数量($M'>M, C'>C$)。必须强调的是,尽管没有生产过程,剩余价值的分配是不可能的,但是没有最后一步 $C'-M'$ 或没有剩余价值的实现也是不可能的。因此,资本的循环就代表一个明确而具体的方式,即生产与流通融合为代表资本家提取和分配剩余价值的统一过程。(关于生产和流通的合并,参见第三章。)然而,不管生产和流通融合得多么紧密,以及两者对于剩余价值的分配有多么重要,它们均保持各自独特的功能。在不存在不等价交换 $M=C$ 和 $M'=C'$ 的情况下,流通中不产生剩余价值,生产中没有剩余价值实现。

尽管是一般竞争均衡,但在对于所有参与者都缺乏不平等交换、自由和平等的情况下,市场经济与系统的阶级剥削仍然是一致的,这个剥削赋予劳动价值理论以典型的马克思主义形式和风格。这个理论现在完全可以陈述,并可以借助它,得出一个以经验描述为依据的剥削过程的理论形象。

商品的价值迄今为止被定义为过去和现在劳动的总和。这个定义仍然有效,但对于在资本主义制度下生产的商品,其修改是考虑到劳动只在资本的指挥下活动的事实,只有被资本购买之后并吸收到资本主义所有权中,它才会产生价值和剩余价值。过去的劳动现在以被资本家在生产过程开始所购买的生产资料的形式出现。对于现在的劳动,它分为两部分:一是对应于被劳动所消耗的必要产品,即对应于生活资料价值的必要劳动;二是对应于被资本所占有的剩余价值的剩余劳动。资本家支付了生活资料的价值,因此仅用于必要的劳动。只有这部分劳动是有偿劳动,剩余劳动是无偿劳动。

这显然不是事物在日常生活中出现的方式。从资本家的角度来看,与初始开支相吻合的资本,是由生产资料价值和工资价值构成的。对于这些人而言,剩余价值如同奇迹般出现、增加。他没有理由在他的资本的两个部分之间做出区分,因为对他来说,他们的利润是一样的。另一方面,在理论家眼中,差距非常惊人。只有那部分为购买劳动力而支付的货币资本,才能够扩大、增值到比自己本身更大。价值的产生与工作表现有关,只有劳动才可以,而不是生产资料。这种差异激发了已经在马克思主义经济学特征中占据一定地位的两个术语的出现:代表生产资料价值的不变资本(constant capital)和代表劳动力价值的可变资本(variable capital)("可变"是由于其扩张能力)。从资本家角度来看,不变资本和可变资本各自构成了必须从产品销售中收回的生产成本。因此,相对于第三部分剩余价值,它们也应计入商品价值。众所周知的商品价值的定义为:

$$W = c + v + s$$

其中:W 代表价值,c 和 v 代表不变资本和可变资本,s 代表剩余价值。

　　不变资本、可变资本和剩余价值的新概念现在可以用来表述一些其他的定量关系,这对理论的进一步发展至关重要。

　　$c+v+s$ 的定义区分不变资本和可变资本是可以理解的,理论家对此非常感兴趣,但是根据日常经验,实践中的资本家几乎无法获得或没什么兴趣。后者的担忧在于借助比率衡量的剩余价值与总预付款(他的成本)之间的关系:

$$r = \frac{s}{c+v}$$

在这个比率(利润率)的帮助下,价值的表达式 W 可以改写如下:

$$W = c+v+s = c+v+\frac{s}{c+v}(c+v)$$
$$= (c+v)+r(c+v) = (1+r)(c+v) = p$$

表达式 $p=(1+r)(c+v)=(c+v)+r(c+v)$ 被称为生产价格。它是一种价值形式,表示为单位产出成本 $(c+v)$ 和利润的总和,$π(c+v)$ 以单位成本的比例(百分比)计算。因此,它符合广泛的商业惯例,即将价格确定为单位成本(以普通货币而非马克思价值计算)的总和与以单位成本的百分比进行标价(旨在弥补间接费用和利润)。通过生产价格的调解$[(1+r)(c+v)]$,马克思主义的价值理论公式$(c+v+s)$与实际的经济概念有了一些对应。

　　在目前的分析水平上,生产的价值与价格之间的差异仍然是纯粹的形式。

在代数和定量上,这两个表达式是等价的。然而,随着分析变得更加具体,它们并没有保持不变,这导致出现了转型问题,对其的讨论参见本章附录。

绝对剩余价值和相对剩余价值

由于显而易见的原因,实业资本家对他的资本预付利润率非常感兴趣。相反,理论家,甚至在某种程度上,即便是理论上没有受过教育的工人,也关心一个不同的概念——剩余价值率(rate of surplus-value)。这被表示为比率 s/v,并且以价值术语量化了工人遭受的剥削程度。上面已经看到,剥削归结为在一个工作日内进行的劳动分工分为必要的和剩余的劳动。劳动时间两部分之间的数量关系,或者有偿和无偿劳动之间的关系,以价值为单位,可以衡量剥削的强度和工人被剥削的程度。代数上的对应关系可以表示为:

$$\frac{s}{v} = \frac{\text{剩余劳动}}{\text{必要劳动}} = \frac{\text{无偿劳动}}{\text{无酬劳动}}$$

$$\begin{pmatrix}\text{以价值}\\\text{单位表示}\end{pmatrix} \begin{pmatrix}\text{工作}\\\text{小时数}\end{pmatrix} \begin{pmatrix}\text{以货币}\\\text{为单位}\end{pmatrix}$$

资本家对尽可能地提高剥削程度明显有兴趣,因为它对利润率有很好的影响。这两个比率之间的关系可以通过推导下面的利润率公式来证明:

$$r = \frac{s}{c+v} = \frac{\frac{s}{v}}{\frac{c}{v}+1}$$

假定 c/v 不变,r 随着 s/v 增加。这种关系并不明显。要全面掌握它,需要远离日常商业实践经验的概念。然而,与经验相对应的是,对于给定的工资,利润率从雇员更长、更困难的工作时间中受益这一事实,不需要很强的分析洞察力。保持劳动者尽最大努力工作是每个资本主义经营者的主要准则之一。这是他作为老板的职责。

有两种方式可以使得剥削的平衡有利于资本。一种是延长工作日(或在一天中固定的长度下增加工作强度)。工作日必须足够长,以使工人至少能够支付其生存手段的价值。随着生产工资产品行业劳动生产率的提高,工作日的这一部分是一个固定的幅度,因为生活资料的单位价值保持不变。为了让剩余价值开始流动,必须延长工作时间,超过最低限度。从那时起,工作日越长,归资本家所有的价值的数额就越大。这种开采方法被称为绝对剩余价值的产生。

随着现代工作时间的立法,资本家们不再有权力将工作时间增加到工人的身体耐力或道德抵抗力的极限。通过加强生产节奏,在总工作时间保持不变的情况下,绝对剩余价值仍可能增加。另一方面,工人倾向于利用工作时间的法定限制,通过加班来提高他们的收入。在这个过程中,他们的得失取决于加班对他们施加的额外压力,更快地消耗他们的终身能力(他们的劳动力),以及这种更快的消耗是否被他们增加的加班收入充分补偿。否则,尽管有现代立法,资本家仍可能试图增加绝对剩余价值。

提高剥削率的另外一种方法是在给定的固定长度的工作日范围内减少必要劳动的部分。这被描述为增加相对剩余价值。要实现这种增长,需要两个条件:(1)生产工资产品的工业的劳动生产率必须提高,这可能是机械化或其他技术进步的结果。生产力的提高不一定要限制在工资产品行业,但如果在整个经济中扩散,那么也不能将这类行业排除在外。考虑到这一点,在工作时间不变的情况下将会生产更多的商品,并且根据劳动价值理论的核算规则,产品的每个单位在价值上会变得更便宜。同这一理论预测相对应的经验是,价格随着重要技术突破带来的生产力增长而下降。(2)必须减少劳动力的货币报酬,与工资产品的价值下降成比例(实际工资必须保持不变)。当然,这是在假设货币价值保持不变(或上涨)的前提下。相比之下,如果货币价值与工资价值一起下降,则不需要减少货币工资。

提高剥削率的两种方法在操作方式上差异很大。绝对剩余价值的重要性很容易理解。在微观经济层面上,每一个资本主义管理者都有意识地(尽管没有坦白地说出来)追求提高利率的方法。对于相对剩余价值来说,情况是不同的。技术进步不是个人控制下的一个变量,并不是只要他们需要就能动员起来的。它遵循自己的发展道路,既有科学知识的增长,也有在产业界人士中在适当时机出现的组织人才。从某种意义上说,它对任何一个人的努力都没有做出反应(工业革新者需要有天赋的工程师,他们都需要在国家资助的实验室或大公司的实验室进行研究的研究人员,并且得到整个科学学科的支持,这种学科有时会延续几个世纪),它具有普遍的社会力量的特征。只有整个资本主义制度而不是任何个人资本家,才能在没有完全管理的情况下产生它。此外,货币工资承受压力是必要的,如果资本是平衡的,与生产率的提高相比,劳动力获得的是劳动,那么个人资本家就不能单独行动或竞争劳动。这更像是整个集体采取行动的问题,可能涉及国家的财政和货币政策。得出的结论是,尽管增加绝对剩余价值的努力通常在微观经济层面运行,但相对剩余价值的增加更多地依赖于宏观经济发展,而宏观经济发展对绝对剩余价值的影响与相对剩余价值的影响一样大。在后面的章节中将会论证,从一个角度看,资本主义生产方式的整个发展过程可以看作由增加相对剩余价值的斗争所决定的。

无偿劳动和工资形式

前面章节提出的剥削形态,来源于对劳动价值理论和劳动力概念的资本主义分析的联合应用。这些理论概念并不明显,而且在某些方面与日常经验所产生的自发想法相冲突。其中一个冲突假设已经在第三章讨论过了,所以此处不会再被提及,这个冲突假设是劳动是与交换价值产生相关的唯一生产要素。其他的是一般均衡假设,并且声称只有工人工作时间的一部分得到报酬,而另一部分则没有支付。一般均衡假设的含义将在本章后面再讨论。这里仍然要研究无偿劳动的问题。

剥削机制(奴隶制和农奴制)在资本主义之前的生产方式中起作用,对于生产者的无报酬劳动的表现是透明的。当农奴在主人的领域里被强制工作时,他们和每个人都可以立即看到他们是在为别人工作。他们的自身利益并没有直接参与到这项工作中,这可能是他们被迫这么做的一个原因。从历史上看,前资本主义剥削总是与强制劳动以及压制社会的有组织的力量直接介入劳动过程有关。有生产力的工人在某种军事囚禁下度过他们的一生(奴隶实际上是囚犯,在监督下工作,农奴不能在未经允许的情况下离开自己的区域),这给剥削带来了立即可以识别的政治特征。

相反,资本主义原则上基于国家和经济最大可能的分离。国家可以使用的镇压力量不直接作为资本主义工厂,并充当招聘人员、工头和主管的角色。他们在前资本主义剥削制度中的作用必须由工人本身的经济利益来承担。这就是为什么系统的关键在于向工人灌输不存在无报酬劳动这种事。确实没有宣称某些资本主义总参谋部的有意识的、有组织的欺骗阴谋已经进行并持续了几个世纪。或许,普通资本家在资本主义社会中与其他人一样受到其表现的欺骗。除了某些资产阶级思想家(尤其是现在)可能或多或少地认识到他们活动的实际功能外,没有任何人有意识的设计,这些制度本身就鼓励某些观点、某种世界观，而没有这些观点，他们就无法发挥作用。劳动力价格的工资形式就是一个很好的例子。每次工人寻找工作，资本家都会在门口清楚地告诉他，只有当他明确地放弃了部分劳动时间的奖励以支持所有者时，他才会被允许进入工厂，每份劳动合同都将促使工人们寻求起义以反对资本主义所有权。在这样的条件下，是否可以在没有直接强迫的情况下完成任何工作，这将剥夺资本主义的一个巨大优势，即一个充满活力和灵活的自由劳动力市场，这是非常令人怀疑的。

这种暴动倾向并没有出现，因为就业合同是以隐瞒关系的剥削性质的方式陈述的。工资是按工作小时计算的，这样所有的工作时间都有报酬。通过创造全薪劳动的印象，工资形式在没有任何明确宣传的情况下，培养了一种有利于维持雇佣劳动制度的经济观点。要使对上述剥削的分析与案例一致并不难，从而揭示了其背后的现实。实际上，工人的劳动力价值除以平均工作日的小时数，就得到每小时工作的报酬，这构成了工资率。工人在不到一天的时间内就可以再现日薪水平。但是，他每工作1小时只收到他生产的每小时价值的一小部分，他最后还要工作一整天，只为了获得相当于半天产量的价值。例如，如果劳动力的价值是20英镑，每个工人每天的增加值是40英镑，而工作日是8小时，那么工资率是每小时2.50英镑。为了谋生，工人必须工作8小时。他可能在这件事上没有选择，因为他受制于工厂规则，但即使他可以自由安排自己的时间，他也必须进行必要的长时间工作。按照这一比率支付工资，可以使剩余价值达到令人满意的100%，或者未付工资与已付工资的比例一致，但每工作1小时似乎已经计入工资。类似的隐瞒发生在计件工资的情况下，其中产品每一项中所包含的工作似乎都已经支付。

当然，没有资本主义会计师会坐下来估计这种情况。这暗含着只有在某种商品能够以有利的方式生产和销售时才提供就业。劳动力市场上的供求机制，像一种自然力量一样客观地工作，确保工资保持在与经济中通常的利润率一致的水平。根据上述假设（一般均衡，劳动是与交换价值的产生相关的唯一因素），剩余部分转化为利润只能由于剥削劳动而产生。

劳动力的一些特点

剥削是马克思主义经济学的核心，而剥削理论的核心是劳动力的概念，因此大量的注意力集中在剥削理论上就不足为奇了。这种质疑使许多问题浮出水面：(1)与概念定义有关的问题；(2)从(1)中得出与劳动价值理论适用于确定劳动力价值相关的问题；(3)比(1)或(2)更根本地挑战了对劳动力可以被看作商品这一观点的质疑。概括这些问题并讨论其中几个是本节的任务。

1. 劳动力的定义

已经在文献①中注意到，马克思给出了不止1种而是3种关于劳动力的定义，每种定义都对确定特定商品的价值具有不同的含义。第一种定义在《资本论》第一卷第 6 章中，将劳动力与生存手段联系起来，并通过这些手段的价值来确定其价值。如果劳动报酬低于这一水平，则会出现人口统计学上的后果。工人的力量会开始下降，他们将不适合工业劳动，甚至他们的人数可能会开始下降。根据这一定义，工人的消费是严格的功能性消费。他们消耗作为工人的日常生产所需的最低限度，除此之外没有其他。

第二种定义通过引入传统与公平的元素，即马克思所说的"历史与道德元素"，来缓和第一种定义的严峻性。② 纯功能性消费只是工人消费的一个因素。第二个因素是由历史和社会条件决定的，这大致反映了社会所达到的文明的总体水平，以及工人阶级获得了一部分。在这种情况下，劳动力的价值取决于生活资料的价值加上那些将劳动者的消费从纯功能性提高到传统水平的其他商品的价值。如果劳动报酬低于传统生活水平，则不会有人口统计学上的后果。同时，社会动荡很可能被激发出来，因为工人们抵制他们认为获得的合法份额受到侵害。由于这种动荡，行业可能会发现自己在一段时间内失去了工人，这个结果与工资水平低于其职能水平没有什么不同。

第三种定义将劳动力与资本主义和前资本主义形式的商品生产在同一经济体中的共存联系起来，在这种形式下，资产阶级对生产资料的垄断并不完整。

---

① Bob Rowthorn, "Marx's Theory of Wages" in *Capitalism, Conflict and Inflation* (London, 1980), pp. 205ff. 本书正文的第九部分，在一定程度上遵循了罗索恩出色的分析。

② Karl Marx, *Capital*, Vol. I (New York, 1967), p. 171.

在这种社会经济形态中①,生产者只有在非资本主义部门独立工作时才能接受剥削,他们的收入低于资本主义部门。事实上,考虑到自己当老板的非金钱上的优势,他们在决定跳槽之前可能不得不挣得更少。这是马克思定义最不为人所熟知的版本;它将引用下文来获得支持:

> 至于谈到劳动价值的界限,那末,这种界限的实际确定总是依供给和需求为转移。我所说的是资本方面对劳动的需求和工人方面对劳动的供给……因此,美国的工资水平是比较高的。在那里,资本用尽一切办法,也不能制止劳动市场往往因雇佣工人经常转化为独立自耕农而陷于空虚的情况。②

在这种情况下,劳动力的价值显然被确定为在资本主义经济部门工作的机会成本。如果工资低于这个水平,那么工人就会放弃资本主义产业,转而从事个体经营。

马克思的三个定义有一个共同点:它们确定了劳动力价值的下限,低于这个下限,工人就不再被资本剥削。工人的报酬和消费量在第三种定义的情况下,可以超过下限,不管怎样确定。差多少? 是否还有一个上限来对应下限? 马克思并没有对这个问题给出明确回答,但是可以从他的分析的整体层面轻易推断出这个问题。决定下限的原则也将决定上限。劳动力的价值永远不会超过典型工人能够从他的收入中积累资本的水平,因为在那种情况下,他很快就不再是一名工人。他不再为资本主义工业提供赖以运作的劳动力,并将其作为可利用的材料。

这种上限的概念可以通过关于资本循环的一些评论来阐述:

$$M-C\genfrac{<}{}{0pt}{}{LP}{MP}\cdots P\cdots C'-M'$$

考虑到这一模式,人们注意到,在一个生产周期结束时,资本家作为他投资的原始货币的所有者重新出现,增加了剩余价值量($M+\Delta M$)。因此,他作为一个资本家,即作为劳动力的买方,实际上是通过向原始资本增加剩余价值而扩大规模,重新开始这个循环。同时,工人已经收到工资,并且花在消费品上,履

---

① 据作者所知,"社会形成"的概念是由路易斯·阿尔都塞(Louis Althusser)在他的名著《阅读首都》(*Reading Capital*)(London,1968)中首次提出的。它与生产方式这一更基本的概念形成对比,因为它具有历史特殊性,而生产方式是一种更抽象的概括。资本主义是一种生产方式,英国资本主义社会是19世纪的一种社会形态。它是一种典型的社会形态,代表一种以上生产方式的混合,而其中一种生产方式的特点是占主导地位的。

② 《马克思恩格斯全集》第16卷,人民出版社1964年版,第166页。

行了他所需要的劳动。在周期结束时,他仍然像一开始时那样毫无财产,随时准备作为工人重新出现在市场上。可以得出结论,资本主义生产不只是一个生产商品的过程;它也把工人变成工人、资本家变成资本家。随着生产的每一个周期都再现了资本主义的关系,它都会复制资本主义关系,为制度的永久化创造条件。

劳动力价值的上限和下限确定了一个相当宽泛的数值范围。在这个范围内,是否可以选择一个点来表示劳动力的价值?在本书作者看来,答案必须是肯定的。这两个界限取决于系统的结构特征。如果工人的报酬超出这些界限,那么系统的正常运作甚至生存就会受到怀疑。在这种结构特征的背景下,工人阶级的实际分配份额取决于各级劳动和资本之间的阶级斗争,其中市场讨价还价是最普遍、最温和的,但从长远来看,并非最具决定性的。

像任何旷日持久的战役一样,分配阶级战争不是一场连续的战斗。它的特点是大规模的战略对抗,小规模的日常冲突和停战时期。在劳动力价值的结构性边界(特别是大部分斗争发生的下限)之间发生冲突,动用了大量的基本阶级力量和能量,因为它具有很大的影响。最多可能导致原始的革命危机(如1968年5月的法国巴黎事件);至少需要两个主要战斗人员即工人阶级或资本家阶级之一,对其惯常的经济地位进行痛苦的向上或向下修正。

战略性的战斗可能无法解决所有问题。鉴于他们所建立的阶级权力之间的广泛平衡,斗争可以通过非革命性的工会方法继续进行斗争并获得或失去一些额外的阵地。最终达成休战,其特点是各方都能接受,部分是正式的,部分在实践中,以某种平均工资水平构成惯性规范。这个平均规范在它仍然有效的时期内就是劳动力的价值。

2. 劳动价值理论

上文中讨论的规范是两种意义上的平均值:(1)在行业和/或技能类型之间;(2)随着时间的推移,由劳动力供求短期变化引起的波动。因此,它显示了价值概念与所有商品有关的一般特征,并可能与价格相同。一般来说,无论是以基本形式还是修改为生产价格,价值都是一个长期均衡点,商品之间的交换比率在相对较长的一段时间内达到均衡点。同时,普通价格是日常交换比率,由与长期均衡一致的供应和/或需求短期偏差来确定。有人认为,通过市场谈判、集体谈判或甚至不协调但规模庞大的谈判,工人可能会施加压力来增加和保持较高的工资,而这种改善可能变得传统,从而为劳动力创造一个新的价值层面(第二种定义)。如果是这样,那么劳动力的价值就不可能在概念上与其价格不同。事实上,市场、供求关系是这个价值的唯一决定因素,这个价值可能成为一个同义的概念,仅说明工人们收到了他们所得到的东西。

这个论点的缺陷在于,它不能区分在竞争性需求和供给的影响下所确定的价格,以及通过行使市场力量而被迫形成的价格。当工人为了提高生活水平而进行定期的战斗时,他们利用其协调一致的经济、社会和政治力量来改变他们的收入分配。如果他们取得了成功,他们就对市场行使了额外的权力,导致劳动力价值规范的确立。这并不排除随机的、短期的需求或供给变化导致当前工资偏离正常水平,因此劳动力价值和价格之间的意义差异仍然可以建立。工人们或多或少被动地适应这种短期的波动,但他们参加战斗以捍卫他们的基本规范。价值和价格之间的差异被保留下来,并且基于这些理由,同义反复式批评失败了。有人可能会指出现代工人阶级运动经历的各个时刻,在这个阶段工人阶级取得了历史性的胜利,或者遭受了历史性的失败,在很长一段时期内影响了劳动力的价值。1936年的人民阵线(Popular Front)政府在法国实行强制带薪假期,战后在英国引入国民保健服务制度,或者蓬皮杜(Pompidou)与工会达成妥协结束了巴黎1968年动乱都是很好的例子。相反,纳粹政权在德国实行的工资纪律是规范向下修订的一个例子。

这里还有一点值得关注的是,现在工人生活水平的这种不连续变化意味着国家引入立法(带薪假期)或提供基本的新公共物品(NHS)。必须得出这样一个结论,并将其作为现代资本主义剩余价值的特殊性之一,即工人的消费以及劳动力的价值,部分由私人、部分由公共物品组成。因此,它不再是通过市场决定的,而是通过一个更加复杂的过程,这个过程越来越具有政治性。从同义反复式批评的角度来看,这种发展使得劳动力的价值和价格之间的混淆减少了,因为对这种价值越来越重要的决定因素,即政治过程,超出了工资的市场谈判影响范围。

3. 劳动力的商品性质

对劳动力概念的有效性和实用性的最根本的质疑是对其商品性质的挑战。这种批评有两点:一是劳动力不是作为商品生产的,不是劳动的产物;二是劳动力在经济生活中没有被当作商品来对待。这两点涉及商品定义的经济和法律特征。

为了充分理解这一挑战,从马克思自己对这个问题的理解开始,从正确的角度来看待它。在提出劳动者人格的某个部分——他从事生产性劳动的能力成为交易对象时,马克思当然不认为他提出了什么非常创新的东西(实质上与强调不同)。他认为这是他的资产阶级前辈在政治经济学中的标准方法的含义,尽管他发现了在道德上应受到谴责的东西,但他也认为他们的观点是对资产阶级状况现实的、强有力的反映。他评论李嘉图在帽子生产成本和劳动力生产成本之间的类比,他在《哲学的贫困》中写道:

当然,李嘉图的话是极为刻薄的。把帽子的生产费用和人的生活费用混为一谈,这就是把人变成帽子。但是用不着对刻薄大声叫嚷!刻薄在于事实本身,而不在于表明事实的字句!①

在《剩余价值理论》(Theories of Surplus Value)中,他补充道:

从李嘉图来说,他把无产者看成同机器、役畜或商品一样,却没有任何卑鄙之处,因为无产者只有当作机器或役畜,才促进"生产"(从李嘉图的观点看),或者说,因为无产者在资产阶级生产中实际上只是商品。②

因此,当马克思开始将劳动力定义为商品时,他认为自己要澄清的并不是人的某些方面正在资本主义中被商业化,而是被商业化的是哪一方面。而且,他完全清楚,从资产阶级的角度来看,工人是"资产阶级生产"中的商品。如果资产阶级能够一意孤行,那么工人就会变成被动的、顺从的静态表演者,与驮畜没有太大的区别。这并不是说工人自己接受了这种地位,他们并没有积极反对;相反,他预料他们要奋起反抗,这样就为完成"资产阶级生产"的自然倾向设置了连续的障碍,因而对于资产阶级来说,这是一个不可实现的规范理想。

在批评劳动力这种商品性质的观念时,强调如果它是一种商品,它应该具有使用价值和交换价值两个方面。实际上,劳动力在理论上被定义为两者都包括在内。然而,批评者认为,这两个理论方面与事实毫无关联。劳动力的使用价值是其执行剩余劳动力的能力。这就是资本家购买它的原因。但是,购买后,他无法像任何普通消费者那样使用他所购买的商品。这个事实在这里意义重大,即就业合同在法律上不是合法的销售,不是关于转让所有权和财产的合同,也不是关于移交的合同,而是关于做某事的合同。如果它是一种销售,所有

---

① 《马克思恩格斯全集》第4卷,人民出版社1958年版,第94页。
② 《马克思恩格斯全集》第34卷,人民出版社2008年版,第129页。

权的转移将确定商品的控制权不再属于卖方并完全转让给买方时,买方可以随意使用或销毁它。

就雇佣合同而言,不可能有明确的分离。尽管永不停止地努力使工人屈服,但工人总是对他的劳动力保留一定的剩余控制权,这在资本主义劳资关系史上占据了很大篇幅。在第二章中,有人指出,严格的绝对私人所有制是商品生产的条件之一,不允许对人的权利模棱两可。现在看来,对于那种比任何其他商品都更加处于资本主义生产方式核心地位的商品来说,法律地位的这种明确性是不可能实现的。即使在出售之后,资本家和工人在某种程度上仍然是劳动力的共同所有者,因此其使用方式和持续时间在工作场所产生了无尽的摩擦。

在马克思的看法中,没有任何法律安排能澄清使用劳动力权利的平衡,这既是因为这种特定商品的买卖双方之间关系固有的矛盾,也是因为它的性质——它与人类的不可分割性。因此,他制定了关于工作场所冲突的马克思主义不可能定理,其解决办法只能是政治上的、独裁的性质。在工人与资本家之间关于工作日适当长度的想象性对话中,发生了戏剧化冲突后,他总结道:

撇开弹性很大的界限不说,商品交换的性质本身没有给工作日规定任何界限,因而没有给剩余劳动规定任何界限。资本家要坚持他作为买者的权利,他尽量延长工作日,如果可能,就把一个工作日变成两个工作日。另一方面,这个已经卖出的商品的独特性质给它的买者规定了一个消费的界限,并且工人也要坚持他作为卖者的权利,他要求把工作日限制在一定的正常量内。于是这里出现了二律背反,权利同权利相对抗,而这两种权利都同样是商品交换规律所承认的。在平等的权利之间,力量就起决定作用。所以,在资本主义生产的历史上,工作日的正常化过程表现为规定工作日界限的斗争,这是全体资本家即资本家阶级和全体工人即工人阶级之间的斗争。①

与使用价值一样,模糊性和特殊性也在交换价值方面困扰着劳动力的商品概念。对于一般商品来说,它们的交换价值取决于其抽象劳动的生产成本。劳动力在这个意义上没有生产成本,因为它不是工业产品。它的生产是一个自然过程,由投入物支持,投入物本身就是商品,一些投入物不是商品。马克思把商品投入的生产定义为等同于劳动力的生产。他的定义确实在劳动力价值与生产

---

① 《马克思恩格斯全集》第44卷,人民出版社2001年版,第271—272页。

过程之间建立了联系，但正如本部分开头已经注意到的那样，在这种情况下，生产只是价值的决定因素之一。其他则是传统和阶级斗争，它们共同决定通常构成工人消费束的商品类别。

此外，马克思完全专注于劳动力价值的工业和社会起源，并没有提到支持劳动者保持健康和准备工作所需的家庭劳动力。这使得劳动力的概念不适合分析家庭对妇女不是资本家而是异性成员的剥削。马克思只对这种关键的人类对抗感兴趣，主要是因为他认为阶级斗争逐渐吸收了所有其他社会乃至人类的矛盾。关于家庭剥削妇女或儿童的问题，他的直觉只能部分得到事态发展的证实，其余的则过于乐观，其直觉集中在工业化的影响上。他预计，通过让妇女和儿童进入生产性劳动力的工业发展将消除单身男性在家庭中的垄断地位，从而为建立一种自由、平等和可能相互关爱的家庭关系奠定基础。他的劳动力市场分析工具显然不适合处理年龄和性别差异所引起的问题，除非工人家庭已经退化到为了家庭主管的利益而成为商业企业的地步，他把自己的后代雇佣到工厂并把他们的工资收入囊中（工业革命期间记录了这种行为的例子）。

即使只考虑确定其价值的商品因素，劳动力和普通商品之间的差异依然惊人。像所有其他商品一样，劳动力可能会对技术进步做出反应，并由于生产力的提高而变得更加便宜。然而，与其他商品不同的是，它可能会反其道而行，要求增加生产率并增加其价值。在较早的关于相对剩余价值的讨论中，有人指出，为了降低劳动力的价值，工资产品生产的技术进步必须伴随着货币工资的减少，假设货币价值一直保持不变。工人阶级对他们工资的货币价值受到任何侵犯的反应都是非常消极的。为了提高生产力，他们可能会通过定期的生产力谈判来应对，以使生产率增加与维持劳动力价值一致。

在《资本论》中，马克思已经非常接近于提出类似本书所提出的论点。在讨论劳动力的价格（与价值不同）对生产力提高的适应性时，他写道：

由于劳动生产力的提高，劳动力价值由4先令降低到3先令，或者必要劳动时间由8小时降低到6小时，而劳动力的价格还是可以只降低到3先令8便士，3先令6便士，3先令2便士等等，因而剩余价值只提高到3先令4便士，3先令6便士，3先令10便士等等。下降以3先令为最低界限，而下降程度取决于资本的压力同工人的反抗这二者的力量对比。①

---

① 《马克思恩格斯全集》第44卷，人民出版社2001年版，第597页。

马克思的论点认为,在技术进步导致劳动力价值下降的背后,存在着工人阶级斗争所导致的劳动力价格滞后。这种激进行为没有理由会停滞在"落后于价值的价格"之上,而没有建立新的典型的工资规范——因此是以价格为中心而不是技术上降低的旧价值的劳动力的新价值。工人阶级斗争可能会将劳动力的价格"提升"为劳动力的价值。从马克思的观点来看,上述引文显示,即便如此,这一价值依然会随着技术进步而下降,但并不像构成劳动力原始生存手段的捆绑那样迅速。结果将是实际工资增加,同时劳动力价值下降和剥削率上升。这似乎与先进资本主义经济体中相对份额不变的证据更加一致,即劳动力的价值(以劳动小时为单位的典型工资标准)在19世纪基本保持不变。

这一说法的基础是工人阶级在发达工业资本主义中仍占据相当稳定的人口比例。如果在这种假设下,将整个产出的价值归结为劳动(它应该以劳动价值论为基础),如果技术统一提高了所有部门的生产率,则相对分配的常数劳动份额意味着分配给工资产品生产的工作时间的比例保持不变。由此可见,劳动力总价值占产出价值的比例保持不变。这与劳动力在人口中所占比例的稳定性相结合,产生了恒定的劳动力平均值的结果。

在劳动力价值不变的情况下,生产率的提高会使实际工资的增加大大高于马克思假设的劳动力价值下降(尽管不如生产率提高的速度)。

因此,必须认为,使劳动力与所有其他商品行为不同的因素是它对阶级斗争影响的敏感性。将商品定义彻底抛弃,并着手对工资和工作条件进行无中介的阶级斗争分析研究似乎是合理的。

然而,似乎没有获得任何重要的分析见解,而有些可能会在任何此类研究策略中失去。将资本劳动经济关系解释为无中介的阶级关系,会使阶级斗争本身的概念变得贫乏。劳动力市场具有赋予劳动能力的商品性质,是最强大的为维持长期的社会和经济妥协而在资产阶级手中拥有的阶级武器之一。劳动力市场制度让工人在经济生活中占据一席之地,符合资产阶级的利益,但显然也受到无处不在的所谓经济理性的支配,而这种经济理性是没有任何商品、服务或生产要素能够逃脱的。它使他们思想中的日常潜意识遵从组织社会生产关系的资本主义方式。

把劳动力定义为一种商品,同时探讨其特点,被认为是最有希望的理论途径。关于商品生产理论,有充足的理由说明为什么劳动力在资本主义发展过程中不可能像其他商品那样表现。从其定义来看,它的产生条件与其他商品不同；它们完全是特有的。一般来说，商品出现并发展成为经济交往标准形式的前提条件可分为技术和法律两类（见第二章）。与其他商品一样，技术条件是小规模的分工，合法的是所有产品中普遍的私有产权。通过交换进行无计划的生产协调是符合这些条件的经济的转向机制。在劳动力的条件下，技术条件（下一章将详细论述）是大规模生产，而法律条件则由生产者的无财产性组成。在这种情况下，购买和出售劳动力是关键的制度安排。

因此，商品劳动力的技术前提与其他商品劳动力的技术前提正好相反。就后者而言，工作的分散在生产领域占主导地位；对于前者，大规模合作盛行。在劳动力购买和销售扩大的情况下，原子化商品生产领域就会减少。可以推断，构成市场经济基础的生产类型仅限于其中一个商品市场（劳动力市场）扩大的范围。经济的协调机制也相应调整。非马克思主义经济学的竞争市场或马克思主义价值规律的盲目运作逐渐过时，逐渐被为计划经济铺平道路的各种有组织市场所取代。对资本主义生产方式发展过程的这些认识并不是资本与劳动阶级斗争的明显后果，它们也可以通过对商品生产的研究获得，包括仅仅被作为商品对待的劳动力。

剩余价值与一般均衡：熊彼特和希克斯的分析

除了劳动力的定义之外，马克思证明剥削和自由贸易相容的另一点可能会引起争议，那就是他对一般均衡的假设。马克思提出了这个假设（或者说，相当于所有商品的价值交换），因为他希望在最严格的可能条件下确立他的基本定理，而没有任何关于不平等交换假设的支持。

从个体资本家的角度来看，不平等的交换对于排除商品流通领域的剩余价值的提取是必要和充分的。另一方面，从整个资产阶级更为有趣的角度来看（从宏观而非微观经济的角度来看），不存在不平等的交换，虽然仍然足以达到这个目的，但不再是必要的。在封闭经济中，一个资本家从不平等交换中获得了收益，另一个资本家则失去了，所以如果交换是剩余价值的唯一来源，那么总的剩余价值应该保持为零。另一方面，在一个开放的经济体中，一个国家的资本家可能通过与另一个国家的资本家或非资本家贸易商的不平等交换而集体性增加其剩余价值。从马克思主义的观点来看，这是重商主义理论中的理性核心。当资本主义部门对非资本主义部门"殖民"时，也就是说，一个国家内部不平等交换带来的剩余价值增加也是可能的;通常来说,工业能够对推定的非资本主义农业施加垄断贸易条件。然后,资本家将通过不平等交换来剥削简单商品生产者,同时,通过购买和出售劳动力来剥削工人。

就资本主义经济接近马克思主义的两个阶级社会的理想形象而言,只有资本家才能进行商品和服务贸易,而工人-生产者只能以劳动力进行贸易,这样的剩余价值来源就会枯竭。因此,没有劳动剥削的贸易,不管经济是否处于一般均衡状态,都不会给资本家带来剩余价值。

非马克思主义经济学家们并没有不屑于对资本主义发展进行马克思式的大规模历史分析,他们给出了一个不同的故事。他们默认拒绝剩余价值的概念,专注于其实证市场对等物——资本主义利润。他们发现在非均衡条件下可以解释,与完全竞争分析的结论一致,他们认为利润在一般均衡条件下是消失的。资本主义也暗含着利润,因此鉴于这种分析的利润起源,资本主义不能在一些或所有市场中没有长期持续的不均衡的情况下存在。有时有人认为,资本主义本身造成了它从生活中吸收的不均衡。但是,由于竞争分析的每种不均衡都是以竞争分析为基础的自我修正,因此动态的力量导致新的均衡,在任何地方都没有利润,资本主义在经济上是一个自我废除的体系。在它消亡之后留下了什么,成为一个疑问。

希克斯和熊彼特的一些著作代表了这种分析的两个非常有趣的例子。希克斯于1969年出版了他的《经济史理论》[1],而熊彼特在1911年以德文出版了自己的著作,并在1934年出版了英文版《经济发展理论》[2]。

约翰·希克斯爵士对利润现象持一种"重商主义"的观点。他从一个商业经济模式开始,那里有两个"外部"区域,其中一个是玉米稀缺但植物油丰富,另一个则相反。商家通过在一个市场上低价购买玉米,然后在另一个市场高价出售来获利。然而,通过这种套利操作,他们缩小了利润率,当两个市场的相对稀缺和相对价格相等时,利润率就会完全消失。为了继续获利,必须发现新的机会(因此市场经济具有巨大的扩张活力)。

工匠和制造商与商人处于同样的位置,所以延伸为工业资本家。[3]

与纯交易者之间的区别是,他们买进再卖,重新出售与他所购买物品相同

---

[1] John Hicks, *A Theory of Economic History* (Oxford, 1969).
[2] Joseph A. Schumpeter, *The Theory of Economic Development* (Oxford, 1961).
[3] John Hicks, *A Theory of Economic History* (Oxford, 1969), pp. 28,141.

的物品,以及从事他所购物品工作的工匠或"制作人"以不同的形式出售,通常被认为是根本性的;但在经济和社会方面,并不像它看起来那么重要。这是一种技术,而不是经济差异。

现代的工业资本家是工业革命的后代,是商业资本家,他们发现了两种新的获利机会:购买廉价劳动力和通过将科学应用于生产来降低成本。至于劳动力如何变得便宜,希克斯给出了一个解释(可惜篇幅太长,无法在此总结,但必须说非常巧妙)。然后,他继续建议说,与其他所有事情一样,这种利润来源也注定要枯竭,因为日益增长的工业化给劳动力市场带来压力,最终导致工资的长期扩张。包括劳动力市场在内的所有市场恢复均衡,消除了马克思主义者将考虑的经济中的剩余价值。

这是资本主义的终结吗?根据希克斯的说法,这是商业经济扩张阶段的一种可能结束,但不是唯一的可能。交易中心(在商业资本主义的情况下)可能会认为竞争导致他们在哪里,并同意某种形式的垄断安排。这将阻止扩张(生产关系将成为生产力的羁绊),但它也会有其他的可取之处[1]:

然而,当扩张被遏制时,从其他角度来看可能是一个美妙的时刻。利润仍然很高,但这是他们维持的一个条件,他们不应该投资进一步扩张。一旦这个条件被接受,就有了财富,而且具有安全感。还有什么比这个更好的?市场的糟糕程度已经被整理好了。人们在社会中有他们的位置,他们必须保持自己的位置,但他们保持的位置是为他们保留的,以防止他人入侵。通过他们的行会和类似的协会——这些协会是保护手段——他们可以探索新的人际关系形式。这几乎是一个社会主义的乌托邦。事实上,许多社会主义乌托邦都有它的元素。

然而,当希克斯转向现代工业资本主义时,他对停滞阶段的好处变得更加怀疑。他认为民族主义导致现代国家支持垄断的工业帝国,这些帝国阻碍了世界范围内工业化的扩散,使不发达国家在世界范围内存在价格低廉的无产阶级。在某些方面,他描绘了一幅真正阴沉的画面[2]:

关税成为主要的保护形式,因为它们是当时可以使用的主要工具……数量控制,进出口垄断,对资本流动(进出)的控制,对税制的操纵(甚至在表面上看是内部税收);以相同方式开发的新设备不断被发明。

---

[1] John Hicks, *A Theory of Economic History* (Oxford, 1969), p. 58.
[2] Ibid., p. 163.

因此，最终资本主义只有通过将自己转变为国家管理的垄断体系，才能摆脱自己在停滞阶段的蒸发。从长远来看，只有国家垄断资本主义才有可能根据剩余价值的提取来挽救一个政权。列宁说得再好不过了。

熊彼特的历史视野比约翰·希克斯的窄。他不关心前资本主义商业经济，而是直接陷入了由于自创型资本主义不平衡而导致的利润解释。动荡的推动者是那些通过经济的使命、才能和特殊贡献引领经济变革进程的企业家。他们是创新者，是有天赋的有远见者，着眼于新的想法和新的做事方式，并且有精力、性格和实践能力，带领着被动或顽固的大众一起反抗自己的惰性。企业家介入一般竞争均衡的既定状态，其中每种产品的市场价值仅涵盖其要素成本。他们的活动（如推出一种新产品）带来了成本价值均衡被打乱的局面，并且出现了有利于产品的积极差异。这种积极的差异就是利润，它进一步分解为创业利润和生产性贷款利息。这是利润的性质（因此也是利益），而不是持续的。创新者之后是模仿者，他们增加了曾经稀缺的新产品的产量，降低其价格并提高了对其生产适宜因素的需求，从而挤压了所有人的利润率，包括最初的企业家。利润在竞争中被消耗了，所以只有在创新流继续流动的情况下，总剩余价值才能持续下去；因此只有在长期维持不均衡状态或竞争被垄断所取代，才会出现这种情况。在完全竞争均衡中，不可能有剩余价值。

对于熊彼特来说，他认为竞争性市场是资本主义发展的起点，这就产生了一个问题：如果没有事先积累的可投资基金，投资创新项目将如何开始？（来自工资和租金的节约无关紧要，这位奥地利经济学家对此几乎是鄙视的！）[①]他通过引入其分析中最巧妙的手段之一来解决问题——银行体系创造新资金的能力和新的购买力，并将其提供给企业家。约翰·希克斯没有面临同样的问题。与熊彼特不同的是，他并没有从任何密切的一般竞争均衡状态开始分析，而是允许他的原始商业交易者——产业资本家的先驱——发现和利用现有的不平等交换机会。

在他们对利润的处理中，约翰·希克斯和熊彼特可以被认为是所有非马克思主义经济学的代表，其中剩余价值或马克思主义者将其描述为剩余价值的现象，可以被解释为非均衡或行使一定程度的市场力量（或垄断），这两种情况都是不平等交换的不同形式。就我们所能看到的，关于剩余价值在完全竞争均衡

---

① Joseph A. Schumpeter, *The Theory of Economic Development* (Oxford, 1961), p.154.

中的持续存在的理论解释,只能在马克思主义经济学中找到,它依赖于劳动价值理论。无论在实际经济生活中剩余价值是否持续均衡,这都是一个观察问题,本质上是一个判断问题。随着资本主义总是处于动荡的变革之中,没有人指望在世界的纯粹状态中能观察到均衡。因此,必须进行判断,以确定经济在任何特定时刻与经济均衡状态有多接近或有多远。

然后观察可以从所有初步的平等交换中找出所有可确定的不平等交换来源,并考虑剩余价值支付总额是否可以通过不平等交换来合理解释。如果(正如本书作者所期望的那样)发现不平等交换只解释了总剩余价值的一部分,那么这个事实应该被证明有利于劳动价值理论。在这种情况下,这个理论可以解释其竞争对手解释过的所有现象,以及一个他们无法解释的现象。因此,在这一领域,这将是更为一般的理论(虽然如第三章所述,由于它不能解释不可再生性商品的价格,因此它仍然不那么普遍)。

对于其余部分来说,尽管他们对价值理论采取了截然不同的方法,但是约翰·希克斯和熊彼特的一些主要结论非常接近。同马克思一样,他们认为资本主义经济的基础被资本主义的进步所破坏,这一事实特别引人注目。还必须注意的是,约翰·希克斯暗示了一个具有社会主义特征的后继政权的可能性,而熊彼特在他的《资本主义、社会主义和民主》(*Capitalism, Socialism and Democracy*)一书中明确地预测了社会主义的未来(他认为这是不可避免的)。如果得出这样的结论,即各个经济学家所采用的价值理论的差异并不是那么重要,那么在提出真正的社会和经济发展的大问题时会如何呢?

与其直接回答,最好考虑价值理论对马克思主义和非马克思主义思想的某些影响。显然,后者的含义是,在没有垄断的情况下,资本主义不是一种剥削制度。剩余价值不是工人的产物,而是发现或者更加强调创造机会的交易者的产物。熊彼特是最积极地提出这一观点的人。领导者创造利润;如果你把它分发给整个生产者,你就剥削了领导者。而且,为了自我辩解,他补充道[①]:

如果发展不需要方向和力量,那么利润确实存在;这将是工资和租金的一部分,但这不会是一种普遍的现象。只要情况并非如此,只要大部分人民与我们所了解的所有国家的人民群众有丝毫相似之处,只要整个回报不能归结为劳动和土地,即便是在完美的无摩擦和永恒的经济过程中也是如此。

---

① Joseph A. Schumpeter, *The Theory of Economic Development* (Oxford, 1961), p. 147.

也许在资本主义制度的背景下,由与所有国家的人民群众有丝毫相似之处的人们,而不是由所选择的少数人民行使主动权。这是否意味着这些少数人实际上创造了剩余产品?对此进行争论将会显示出逻辑上的缺陷。少数人只是其中一个条件,还必须建立一种生产关系制度,它剥夺了各国人民群众的创造性工作机会,使之成为少数精英的机会。

熊彼特是一个非常敏锐的思想家,他不会忽略这一点。在上面引用文章的脚注中,他试图捍卫自己的立场[1]:

今天经常听到的一种观点是:企业家什么都不生产,组织一切;产品不是某人自己的,而是社会整体的产物。最重要的是,每个人都是他所继承的和个人环境的产物,并且没有人能够生产任何条件不存在的东西。但是,我们在理论领域无能为力,它不涉及塑造人,而是与已经形成的人相关。

换句话说,理论必须接受现状,将人看作"他所继承的和个人环境的产物"。产生环境的是什么?通过什么机制来维护?在熊彼特看来,这些问题不是理论的重点。他对剩余价值的解释,也就是他的价值理论,暗示对资本主义的接受,也暗示了它的现状。

相比之下,劳动价值理论有时被错误地归结为总产出完全属于制造它的工人。事实上,在当代资本主义的现实中,工人只是产品的一小部分。属于资本的科学和创业占有很大的比例。在这种情况下,对劳动价值理论进行公正解释的唯一方法是在其中认识到一种会计制度,这种制度不仅排斥资本主义所有权,而且排斥经济、法律、社会和技术关系的总和,而这些关系实际上使工人疏远了他们投入大部分精力的工作。

马克思主义反对资本主义不是因为它是剥削性的,而是因为资本主义剥削已经达到了它的历史目的。现在已经到了为人类社会交往的新形式开辟道路的时候了。另一方面,它承认资本主义是一种阶级对立的生产方式,在其历史效用耗尽时它不会平静地躺下并消失。统治阶级会试图延长这个制度的存在,甚至会反对它自己的进步。因此,结束资本主义是一个有意识的拒绝,意识到政治行动的目的在于用一种不同的思想来替代现有的制度。马克思主义的劳动价值理论也是以资本主义制度的基本假设为基础,有时是默许的。因此(而不是单纯地认为整个产出"属于"工人的自然权利),它将现代社会最广泛的阶

---

[1] Joseph A. Schumpeter, *The Theory of Economic Development* (Oxford, 1961), p.147, note.

级——工人阶级的利益与资本主义制度的废除联系起来。它奠定了反对现有经济生活组织的政治经济学基础。正是这一点最终将马克思主义经济学与其他大规模的资本主义发展研究区分开来，就像本节所调查的那样。（关于本部分开头提到的要点的进一步讨论，请参阅第一章，尤其是第十章。）

附录：转型问题和马克思

到目前为止，对本书主题的介绍都假设马克思主义基本理论是用劳动价值理论来最好地阐述的。鉴于这种选择（在第三章中宣布），作者认为这种理论好像是一种没有问题的分析工具，推迟了对一些最重要的争论的讨论，直到主要的论述已经完成。

这种推迟的第二个原因是打算以非数学的方式对马克思主义经济学的主要思想进行介绍。任何试图同时提出劳动价值理论争议的尝试都不可能实现这一点，后者在很大程度上取决于某些马克思主张和算术说明的数学重述。这种重述导致出现了一个相当复杂的数学化的马克思主义经济学集，即使在没有完全严格证明的情况下，也需要使用广泛的数学符号。

生产的价值和价格

关于劳动价值理论的含义和相关性的争论始于19世纪后期，作为恩格斯和一些早期批评家（或批评者）之间争吵的副产物，他们指责马克思或许剽窃了德国经济学家罗德贝图斯（Rodbertus）关于剩余价值的某些关键思想。为了让批评者们感到困惑，恩格斯要求他们（在罗德贝图斯的著作基础上）预测马克思在出版之前对后来被称为"转型问题"的解决方案。这个争议的早期阶段将不会在这里继续讨论。[①] 调查将从马克思的解决方案开始。

转型问题是把价值转化为生产价格。（生产价格已在前文中定义。）

$$p \equiv (1+r)(c+v) \tag{1}$$

$$r \equiv \frac{s}{c+v} \tag{2}$$

定义(1)和(2)显然意味着，在资本主义经济的任何一个部门模型中，价格

[①] 有兴趣的读者可以查阅 Michio Morishima and George Catephores, *Value, Exploitation and Growth* (London, 1978), pp. 147—148。

等同于价值,定义如下:

$$W \equiv c+v+s \tag{3}$$

然而,它并没有遵循价值和价格可以交换使用的所有分析目的。只有生产价格才能代表达到足够现实程度的资本家的行为。资本家可以被描述为一个提供资金的企业家,他在提高生产某种商品的金额($c+v$)时,通过在总成本上增加惯常的利润(以总成本的百分比来估计)来预计他的销售价格。单位利润将在此基础上定义为:

$$\pi \equiv r(c+v) \tag{4}$$

资本家当然不会通过加上商品吸收的过去和现在劳动时间来确定价格。他对价值定义不感兴趣。另一方面,理论家在考察无意识的资本主义行为,但是个人资本家的故意行为或资本主义经济的总体特征的意外影响时,可以使用价值核算,相信价格核算会产生相同的结果,因为只要保持单一商品经济(单一部门模式)的假设即可。

从引入多品种经济(多部门模式)的那一刻起,问题就出现了。以三种商品经济为例,价格计算方式如下:

$$\begin{aligned} P_1 &= (1+r_1)(c_1+v_1) \\ P_2 &= (1+r_2)(c_2+v_2) \\ P_3 &= (1+r_3)(c_3+v_3) \end{aligned} \tag{5}$$

假设

$$r_1 = \frac{s_1}{c_1+v_1} = r_2 = \frac{s_2}{c_2+v_2} = r_3 = \frac{s_3}{c_3+v_3} \tag{6}$$

价格将继续与价值相同。没有哪个行业对其他行业的盈利能力有任何影响。在这种情况下,经济可以分解为各个组成部分,而不会丢失关于盈利能力的信息。

如果出于比较的目的,假定投资于三个经济部门的资本是相等的

$$c_1+v_1 = c_2+v_2 = c_3+v_3 \tag{7}$$

那么公式(6)表明,只有当 $s_1=s_2=s_3$ 时,$r_1=r_2=r_3$,随着剥削率(s/v)在整个经济中均衡,只有当资本的有机构成在各个部门之间也是均衡的时候才是正确的,即

假设 $\dfrac{c_1}{v_1} = \dfrac{c_2}{v_2} = \dfrac{c_3}{v_3}$

如果工人通过从剥削程度较强的雇主跳槽到剥削程度较弱的雇主,就可以看到每种工作的利弊平衡大致相同,相同剥削率的假设可以被认为是公平的近似值。同时,这种近似不可以证明任何有机构成均等的假设是合理的,因为这样做与行业中观察到的不同程度资本密集度的基本经验数据相违背。

一旦它被接受

$$\frac{c_1}{v_1} \neq \frac{c_2}{v_2} \neq \frac{c_3}{v_3}$$

那么 $s_1 \neq s_2 \neq s_3$。用一个算术例子会使这一点更清楚。让 $c_1+v_1=c_2+v_2=c_3+v_3=100$,以工作小时数或货币等价物的方式衡量,假定货币商品在平均有机资本构成条件下每单位生产成本仅为 1 小时。让剥削率(剩余价值率)为 100%、v_1 为 20、v_2 为 10、v_3 为 30($c_1=80, c_2=90, c_3=70$),因此,

$$\frac{s_1}{v_1}=\frac{20}{20}=\frac{s_2}{v_2}=\frac{10}{10}=\frac{s_3}{v_3}=\frac{30}{30}, \text{且 } s_1=20 \neq s_2=10 \neq s_3=30$$

于是 $r_1 \neq r_2 \neq r_3$。

但这不是一个均衡的状态。资本将从盈利能力较差的部门转移到盈利能力较强的部门,直到利润率均衡。马克思假设已经达到了均衡的利润率,就提出条件

$$r \equiv \frac{s}{c+v} \equiv \frac{s_1+s_2+s_3}{c_1+c_2+c_3+v_1+v_2+v_3} \tag{8}$$

公式(8)看起来是公式(2)的一个自然的、毫无疑问的扩展。然而,当公式(8)在有机构成不相等的三部门模型中引入时,它不再产生价格和价值相同的结果。以下说明了这种效果:

$$\begin{aligned} W_1 &= c_1+v_1+s_1 = 80_c+20_v+20_s = 120 \\ W_2 &= c_2+v_2+s_2 = 90_c+10_v+10_s = 110 \\ W_3 &= c_3+v_3+s_3 = 70_c+30_v+30_s = 130 \end{aligned} \tag{9}$$

由公式(8) $r=60/300=1/5$ 或 20%。生产价格计算结果如下:

$$\begin{aligned} p_1 &= (1+r)(c_1+v_1) = 1.20 \times 100 = 120 \,(l_1=120) \\ p_2 &= (1+r)(c_2+v_2) = 1.20 \times 100 = 120 \,(l_2=110) \\ p_3 &= (1+r)(c_3+v_3) = 1.20 \times 100 = 120 \,(l_3=130) \end{aligned} \tag{10}$$

因此,一般来说,$p_i \neq W_i$。利润率与剥削率相等,但各行业的有机构成不均衡导致价格与价值的系统偏差。

行业1中的例外情况可以解释为其有机构成与社会总资本的重合(从算术例子可以看出这一点,$\frac{c_1+c_2+c_3}{v_1+v_2+v_3}=\frac{c_1}{v_1}$)。

但是,如果

$$\frac{c_1}{v_1}=\frac{\sum_{i=1}^{n}c_i}{\sum_{i=1}^{n}v_i}$$

价格再次与价值相同,就像公式(1)和(2)。这可以被证明如下:

行业1中生产价格的公式(5)

$$p_1\equiv(1+r)(c_1+v_1) \tag{5.1}$$

可以写成

$$p_1=(1+r)\left(\frac{c_1}{v}+1\right)v_1 \tag{5.2}$$

再次使用公式(8)(利润率的定义)

$$p_1\equiv\left(1+\frac{s_1+s_2+s_3}{c_1+c_2+c_3+v_1+v_2+v_3}\right)\left(\frac{c_1}{v_1}+1\right)v_1 \tag{5.3}$$

假定行业1中的有机构成与经济中的总有机构成一致,即

$$\frac{c_1}{v_1}\equiv\frac{c_1+c_2+c_3}{v_1+v_2+v_3}$$

公式(5.3)可以重述为

$$p_1\equiv\left[1+\frac{s_1+s_2+s_3}{(c_1+c_2+c_3)+(v_1+v_2+v_3)}\right]\left(\frac{c_1+c_2+c_3}{v_1+v_2+v_3}+1\right)v_1$$

$$=\left[\frac{(c_1+c_2+c_3)+(v_1+v_2+v_3)+(s_1+s_2+s_3)}{(c_1+c_2+c_3)+(v_1+v_2+v_3)}\right]\left[\frac{(c_1+c_2+c_3)+(v_1+v_2+v_3)}{v_1+v_2+v_3}\right]v_1 \tag{5.4}$$

将右侧括号中的分子与公式(5.4)左侧括号中的分母相抵消。表达式就变成

$$p_1\equiv\frac{(c_1+c_2+c_3)+(v_1+v_2+v_3)+(s_1+s_2+s_3)}{(v_1+v_2+v_3)}\cdot v_1$$

$$=\left(\frac{c_1+c_2+c_3}{v_1+v_2+v_3}+1+\frac{s_1+s_2+s_3}{v_1+v_2+v_3}\right)\cdot v_1 \tag{5.5}$$

但是

$$\frac{c_1+c_2+c_3}{v_1+v_2+v_3}=\frac{c_1}{v_1}$$

通过假设。此外,另一个假设是所有三个行业的剥削率相同,即($s_1/v_1=s_2/v_2=s_3/v_3$),意味着

$$\frac{s_1+s_2+s_3}{v_1+v_2+v_3}\cdot\frac{s_1}{v_1}$$

这很容易证明。令

$$\frac{s_1}{v_1}=\frac{s_2}{v_2}=\frac{s_3}{v_3}=a$$

然后 $s_1=av_1, s_2=av_1, s_2=av_3$,将 $s_1=(i=1,2,3)$ 代入分数中,可以得出

$$\frac{s_1+s_2+s_3}{v_1+v_2+v_3}=\frac{av_1+av_2+av_3}{v_1+v_2+v_3}=\frac{a(v_1+v_2+v_3)}{(v_1+v_2+v_3)}=a=\frac{s_1}{v_1}$$

因此公式(5.5)最后可以改写为

$$p_1=\left(\frac{c_1}{v_1}+1+\frac{s_1}{v_1}\right)v_1=c_1+v_1+s_1=W \tag{5.6}$$

在这种特殊情况下,生产价格与价值完全相等。

除了刚才考虑的情况,当不同行业的资本有机构成不同时,价格总会偏离价值。这是转型问题,即价值转化为生产价格的问题。乍看起来,似乎承认价格将与任何资本主义市场经济的现实表现即便是最低限度的价值不同,对马克思主义经济理论来说都是致命的。商品交换似乎不再能够在价值定义的帮助下进行分析。更严重的是,由于各行业的利润率以及相同规模的资本的总利润是相等的,而与同样规模的资本的总剩余劳动力相对应的总剩余价值却不同于行业之间的差异,由于有机构成不平等,利润和剩余价值似乎完全不相关。这些结果中的任何一个,特别是第二个结果,都足以摧毁马克思主义剥削理论的有效性。

马克思自己对这种结论的可能性的解释有三个主要论点:(1)尽管价格在规定条件下不可避免地偏离价值,但实际上价格关系可以在劳动价值理论的基础上解释;(2)总的来说,各种经济规模的总量(价格、价值、利润和剩余价值)总是相同的,无论是从价值开始还是从价格开始;(3)实际上这个价值与任何行业的平均有机构成的价格一致(即行业的有机构成等于整体经济的有机构成),如果碰巧存在的话。以上给出的算术例子说明了这三点。(特别是,总价值=120+110+130=总价格=120+120+120,总利润=$0.20×300=60$=总剩余价值

＝20＋10＋30。）

对于马克思来说,第(2)点特别重要。如果基于价格估算的数量级与基于价值估算的数量级重合,则不仅总价格(所有价格之和或以价格计算的交易总额)等于总价值,而且利润将与总剩余价值一致(如给出的算术例子所示)。相反,在单个行业中,利润将不同于剩余价值。比较公式(9)和(10),很明显,第二个行业的利润等于20个单位,但剩余价值仅等于10,而第三个行业的利润再次等于20个单位,但是剩余价值等于30。

从这一矛盾中,马克思得出了资本主义致富的过程分两个阶段进行的结论。每个资本家都从直接隶属于他的雇工那里榨取剩余价值。劳动力的数量取决于相关产业资本的技术构成。但是,每个资本家对自己的工人所创造的剩余价值没有直接的要求权。一般来说,如果他在有机构成高于平均水平的部门工作,他可以提出更多的申请;反之,他可以减少申请。资本家按照工人人数(可变资本的规模)的比例参与剩余价值的提取,但他们按照先进资本的规模($c+v$)参与剩余价值的占有。

在这种以个人资本家控制的资本形式按交换价值总额的比例再分配剩余价值的过程中,资本作为一种社会生产关系相对于作为一种技术生产关系的优越性就得到了体现。然而,社会关系的优越性只有在盲目崇拜的交换价值(先进资本)形式中才具有操作性。一个被盲目崇拜的社会在任何特定的生产过程中,资本都凌驾于剥削的直接关系之上。这样做是对的。在拜物教的形式下,是社会的阶级结构(当资本家以个人名义与工人打交道时,阶级结构就会消失在人们的视野中)重申了它自己。马克思虽然没有这样表达,但已经认识到并强调了商品拜物教在当前联系中的重要性:

由于资本的一切部分都同样表现为超额价值(利润)的源泉,资本关系也就神秘化了。不过,剩余价值通过利润率而转化为利润形式的方式,只是生产过程中已经发生的主体和客体的颠倒的进一步发展。我们已经在生产过程中看到,劳动的全部主体生产力怎样表现为资本的生产力。一方面,价值,即支配着活劳动的过去劳动,人格化为资本家;另一方面,工人反而仅仅表现为物质劳动力,表现为商品。从这种颠倒的关系出发,还在简单的生产关系中,也必然产生出相应的颠倒的观念,即歪曲的意识,这种意识由于真正流通过程的各种转化和变形而进一步发展了。①

资本是一种已经分离并独立于其主体的社会关系,它通过赋予工人从属地位来客观地支配工人。它给资本家同样无人值守的利益,方法是将资本分配给他们。正如在简单的商品生产分析中,劳动分工是由被生产的商品之间的关系来调节的,资本家和工人之间的阶级关系是通过物化的交换价值资本来建立和实现的。阶级现实及其运作方式在《资本论》中被揭示,以下这段文字经常被引用,更是引人注目地说明了这一点。

(不同生产部门的资本家)不是得到了本部门生产这些商品时所生产的剩余价值从而利润……就利润来说,不同的资本家在这里彼此只是作为一个股份公司的股东发生关系,在这个公司中,按每100资本均衡地分配一份利润。因此,对不同的资本家来说,他们的各份利润之所以有差别,只是因为每个人投在总企业中的资本量不等,因为每个人在总企业中的入股比例不等,因为每个人持有的股票数不等。②

资本主义生产方式的集体性、阶级性和剥削性是劳动价值论的一个重要非显性预测。

从价值定义到价格方程

对马克思关于转型问题的解决方案的第一次彻底批判,来自与他和恩格斯同时代的奥地利新古典主义经济学家庞巴维克(Böhm-Bawerk)。③ 在《卡尔·马克思及其体系的终结》(*Karl Marx and the Close of his System*)(1896)一书中,庞巴维克声称,《资本论》第三卷根本没有包含恩格斯一直承诺的转型问题的解决方案,而是证实了《资本论》第一卷和第二卷的价值核算制度与第三卷的生产价格制度之间存在着尚未解决的矛盾。庞巴维克的批评是对马克思理论的一种完全和无情的拒绝,作者的意图可能是对这个问题说最后一句话,更广泛地说,是彻底地封杀马克思主义的经济理论。无论是在具体目标上还是在总体目标上,他都没有成功。马克思主义经济理论继续发展(诚然有差距,以一种非常不平等的方式),转型问题仍然是探讨思想的沃土。正如恩格斯在1885年

---

① 《马克思恩格斯全集》第46卷,人民出版社2001年版,第53—54页。
② 同上。
③ Eugen Bohm-Bawerk, *Karl Marx and the Close of his System* (editor, P. M. Sweezy) (London, 1949).

在庞巴维克早期的批评中,有一点至今仍受到关注甚至认可,那就是他声称,为了价值核算的目的,异质性劳动不可能转化为同质劳动,而不考虑市场估值,也就是价格。因此,这个论点变成了循环论证。这种批评的有效性和意义将在后面加以考虑。在1907年发表的两篇论文中,德国统计学家和经济学家拉迪斯劳斯·冯·鲍特基维茨(Ladislaus von Bortkiewicz)成功地反驳了庞巴维克对马克思论点中存在矛盾的其他主张。[①]

鲍特基维茨本人也对马克思的解决方案持批评态度,但他对此抱有同情。他反对生产价格计算的具体方法,而不是从价值开始计算的一般思想。像后来许多同情马克思的批评家一样,他发现《资本论》的作者走在正确的道路上。[②]

在试图弄清利润的起源时,马克思有了幸运的灵感,他构建了一个利润存在的模型,除了(原始的)价值法则之外,没有任何规范对产品相互交换的关系起决定性作用。这种模式清楚地表明,利润既不能以作为交换经济现象的涨价为首要原因,也不能被视为"资本的生产性服务"的对等物。换句话说,马克思把价值计算置于价格计算之上,他成功地——比李嘉图更尖锐、更有力地——将扣缴理论与其他利润理论进行了区分,并摆脱了任何共同特征。

鉴于此,鲍特基维茨继续反对马克思方法中的特定矛盾。如果马克思对生产价格的定义(或者实际上是对价值的定义)被解释为投入产出关系,那么毫无疑问,他的反对意见就可以被最好地理解。在价值等式中

$$c+v+s=W \tag{11}$$

物质生产资料乘以相关值(术语c),再加上生产某种商品的工作时间($v+s$),以生产一种商品的单位,计算方法为过去和现在生产一种商品所用的劳动时间之和。很明显,劳动时间的总和并不是凭空而来的,它依附于某种商品的生产单位、某种产出。符号W_1和W_2表示输入输出的单位值,q_1和q_2表示输入输出的数量,l表示当前劳动总量,基本值方程可以改写为

$$W_1 q_1+l=W_2 q_2 \tag{12}$$

---

① Ladislaus von Bortkiewicz, "Value and Price in the Marxian System", *International Economic Papers*, 2, 1952, pp. 5—60 and "On the Correction of Marx's Fundamental Theoretical Construction" in the Third Volume of *Capital*, in Sweezy, p. M. (ed.) *Karl Marx and the Close of his System* (London, 1949).

② Ladislaus von Bortkiewicz, "Value and Price in the Marxian System" (see note 5), p. 52.

假设 $q_2=1$,则公式(11)与(12)的对应关系完整。此外,如果 l' 仅表示当前必要劳动的小时数,则生产价格方程可以改写为

$$(1+r)(W_1q_1+l')=p_1q_2,\text{或者}(1+r)(W_1q_1+l')=p_1(q_w=1) \quad (13)$$

公式(12)不存在会计制度不一致的情况。公式(13)的情况并非如此,在公式(13)的左侧(输入)是数量乘以值(W_i),而在右侧(输出)是数量乘以价格。但是,在任何经济再生产系统中,生产的商品被用来生产商品,以生产价格评价的某些产出成为投入,应继续以同样的方式加以评价。这使得公式(13)左边是价值、右边是价格,作为用商品来表示商品的生产是不正确的,并且形式上不一致。

这种矛盾已经被马克思注意到并加以评论,但他认为这种矛盾对他的论点的发展并不重要。鉴于对这一点的修正所产生的非同一般的影响,我们有必要从马克思自己的评论开始:

当然,以上所说,对商品成本价格的规定是一种修正。我们原先假定,一个商品的成本价格,等于该商品生产中所消费的各种商品的价值。但一个商品的生产价格,对它的买者来说,就是它的成本价格,因而可以作为成本价格加入另一个商品的价格形成。因为生产价格可以偏离商品的价值,所以,一个商品的包含另一个商品的这个生产价格在内的成本价格,也可以高于或低于它的总价值中由加到它里面的生产资料的价值构成的部分。必须记住成本价格这个修正了的意义,因此,必须记住,如果在一个特殊生产部门把商品的成本价格看作和该商品生产中所消费的生产资料的价值相等,那就总可能有误差。对我们现在的研究来说,这一点没有进一步考察的必要。①

[上述成本价格的定义是 $(c+v)$,显然不同于产品价格$(1+r)(c+v)$。]

鲍特基维茨把马克思注意到的困难作为他分析的中心。他提出通过陈述和求解一个联立方程组来完全一致地解决转型问题,该方程组的值是已知的参数,生产价格是未知的变量。他的解决方案遵循以下思路:经济被分为三个部门。第一个部门生产生产资料;经济中所有不变的资本支出($c_1+c_2+c_3$)构成对第一个部门的需求。第二个部门生产工资产品;经济中所有的工资支出($v_1+v_2+v_3$)都花在这个部门的产品上。第三个部门生产奢侈品;假设资本家没有资本积累,因此他们挣得的所有剩余价值($s_1+s_2+s_3$)都花在购买第三个

---

① 《马克思恩格斯全集》第 46 卷,人民出版社 2001 年版,第 184—185 页。

部门的产品上。在这三个部门中,需求(生产资料、工资产品和奢侈品)被假定等于供给。因此,鲍特基维茨系统是一个平稳经济的一般均衡模型;这是对马克思简单再生产计划的发展(见第六章)。这些由如下方程展示:

$$(1+\varrho)(c_1 x + v_1 y) = x(c_1 + c_2 + c_3)$$
$$(1+\varrho)(c_2 x + v_2 y) = y(v_1 + v_2 + v_3) \quad (14)$$
$$(1+\varrho)(c_3 x + v_3 y) = z(s_1 + s_2 + s_3)$$

在公式(14)中,$c_i, v_i, s_i (i=1,2,3)$ 假设为价值的大小已知;x、y 和 z 是待定乘数(转换系数),价值通过它转换为价格。乘数不是生产价格;价格分别是 cx、vy 和 sz。当它们同时出现在方程的输入和输出端时,就克服了马克思方法的矛盾。

鲍特基维茨的系统必须求解 x, y, z 和 ϱ。利润率,这里不将其作为给定的数值[如 $r=s/(c+v)$],而是作为一个未知数,与生产价格同时求解。这与马克思基于价值核算系统中预先确定的利润率的方法有很大的不同。在鲍特基维茨之后,必须区分价值 r 和利润率 ϱ。

如前所述,价格和利润率的同时求解是鲍特基维茨提出的解的数学必要条件。与此同时,它加强了方程的一般均衡性质,这种性质已经在把简单复制的条件强加于方程组时得到了证实。

在这种情况下,可以删除这些条件,而不会破坏解决方案。在鲍特基维茨的基础上[1],可以建立一个更一般的方程组,这就留下了三个经济部门之间的供求平衡问题。该系统说明如下:

$$(1+\varrho)(c_1 x + v_1 y) = x a_1$$
$$(1+\varrho)(c_2 x + v_2 y) = y a_2 \quad (15)$$
$$(1+\varrho)(c_3 x + v_3 y) = z a_3$$

其中,a_i 是每个部门的产值总和。写出 $\gamma_i \equiv c_i, (i=1,2,3)$

$\beta_i \equiv \dfrac{v_i}{a_i}(i=1,2,3)$,以及 $m \equiv (1+\varrho)$

公式(15)可以写成

---

[1] 在 J. Winternitz, "Values and Prices: A Solution of the So-Called Transformation Problem", *Economic Journal*, June 1948, pp. 276—280 中得出了这一结论。

$$(m)(\gamma_1 x + \beta_1 y) - x = 0$$
$$(m)(\gamma_2 x + \beta_2 y) - y = 0 \qquad (16)$$
$$(m)(\gamma_3 x + \beta_3 y) - z = 0$$

该系统是齐次的(在其方程中没有独立的可加性常数,可在右侧收集)。暂且不考虑 m 也是一个未知数的事实,系统可以被视为包含一个子系统,由前两个方程的两个未知数 x 和 y 组成。这个子系统在 x 和 y 是线性的和齐次的,这样才能有一个非零解,其系数矩阵的行列式必须为零。将公式(16)的前两个方程改写为:

$$(m\gamma_1 - 1)x + m\beta_1 y = 0$$
$$m\gamma_2 x + (m\beta_2 - 1)y = 0 \qquad (17)$$

生成一个解的下列条件:

$$\begin{vmatrix} m\gamma_1 - 1 & m\beta_1 \\ m\gamma_2 & m\beta_2 - 1 \end{vmatrix} = 0$$

$$(m\gamma_1 - 1)(m\beta_2 - 1) - m^2 \beta_1 \gamma_2 = m^2(\gamma_1 \beta_2 - \beta_1 \gamma_2) - m(\beta_2 + \gamma_1) + 1 = 0$$

由于 $m = 1 + \varrho$,用 m 解这个二次方程会立即得到利润率。该解决方案也证明了拒绝引入公式(17)中预定的价值利润率的数学必要性。如果将 ϱ 和 m 作为预定常数,则公式(17)系数矩阵的行列式只能偶然为零;因此,只有在特殊情况下公式(17)才能解出生产价格。另一方面,如果利润率是未知的,则可以选择 m 的值,使公式(17)的行列式始终等于零,从而保证从价值到价格的成功转换始终是可能的。

当 m 确定后,公式(17)可以求出 x/y 的比值(因为系数矩阵为零,行列式的齐次线性方程组只能求出变量的比值)。通过 x/y 的解与公式(16),得到 z/y 的解。由于 x、y 和 z 是从生产价值到价格的转换系数,所以 x/y 和 z/y 可以用于从相对价值(c/v)到相对价格(cx/vy)的转换。要使解完全确定,下一个需要的是另一个关系,它将使解出绝对价格成为可能。

价值核算与价格核算的不变性条件

这个问题解决的方法之一是假设公式(16)的第三个方程所代表的部门(奢侈品行业)的资本有机构成等于社会总资本的平均有机构成,这样就没有价值和价格之间的差异存在于行业;因此 $z = 1$。由公式(16)的解给出 z/y,z 设为 1,然后可以求出 y 和 x。从相对价格到绝对价格的步骤已经完成。

然而,没有特别的理由说明奢侈品行业应该是一个平均有机构成的行业。如果不是这样,但它的产品(为了便于分析,以黄金为例)在价值和价格体系中都被视为货币商品,就会出现下列异常情况:如果有机构成在黄金的生产中低于平均水平,那么价格的总和大于价值的总和;如果有机构成高于平均水平,则相反。原因是黄金的价格(或价值)就本身而言,通过定义等于1,(就黄金的汇率而言,本身就是一个价值和价格体系)生产的黄金的价格低于(或高于)它的价值,当从价值转换到价格,只能在所有其他商品的价格高于(或低于)其价值时才能表现出来(黄金的购买力下降或上升,而名义上它的价值和价格都是固定不变的)。

我们已经看到,马克思的总价格和总价值相等是将个人资本家的具体行为联系起来的一个环节,这种行为可以用生产价格来实际描述,通过价值分析,理论上适用于细节和整体经济,但只能在总体上观测。如果由于转型问题的解决,发现价值-价格总不变性在一般情况下不成立,那么劳动价值理论的意义将再次动摇。

为了避免这种反常现象,有人建议用马克思的不变性(总价格等于总价值,总利润等于总剩余)作为从相对价格到绝对价格所需的附加关系的假设。这确实是可能的。定义$q=x/y$,用公式(15)的第一个方程表示ϱ,用参数表示

$$\varrho = \frac{xa_1}{c_1 x + v_1 y} - 1$$

公式(15)的第三个方程可通过以下公式求解z:

$$c_3 x + v_3 \frac{x}{q} + (c_3 x + v_3 \frac{x}{q})(\frac{a_1 q}{c_1 q + v_1} - 1) = z a_3$$

$$\frac{a_1 c_3 q x + a_1 v_3 x}{c_1 q + v_1} = a_3 z$$

$$z = \frac{a_1(c_3 q + v_3)x}{a_3(c_1 q + v_1)}$$

现在可以使用附加条件(总价格等于总价值)

$$a_1 x + a_2 y + a_3 z = a_1 + a_2 + a_3 = a$$

代入y、z

$$a_1 x + a_2 \frac{x}{q} + \frac{a_1(c_3 q + v_3)x}{c_1 q + v_1} = a$$

或者

$$x\left(a_1+\frac{a_2}{q}+\frac{a_1(c_3q+v_3)}{c_1q+v_1}\right)=a$$

最后

$$x=\frac{aq(c_1q+v_1)}{(a_1q+a_2)(c_1q+v_1)+a_1q(c_3q+v_3)}$$

由于在上一节中已经根据系统参数得到了 $q=x/y$，最后一个表达式给出了不涉及 y 或 z 的 x 的解。连同已知比率 x/y 和 z/y 给出 x, y 和 z 的值分别与系统的参数有关，从而完成解决方案，使计算得出绝对价格水平成为可能。

问题在于，要使生产价格完全确定（即找到绝对生产价格），只需要一个额外的关系。如果施加一个以上这样的关系作为条件，方程组就会变得过于确定，除非价值系数 (c_i, v_i, s_l) 具有能够同时满足两个或多个不变性的数值。这样的系统确实存在，但它们代表特殊情况（例如，在奢侈品部门，简单再生产和经济价值结构与剩余相同的双重假设产生具有特定特征的体系）。在转型问题的解中，一般只存在一个独立的附加条件。这有时会导致毫无意义地寻找一种条件（要么总价格等于总价值，要么总利润等于总剩余价值，或者其他一些条件），这种条件更关键地代表了马克思的分析精神，在任何价值-价格转换中都更值得保持下去。然而事实是，在不变性假设之间的任何选择都不可避免地缩小了马克思所设想的劳动价值理论的范围，只能部分地反映他的原始目的。①

从数值到技术投入系数

最近的研究表明，完全一致地解决转型问题（即不混淆价值核算和价格核算），同时保持马克思认为至关重要的两种不变性，在条件下的限制性远远小于前一段所提到的。为了保持叙述的历史延续性，这些解决办法在此不做介绍。②

鲍特基维茨的解决方案对马克思主义理论进一步发展的影响一直是矛盾的。他对持续转换的可能性的论证，消除了劳动价值理论中的一个形式问题，但也向价格模型和价值模型分开迈出了第一步，这种方式似乎使它们的调和成为问题。劳动价值理论的批评者——从整体上来说，对马克思主义分析所主张的一切持反对态度——抓住这一点，越来越多地辩称，马克思的价值模型只不

---

① 这方面的一个有趣尝试见 David Laibman, "Values and Prices of Production: The Political Economy of the Transformation Problem", *Science and Society*, 1974。

② Michio Morishima and George Catephores, *Value, Exploitation and Growth* (London, 1978), pp. 160–166.

过是一个笨拙的、有政治动机的、对一般均衡价格分析的错误;它对从价格一般均衡模型中学到东西没有任何贡献;即使它在社会学上有一些价值,但在经济学上却完全无关紧要。

这不是鲍特基维茨的态度(他的观点参见前文)。在建立这个问题的过程中,他试图在数学允许的范围内尽可能多地使用价值数据。他从马克思的资本组成部分(不变、可变、剩余)的相同价值定义开始,如果不妨碍他的方程组的解的方法,他可能不会反对定义利润率为 $r=s/(c+v)$。但是鲍特基维茨的解决方案的进一步开发带来了与原始价值起点更彻底的背离。

由温特尼茨(Winternitz)开发的鲍特基维茨的解决方案被弗朗西斯·塞顿(Francis Seton)[1]进行了推广,并给出了它的现代形式。塞顿的新思想本质上是从鲍特基维茨及其继任者研究的三部门经济发展到 n 部门经济,类似于列昂惕夫(Leontief)研究的投入产出分析。马克思将生产成本基本分解为不变资本和可变资本的理论被塞顿扩展,涵盖了对每个行业成本结构的完全分解,从而使原始的鲍特基维茨体系以如下形式出现:

$$k_{11}p_1+k_{12}p_2+\cdots+k_{1n}p_n=\phi a_1 p_1$$
$$k_{21}p_1+k_{22}p_2+\cdots+k_{2n}p_n=\phi a_2 p_2 \quad (18)$$
$$k_{n1}p_1+k_{n2}p_2+\cdots+k_{nn}p_n=\phi a_n p_n$$

其中,k_{ij} 表示工业 j 的产品进入工业 i 的成本投入(在马克思的不变/可变资本术语中,称为 c_{ij} 和 v_{ij}),以劳动价值计算;p_{ij} 是价值/价格转换系数;a_i 是按价值计算的产出($a_i=c_i+v_i+s_i$);$\phi=1-\varrho$ [所以公式(18)的左边表示成本,即适当转化为生产价格的价值投入的总和,右边表示成本作为总价格($a_i p_i$)和总利润($\varrho a_i p_i$)之间的差额。很明显,ϱ 是利润的价格率]。

将公式(18)两边除以 a_i,将 ϱp_i 移到左边,系统得到:

$$(k_{11}-\phi)p_1+k_{12}p_2+\cdots k_{1n}p_n=0$$
$$k_{21}p_1+(k_{22}-\phi)p_2+\cdots k_{2n}p_n=0 \quad (18a)$$
$$k_{n1}p_1+k_{n2}p_2+\cdots(k_{nn}-\varepsilon)p_n=0$$

其中,$\varkappa_{ij}=\dfrac{k_{ij}}{a_i}$。

---

[1] F. Seton, "The 'Transformation Problem'", *Review of Economic Studies*, 25, 1957, pp. 149—160.

公式(18a)显然可以写成：

$$|K-\phi I|\bar{p}=\bar{o} \tag{19}$$

其中 $K=\begin{vmatrix} k_{11} & k_{12} & \cdots & k_{1n} \\ k_{21} & k_{n2} & \cdots & k_{nn} \\ \vdots & \vdots & \vdots & \vdots \\ k_{n1} & k_{n2} & \cdots & k_{nn} \end{vmatrix}$

I 是一个单位矩阵，$\bar{p}$ 和 $\bar{o}$ 分别是转换系数和 0 的向量。公式(19)是 $n+1$ 个未知数的 n 个方程的齐次方程组[$p_i(i=1,\cdots,\eta)$ 和 ϕ]。对待 ϕ，不是作为一个未知数，而是作为一个待定系数，公式(19)的解总是可以通过为 ϕ 选择一个适当的值得到：

$$|K-\phi I|=\varrho \tag{20}$$

这里，ϕ 被描述为矩阵的 K 阶特征值，而在一些著名的关于非负平方的定理矩阵中[①]，$K\bar{p}=\phi\bar{p}$ 被称为 K 阶特征向量。就是这个矩阵中存在一个最大值，非复正数的特征值推断出部分利润率为正($\phi=1-\varrho$)。

鲍特基维茨对马克思采用价值核算作为其剥削分析的出发点的赞赏已被提及。也有人解释说，鲍特基维茨不能接受用马克思的方式把利润率确定为 $r=s/(c+v)$，因为那样他就无法解出他所建立的方程组。即便如此，在鲍特基维茨的解决方案中，利润率仍然是一个转换后的价值量级，因为它求解的是构成公式(17)或矩阵(18a)元素的价值系数。价值体系和价格体系唯一显著的分离是由于鲍特基维茨的解决方案而出现的，不可能保持马克思认为至关重要的总量不变。

然而，有了塞顿的公式，两种核算制度更明显的分离之路就打开了。正如塞顿自己指出的，(18a)中的系数 k_{ij} 可以看作实物投入系数与各自商品单位价值的乘积。对于某种商品的投入和产出，写作 k_{ij}^* 和 a_i^*，回想一下 $\varkappa_{ij}=k_{ij}$，(18a)的系数可以表示为 $k_{ij}^*\omega_i$；其中 ω_i、ω_j 是合适的单位值。实物投入系数可以定义为：

$$K_{ij}^*=\frac{\varkappa_{ij}^*\omega_j}{a^*\omega_i}\cdot\frac{\omega_i}{\omega_j}$$

---

① 这些定理已经在 G. Debreu and I. N. Herstein,"Non-negative Square Matrices", *Econometrica*, 21, 1953, pp. 597-606 中很方便地收集到。

或者

$$K_{ij}^* = K_{ij} \frac{\omega_i}{\omega_j} \tag{21}$$

回到公式(19)的价值系数矩阵中,可以通过以下操作将其全部转化为公式(21)的投入-产出系数:

$$\begin{vmatrix} W_1 & 0 & \cdots & 0 \\ 0 & W_2 & \cdots & 0 \\ 0 & 0 & \cdots & W_n \end{vmatrix} \begin{vmatrix} k_{11} & k_{12} & \cdots & k_{1n} \\ k_{21} & k_{22} & \cdots & k_{2n} \\ k_{n1} & k_{n2} & \cdots & k_{nn} \end{vmatrix} \begin{vmatrix} \frac{1}{W_1} & 0 & \cdots & 0 \\ 0 & \frac{1}{W_2} & \cdots & 0 \\ 0 & 0 & \cdots & \frac{1}{W_n} \end{vmatrix}$$

$$= \begin{vmatrix} k_{11} \frac{W_1}{W_1} & k_{12} \frac{W_1}{W_2} & \cdots & k_{1n} \frac{W_1}{W_n} \\ k_{21} \frac{W_2}{W_1} & k_{22} \frac{W_2}{W_2} & \cdots & k_{2n} \frac{W_2}{W_n} \\ k_{n1} \frac{W_n}{W_1} & k_{n2} \frac{W_n}{W_2} & \cdots & k_{nn} \frac{W_n}{W_n} \end{vmatrix} = \begin{vmatrix} k_{11}^* & k_{12}^* & \cdots & k_{1n}^* \\ k_{21}^* & k_{22}^* & \cdots & k_{2n}^* \\ k_{n1}^* & k_{n2}^* & \cdots & k_{nn}^* \end{vmatrix}$$

或者,简言之:

$$K^* = WkW - 1 \tag{22}$$

其中,W 为对角线,单位价值矩阵(对角线上的元素 Λ 为商品的单位价值)。

公式(22)被称为一个相似变换,并保留特征值的性质,因此,无论用价值系数矩阵 K 还是实物投入-产出系数矩阵 K^* 作为起点,都能找到相同的特征值 ϕ,以及相同的价格利润率 ϱ ($\phi = 1 - \varrho$)。因此,为了求出利润率,价值模型不再是必要的。在实际投入-产出系数矩阵的基础上,可以计算出经济中完全相同的平均利润率。

至于转换系数向量 $\bar{\mathbf{p}}$(元素组成的向量将价值表达式转化为生产价格),一般来说,在相似性转移下这并非保持不变,但也不应该是那样。一个新的向量的元素 $\bar{p}^*$ 将成为系统的解决方案:

$$k^* a p^* = \phi p^* \tag{23}$$

不再是将价值转化为生产价格的系数;它们被解释为产品本身的价格。因此,资本主义经济定价的计算就具有以下形式。从一个由技术决定的投入-产出系数矩阵开始,就可以计算出一个独特的利润率和一组生产价格,并使用这个利润率作为加价，而不需要参考任何先前的价值模型。这是为转型问题寻找合适解决方案的努力的一个相当奇怪和意想不到的高潮，解决这个问题的方法是把原本打算转换为一套生产价格的实体（价值）变为不存在。

这种特殊的论点（计算一般均衡生产价格和利润率的可能性，而不需要参考任何价值大小），已被劳动价值理论和马克思经济学的不友好批评者大肆利用。他们认为，马克思的价值模型远远没有为资本主义数量提供简化的图景，事实上，是一条"复杂的弯路"[引号中的表达属于萨缪尔森（P. A. Samuelson）[1]，他是反价值观点的主要支持者]。萨缪尔森面临的挑战是，在讨论中重新引入价值的可能性，而价值显然已经消失了。

这种重新介绍是由森岛通夫在他的《马克思经济学》（*Marx's Economics*）(1973)中成功实现的。森岛通夫从他与塞顿在转型问题上的联合研究出发（M. Morishima and F. Seton, "Aggregation in Leontief Matrices and the Labour Theory of Value", *Econometrica*, 1961）。随后，森岛通夫将文章中率先提出的方法的应用范围扩展到马克思主义经济理论的一些主要问题上。他的数学表述既清晰又晦涩，因此任何试图在这里总结它的尝试只会使它变得不公正。这里不重复他的证明，而是简略地介绍他关于剥削的基本思想。

森岛通夫构建的核心是对马克思著名关系的进一步重申

$$\frac{s}{v} > \frac{s}{c+v}$$

（剩余价值的比率，即剥削率，总是高于利润率。）值得注意的是，$s/(c+v)$ 只是比较好的近似于 ϱ：尽管森岛通夫表明它们是相等的，但在特定的严格条件下，马克思基本定理是一个严格成立的命题，是在 s/v 和 ϱ 之间，而不是 s/v 和 $s/(c+v)$ 之间。为了说明方便，我在以下的论述中忽略用 $s/(c=v)$ 替换 ϱ 产生的错误。

然而，在马克思的理论中，这种关系在单一部门经济中得到了证明，对于单一的利润率和剩余价值，森岛通夫在 u 部门经济中得到了一个全面的证明，对于任何利润率或剩余价值都成立。

森岛通夫将这个命题称为"马克思基本定理"（该命题是由置盐信雄独立证

---

[1] Paul A. Samuelson, "Understanding the Marxian Notion of Exploitation: A Summary of the So-Called Transformation Problem Between Marxian Values and Competitive Prices", *Journal of Economic Literature*, 9 June 1971, pp. 399—431.

明的,与塞顿-森岛通夫的证明无关。"A Mathematical Note on Marxian Theorems", *Weltwirtschaftliches Archiv*,1963)。该定理的要点如图 4.1 所示[M. Morishima, *Marx's Economics*, Cambridge,1973,p. 64. 对于实际工资的所有值,利润率曲线由剥削率曲线决定。根据马克思的近似值,利润率 $s/(c=v)$ 在 $v=0$ 时达到一个有限值;当 v 为 0 时,开发速率 s/v 趋于无穷大]。

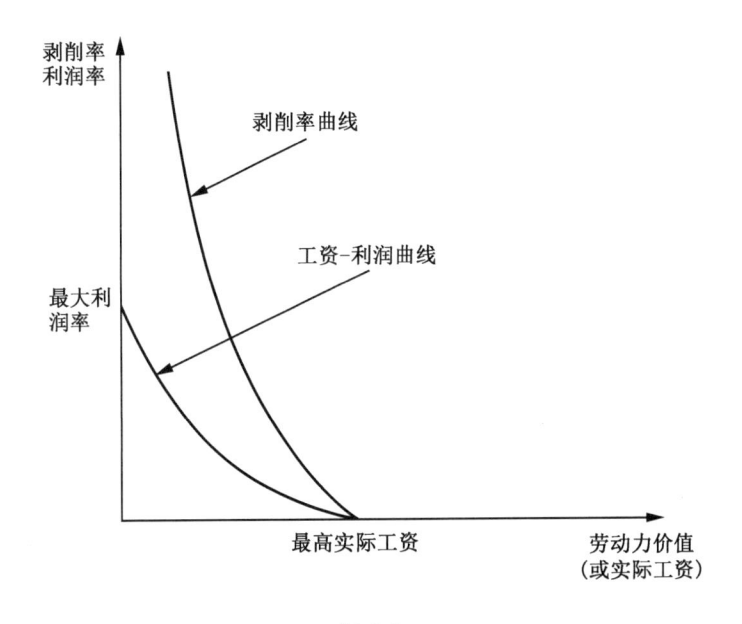

图 4.1

马克思基本定理的意义

随便读一下马克思基本定理,可能会发现它对已经获得的知识没有什么重大贡献,因为从马克思主义公式中可以直接看到剩余价值率总是高于利润率的结果。

$$\frac{s}{v} > \frac{s}{c+v}$$

当然,区别是尽管马克思使用相同的核算制度,但当提到劳动价值、开发的速度和利润,在马克思基本定理的情况下,利润率独立于劳动价值,以生产价格为基础,不是从价值中推导出来的,而是直接从一个矩阵技术系数中推导出来的。价值和价格系统是在共同的技术基础上并行发展的,如图 4.2 所示。

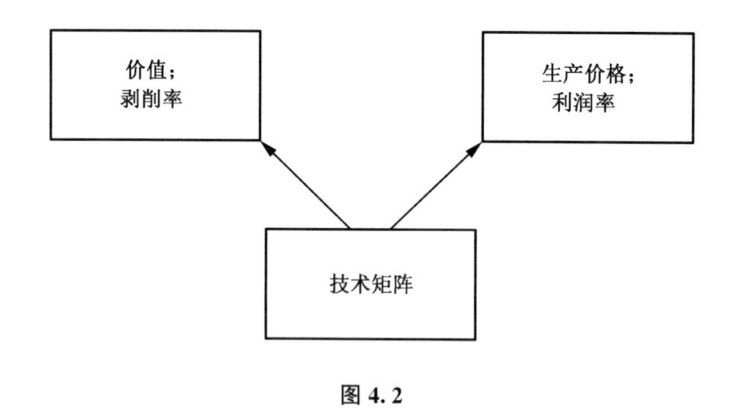

```
        ┌─────────┐           ┌─────────┐
        │  价值；  │           │ 生产价格；│
        │  剥削率  │           │  利润率  │
        └─────────┘           └─────────┘
              ↖                   ↗
                  ┌─────────┐
                  │ 技术矩阵 │
                  └─────────┘
```

图 4.2

将这两种独立的核算制度联系起来，以保持马克思的结果（剥削率必然高于利润率）的方式，当然不是微不足道的。它证明了剩余价值对于利润的存在既是必要的也是充分的，或者剥削对于资本主义是必要的。鉴于此，至少在受人尊敬的马克思主义理论家看来：(本书作者也持这种观点)(1)最好的，也许是唯一令人信服的解释，剥削条件下的自由与平等的交换是通过构造劳动力的买卖实现的；(2)后者的定义建立在劳动价值理论基础之上。马克思基本定理在提供一个坚实的基础和持续相关性上的确不可缺少。在对资本主义的分析中，这是对萨缪尔森关于劳动价值理论的回答，萨缪尔森声称劳动价值理论远不是一个简化的假设，实际上构成了一个"复杂的弯路"，因此，它完全无关紧要，甚至有害于通过市场理解剥削。(不能由此推断罗德贝图斯无条件地赞同劳动价值理论。相反，在《马克思经济学》的最后一章，他对此表达了严重的保留意见，并提出用冯·诺伊曼价格重新塑造马克思主义经济学。)

一些更深层的问题

到目前为止，劳动价值理论是在两个假设的基础上形成的，放宽这两个假设都会产生一些进一步的理论问题。

第一个假设是，经济中的每个行业只生产一种产品。如果放宽这一假设，允许联合生产，可以证明在某些情况下，正利润与负剩余是一致的。这将进一步证明劳动价值理论的不相关性，甚至是无效性。

第二个假设是同质劳动。如果允许异质劳动，任何劳动价值理论都将成为不可能，因为没有明确定义的计量单位存在。解决这一问题的方法是确定每一种劳动的转换系数,这些劳动将把各种劳动转化为一种基本劳动(在马克思的例子中是非熟练的体力劳动),1小时将作为衡量单位。对此的反对意见是,这些系数只能是任意的,并可能导致负值或不确定的值。不同行业之间的剩余价值比率也可能出现不平等。

在价值的可能否定性分析中,承认联合生产或异质劳动的后果是一致的。关于联合生产和负剩余价值的批评现在已经在理论层面上得到实现,其基础是价值的异质劳动的线性规划定义。[1] 另一方面则证明起来更为棘手。尽管做了许多有价值的尝试,但这个问题仍然无法用数学的方法来解决。[2]

另一方面,如果在一种劳动向另一种劳动的转换中采用工资相对关系,则可以避免由于假定劳动的异质性和转换系数的相关任意性而产生的不良结果。(例如,如果熟练工人的工资是非熟练工人的4倍,那么前者的1小时就相当于后者的4小时。)

这种解决方法(马克思本人所青睐的方法)受到批评,理由是它使价值大小取决于价格相对关系和价格波动,因为生产某种商品所必需的转换劳动时间的小时数将随着相对工资的每次变动而改变。相对工资的差异也可能反映出特定个人特有的某些天赋或能力的自然匮乏。在任何一种情况下,生产中的劳动支出都不再是价值的唯一决定因素;作为一个平等的对象,交易似乎拥有自己的权利。

对于某些人来说,与异质劳动相关的困难是如此严重,以至于不得不考虑放弃劳动价值理论作为马克思主义经济学的基础。到目前为止,如果仅根据不可能建立一个具有完全通用的转换系数的令人满意的异质劳动数学模型为理由来决定这一问题,那么拒绝劳动价值理论确实是不可避免的。

另一方面,如果一个人准备接受相对工资作为换算系数,就像作者更倾向于的那样,那么应该正视使用它们的两种反对意见。

关于反映短期工资波动的价值的内在不稳定性,可以提供的回答是,劳动

---

[1] Michio Morishima and George Catephores, *Value, Exploitation and Growth* (London, 1978), pp. 45ff.

[2] 值得但最终失败的尝试参见 Samuel Bowles and Herbert Gintis, "The Marxian Theory of Value and Heterogeneous Labour: A Critique and Reformulation", *Cambridge Journal of Economics*, 1977, 1, pp. 173—192;还有森岛通夫在同一杂志1978年第2期上的回答,以及乔治·凯特弗里斯在1979年第1期上《异质劳动与劳动价值理论》(On Heterogeneous Labour and the Labour Theory of Value)中的回答。

价值理论以建立长期均衡状况为前提。因此,工资波动无关紧要。相反,从长远来看,工资差异可以根据生产(即培训)各种劳动力的成本差异来解释。如果假设这些费用在长期内是相对稳定的,那么工资差异(现在表现为各种劳动力价值的差异)就可以为一种劳动转换为另一种劳动提供稳定的基础。

或者,可以不作解释地假设相对工资率的稳定性,这一程序不太令人满意,但也不是前所未有的。[①]

显然,上述任何一项都不能消除在确定工资相对关系时的自然稀缺性因素。即使从长远来看,供给和需求也将不可避免地发挥作用。这是影响劳动价值理论各方面的普遍困难。第三章已经对其进行了讨论,并对它的意义进行了界定。除此之外,交换在价值单位的确定上的侵入并不像乍一看那样不符合马克思主义。马克思强调,劳动价值理论中定量衡量的基础,即抽象劳动的概念(见第三章)依赖于交换经济的运行。在商品中体现的各种具体劳动通过交换实现平等的原则的基础上,各种异质劳动也可以通过市场实现同质化。

只要市场普遍具有合理程度的稳定,就可以发展劳动价值核算体系,以显示自由市场交换和劳动剥削的一致性。

---

① J. M. 凯恩斯在《通论》(*General Theory*)(London,1961)第 41—44 页对他的工资单位做了类似的假设。

第五章

货币与增长

挣钱的心理学

马克思主义经济学把经济生活中的心理学方面作为经济生活中一个不相关的要素而忽视时常引发争论，他们认为不论人们的感受如何，都会屈服于经济的必然性。这种观点显然失之偏颇。在生产关系系统中，个体之间的联系是一个复杂的过程，而心理学在其中扮演着重要的角色。马克思主义拒绝将所有对社会事件的解释全部或主要地归结于心理事实。① 另一方面，它没有将人类心理学的重要性作为联合（或破坏）生产方式的力量链中的连接。

从简单商品生产向资本主义的过渡是心理学变化在某一类决策者的动机中获得基本重要性的一个领域。更基本的物质和所有权变化与心理学变化密切相关。简单商品生产者的动机并不比对商品和服务的普通需求更复杂，在劳动分工的情况下，他无法自己进行生产活动。他试图在市场上以他自己的劳动产品的使用价值去置换其他商品。这种经济活动的目的（总结为公式 C—M—C，或者商品—货币—商品）就是使用价值。当然，要想获得他人商品的使用权，

---

① 回想一下 1859 年序言中的一句话："不是人的意识决定了他的存在——而是他的社会存在决定了他的意识。"这方面的马克思主义已经赢得了高度赞扬，甚至是坚定的对手，如波普尔，他宣称自己是该观点的信徒；参见他的 *The Open Society and its Enemies*, Vol. II (London, 1957), pp. 89ff。

生产者首先需要卖出自己的商品。因此,可以认为,就经济而言,他的目标是交换价值,而享受使用价值是他的私人目的。正式情况下是这样的,但只要占主导地位的生产者是以最直接的方式获取使用价值,对货币的需求实质上就不是一种对资产的需求。

经济往来是以合并交换为典型的形式,而商品流通(定义为购买和销售行为的循环链)本身则是开始于使生产者理解独立的货币需求的优点。货币作为媒介摆脱了交换行为在时间和空间上的限制。销售行为(C—M)和购买行为(M—C)相分离。因此,生产者没有义务在卖出商品的同时买入商品,他可以将钱存起来去其他市场或者在其他时间去进行购买。在此期间,他持有挣来的货币,也可以说获得了独立的货币需求。更重要的是,购买和销售的行为分离可能导致第二步(购买)先于第一步(销售)发生的情况,即个体利用信用先买后卖。在这种情况下,他们将来的行为活动就不是直接地获取使用价值——因为他们早已获得并且已经消费了——但是交换价值将他们置于偿还债务的境地。因此,拥有一笔不用于特定采购的资金是最好的安全措施,可以防止因为一些未来的交易失败而使人陷入破产的情况。以这个目的去积累一笔资金是出于自身利益考虑的货币需求的附加原因。

在所有这些方式下,货币流通促使货币从一个媒介发展成为经济活动的最终目的。因此,交易性动机和持有货币作为资产的预防性动机在前面的讨论中就更容易理解了。但确认货币作为生产者最高目标的原因更为深入。对货币的拥有权使个体在社会中处于有利地位。他自己的生产性贡献以他为其货物支付货币的形式获得社会的认可,而他现在则可以任何最适合他的方式指挥其他生产者的劳动。对他而言,拥有钱意味着自由的时刻,为自由选择提供了一个可以接受的可能性,如果他愿意,可以永远这样下去。资金的这种可以将其占有者置于如此地位的能力,为独立需求提供了坚实的心理基础。

所涉及的心理学的特征对于总体生产方式的演变具有非常深远的影响。从资金占有者的角度看,货币拥有存在数量和质量两个方面。在质量上,它可以选择几乎无数种可能的替代品,因为货币可以转换成在储备丰富的市场中可用的大量商品中的任何一种。即便是那些只存在于买家想象中的非现成货物,如果有人愿意为其付款,也可以做成订单。

无限选择的定性开放性在货币的量化方面有其局限性。为了让拥有金钱的人能够在市场上获得各种可能性,他手头必须有足够的钱能够支付现存最贵商品的价格。大部分人从来没有接触过这么大的数目。另外，一笔钱在性质上与生俱来的对商品的影响力只有在这笔钱没有花费的情况下才会持续下去。一旦资金被用来购买商品之后，随着消费者从一个无限的选择范围向只能享受一种商品而被限制，个人的短暂的自由时刻就消失了。这就有了第二次、第三次、第四次等无限开放的选择的需求。

只有拥有实质上无限数量的资金时，货币数量和质量的矛盾才能解决。只有这个量级才能使对资金的渴望达到满足的程度。至于对其他商品的满足感，通常基于这样的观察：对任何一种商品，消费者享受的能力是有限的，例如，一个人在一周内的餐食中只能摄入一定量的牛肉，某个时间只能坐一张椅子、睡一张床等。只有稀缺性才会导致大部分人的消费低于满足水平，而不是任何欲望的内在心理无边界性。另一方面，对货币的需求不能得到统一的规定。它不是针对任何具体的事物，因为通过金钱，个人实际上是瞄准现在和未来整体的货物和服务的。同理，这确定了个人幸福感的满足的可能性，会得出持续不断扩张的整体需求不能满足的结论。另外，在一个阶级分裂的社会的对抗性条件下，是否能对拥有金钱所带来的自由和社会控制需求施加任何有限的限制，也是值得怀疑的。

拥有无限量级的货币显然是不可能的，每个个体都受到预算限制。唯一能脱离这个困境的解决方法是在原始的资金池中，源源不断的流入比不可避免的流出要多。这个高不可攀的拥有无限量级资金的目标就转化为对无限资金流的需求、对赚取资金的无限渴望。有限和无限序列（无限时间）成为替代或满足对无限库存（永恒无限）的欲望的形式。马克思对积累的相关批注如下：

> 贮藏货币的欲望按其本性是没有止境的。货币在质的方面，或按其形式来说，是无限的，也就是说，是物质财富的一般代表，因为它能直接转化成任何商品。但是在量的方面，每一个现实的货币额又是有限的，因而只是作用有限的购买手段。货币的这种量的有限性和质的无限性之间的矛盾，迫使货币贮藏者不断地从事息息法斯式的积累劳动。他们同世界征服者一样，这种征服者把征服每一个新的国家只看作是取得了新的国界。[①]

---

① 《马克思恩格斯全集》第 44 卷，人民出版社 2001 年版，第 156—157 页。

从积累到产业资本主义

在积累的过程中,对无限购买力的积累是以一个原始的、无效的形式出现的。另一方面,商品循环必然伴随着对有限维度的积累。它通过弥补付款和收款(货币的交易需求)之间的缺口,平滑了货物流动的峰值。这种缺口的存在暗示了在流通过程中,存在着各种短暂的停滞、各种购买和销售行为顺序的领先和滞后。在各种领先和滞后期间,货币在一些人的手中闲置,因此,第一次积累就几乎自动形成了。个人并不难推断出,如果不允许货币回到它最初的流通渠道,那么囤货都可以形成和增加,如果在售出(C—M)后避免购买(M—C)的话。因此,一些商品生产者为了积累资本尽可能地接受去限制消费。他们为了交换价值形式而放弃使用价值;换句话说,他们成了守财奴。

成为守财奴意味着接受剥夺,长远来说,可能会造成自己的气馁。守财奴会强迫自己避免社交活动,切断社交关系网络,甚至可能因为这样做而失去了很多创造利润的机会。

而商人则展示了积累货币财富的更好的方式:低买高卖,私吞差价。他们的活动是 $M—C—M'$ 的形式,而 $M'—M>0$ 时,利润由此产生,并划拨出来作为积累的形式。更好的是,这笔钱也可以拿来扩大商业规模,为了赚取更多的利润(对无限数量的货币需求转化为对不断扩大的流动资金的需求)。

然而,用普通的贸易方式赚取货币有两个缺点:一个是理论性和历史性的,另一个主要是历史性的。首先,它预设了不平等交换的机会,即使最初的资本家商人能够从贸易中积累大量的财富,这样的机会既不广泛也不持久。其次,从历史上看,进行贸易的范围是被限制的,因为事实上,它干预了社会经济的形式,商品不是主要被用来进行商业,而是剩余部分用于商业。在早期贸易时代,货物不同于商品,它不是为了销售而生产的,而是为了直接使用。当它们被用于交换时,才成为商品。而商业操作的规模,或者说利润的规模,则是被这些剩余部分限制的。贸易不能渗透到以数量统治的自给自足的部门,尤其是在农村。通过强迫劳动者分工,破坏自给自足的局面,工业(和农业)资本主义设法侵入传统生产部门,最终,将产生利润的贸易行为扩大到整个经济生活中。只有当所有的生产方式都转变为商品生产时,才能使掌握经济生活从而赚取利润的目标有了充分的基础。在第四章中,这种赚钱的来源可以追溯到对劳动力的剥削。这里还要提到的是,通过生产过程提取剩余价值可以解决守财奴和贸易商面临的困境。关于第一点,产业资本表明了资本是如何从积累到进入流通循环中,这不仅不会消失,反而有所增长。关于第二点,在不破坏赚钱的基础上,贸易如何能够持续达到平等交易的程度。马克思给出了其中一个资本主义思维的醒目特征和操作方式:

简单商品流通——为买而卖——是达到流通以外的最终目的,占有使用价值,满足需要的手段。相反,作为资本的货币的流通本身就是目的,因为只是在这个不断更新的运动中才有价值的增殖。因此,资本的运动是没有限度的。

作为这一运动的有意识的承担者,货币占有者变成了资本家。他这个人,或不如说他的钱袋,是货币的出发点和复归点。这种流通的客观内容——价值增殖——是他的主观目的;只有在越来越多地占有抽象财富成为他的活动的惟一动机时,他才作为资本家或作为人格化的、有意志和意识的资本执行职能。因此,决不能把使用价值看作资本家的直接目的。他的目的也不是取得一次利润,而只是谋取利润的无休止的运动。这种绝对的致富欲,这种价值追逐狂,是资本家和货币贮藏者所共有的,不过货币贮藏者是发狂的资本家,资本家是理智的货币贮藏者。货币贮藏者通过竭力把货币从流通中拯救出来所谋求的无休止的价值增殖,为更加精明的资本家通过不断地把货币重新投入流通而实现了。①

对生产过程的影响

资本主义为获取交换机制瞄准生产的每一个领域,通过这样做,将传统的、增长停滞或缓慢增长的社会历史进程迅速持续地推进为快速增长的经济体。②在逻辑上,这种分离符合不同的主导目标,为两类经济体系的经济活动提供了动力。在前资本主义经济中,统治阶级由于需要满足使用价值,因此在一定程度上缺乏推动生产力无限扩展的动力。当然,这不仅仅是交换价值的问题。正如资本主义一样,由生产关系决定的交换价值的重点产生了贪婪心理、贪财心理和资产阶级的生产力精神的心理一样,前资本主义社会中使用价值的主导地

---

① 《马克思恩格斯全集》第44卷,人民出版社2001年版,第178—179页。
② 这里暗示的区别与罗斯托(W. W. Rostow)在《经济增长的阶段》(*The Stages of Economic Growth*)(Cambridge,1971)第二章中所做的相同。

位也被贵族对物质关怀的蔑视态度所强化——期望以牺牲实际生产者的利益为代价来满足自己。经济发展缓慢允许生产关系和依靠它们的整个社会结构,以一种特定的形式固定下来,并且(对每一个统治阶级的保守本能做出回应)不受任何压力地进行复制。社会再生产的相对宽松的特征,使得统治阶级有时将其生存方式培养到卓越甚至完美。这就是为什么在前资本主义经济体中,我们观察到在生产力水平很低的同时,在艺术、文学(古希腊)和法律、行政(罗马)等方面取得了非常高的成就。尽管这种社会发展高度完善,但缺乏经济增长活力的社会发展仍然是片面的、死气沉沉的和受限制的。

交换价值成为资本主义生产的中心目标,上述特点是与赚钱心理有关的,贯穿于整个社会生产力和整体社会工作。作为库存的无限货币需求被转化为对无限制的生产需求。就其本身而言,当然是不可操作的,就像对无限货币的需求一样,库存被转化为对无限货币囤积的要求。然而,当后者转变成无限扩张的有限金额流动的需求时,它在不断扩大的再生产过程中找到了一个简单的对应物。库存资金与流动方式的这种对应关系是马克思主义经济学的表征,即确定为资本积累(原始的积累)与扩大再生产(流动概念)。这个概念值得进一步深入探究。

资本主义生产过程已在第四章中表述为:

$$M-C{<}^{MP}_{LP} \cdots P \cdots C'-M'$$

显然,资本家的努力并不以"在一笔交易中"获得利润而结束(见上文);它必须不断地重复。同样的图示,在它的各个组成部分加上时间的下标,足以描述简单的(即非扩展的)再生产过程。最后,稍加修改,还可以描述扩大再生产的过程。只需将 M' 分解为 M 和 $m(=\Delta M)$(原始货币资本和剩余价值)。

假设资本家的消费相对于总产出小到足以被忽略(假设等于零),那么货币资本的循环将采取以下形式:

第一阶段 $\quad M-C{<}^{MP}_{LP} \cdots P \cdots C'{<}^{C}_{c} \cdots M'{<}^{M}_{m}$

第二阶段 $\quad \begin{cases} M-C{<}^{MP}_{LP} \cdots P \cdots C'{<}^{C}_{c} \cdots M' \\ m-c{<}^{mp}_{lp} \cdots p \cdots c' \cdots m' \end{cases}$

其中,大写字母代表原始资本的流转,小写字母代表剩余价值的流转。在第二阶段,总原始资本等于 $M+m$,总劳动力等于 $LP+lp$,总生产资料等于 $MP+$

mp,增加的资本存量在整个循环过程中不断积累。但它们的积累只是由于它们是一个运动整体的一部分,是在扩大繁殖的过程中。因此,资本存量的积累依赖于生产过程规模的周期性增长,反之亦然。对交换价值不可抑制的渴望推动资本家不断增加资本积累,从而启动了不断扩大的再生产过程。由此可以解释,交换价值通过取代使用价值作为生产目标而赋予资本主义经济增长非凡动力。然而,增长的前提是剩余价值的持续资本化,并最终取决于劳动力剥削的扩大。在资本主义条件下,对交换价值的欲望转化为对剩余价值的追求。

除了提供一种动态的动机外,交换价值的优势还以各种其他方式提高了资本主义的生产效率。首先,它提供了一个均匀和一致的成本审查系统,生产过程中的每一个步骤都可以受到审查,其成本可以与选择直接从市场采购相关物品(而不是从商店或工厂获得)进行比较。因此,历史成本不断被修订,并趋向于降低到替代成本的水平。鉴于资本主义生产倾向于随着时间的推移而降低成本,这种倾向给生产者施加了持续不断的压力,要求他们在尽可能短的时间内加快其生产活动,因为他们担心在完全收回原始预付款之前就会被抓住。其次,在每一个循环的末尾,原先花费的钱重新出现,使生产者能够通过购买不同比例的劳动力和生产资料,或者通过购买完全不同种类的劳动力和设备,来改变生产的技术结构。这样,生产过程中对新技术的吸收就大大提高了。资金再投资的灵活性可能会使资金从一个行业流向另一个行业,甚至启动一个全新的企业。技术可能性的概况,以及所有可能的产品的范围,可以不断地探索新的利润机会。

在资本主义制度下,这种狂热的生产活动给社会关系造成了一种与前资本主义社会完全不同的秩序。无论是在商品和服务的生产上,还是在生活的更高方面的培养上,商业化都成为完美的敌人。另一方面,通过不断地扩张、不断探索新的生产途径,资本主义为个人的自由发展奠定了基础,不受传统和外部强迫的束缚。然而,在资本积累的初期,生产基础的扩大和丰富是以牺牲越来越受资本主义剥削影响的工人队伍为代价的,而在新生产方式下所获得的物质利益的分享却微乎其微。前面曾说过,提取剩余价值的前提是提供劳动和劳动者的"等待"或"放弃"。因此,资本主义生产方式代表了一种手段,在这种手段下,守财奴的自我剥夺被强加给了不情愿的工人阶级。资本主义生产过程的活力是以大多数人的愚昧和受抑制的生活方式为代价的。

对剩余价值的追求激发了巨大的生产潜力,并在一段时期内得以维持,但这种潜力却存在着内在的矛盾。它为个人的多维发展提供了条件,但与此同时,由于剥削,它剥夺了绝大多数人实现这种发展的可能性。通过扩大再生产的资本积累引起了更高的生产力水平,而生产力水平往往会降低人类经济问题的紧迫性,甚至达到消失的程度,剥削就失去了它的历史合理性。因此,资本主义可以被看作一个从生产方式只允许有限的个人活动的社会,过渡到自由的个人发展的社会的时代。在这个社会中,使用价值再次成为生产目的,但不是像原始社会或古典社会那样,以固定的、冻结的、预先包装好的生活方式的形式,而是被赋予了充分的多样性,因为在资本主义的历史性突破中实现了巨大的生产潜力。马克思对这方面资本主义的作用总结如下:

> 资本家只有作为人格化的资本,他才有历史的价值……但既然这样,他的动机,也就不是使用价值和享受,而是交换价值和交换价值的增殖了。作为价值增殖的狂热追求者,他肆无忌惮地迫使人类去为生产而生产,从而去发展社会生产力,去创造生产的物质条件;而只有这样的条件,才能为一个更高级的、以每一个个人的全面而自由的发展为基本原则的社会形式建立现实基础。①

凯恩斯主义并行

在赚钱的驱使下,社会从原始的匮乏走向富裕,穿越一片剥削剥夺的沙漠,这一宏伟的愿景是明确而核心的,但并非马克思所独有。凯恩斯在一些文章中也表达了类似的观点,但他的观点在《通论》(General Theory)中得到了清晰的回响。

从可满足的需求和不可满足的需求开始,凯恩斯明确采用了绝对需求和相对需求之间的区别。② 绝对需求是指人们在任何处境下都能感受到的需求;相对需求是指那些满足了优越于同伴的欲望的需求。凯恩斯只承认第二种需求是无法满足的,"因为一般层次越高,需求就越高",而他认为满足是第一种需求的特征。这并不是使用价值和交换价值的区别;然而,它很容易让人联想到这一点,尤其是在市场经济中,没有什么比金钱更能让人凌驾于他人之上。

凯恩斯本人并没有在相对需求和对金钱的渴望之间建立明确的联系。然

---

① 《马克思恩格斯全集》第 44 卷,人民出版社 2001 年版,第 683 页。
② J. M. Keynes, "Economic Possibilities for our Grandchildren" in *Collected Works*, Vol. IX, *Essays in Persuasion* (London, 1972), p. 326.

而，在他的作品中却有许多间接的联系。他意识到，拥有金钱本身可以成为一种目的，导致一种不自然的情况，即贪婪和高利贷成为社会合法化的活动。在此基础上，以复利的方式追求个人财富（以货币价值表示）的增长被提升到最高的"美德"地位。经济活动本身成为一种目的，为生产而不是为消费重新投入生产（明显具有凯恩斯主义的特征）。

同样是对金钱的爱好，有的由此造成了占有欲，有的则以此作为享受与维持现实生活的手段，两者是大有区别的……是一种可憎的病态，是一种半属罪恶、半属病理的性格倾向，是人们要在怀着恐惧的心情下交托给精神病专家处理的。[①]

然而尽管如此，对金钱的热爱是复利积累的基本驱动力。这种积累是在解决人类经济问题的过程中进行的，从而为人类腾出空间来面对更深入、更持久的经济问题：

从迫切的经济顾虑中获得解放以后，怎样来利用他的自由……怎样来消磨他的有闲光阴，怎样使他贤明而又惬意地生活下去？[②]

资本主义的实践最终产生了超越资本主义的结果：

那些不屈不挠、用全副精神求财求利的人，也许会带领我们大家走向经济富裕的境地……但是要注意！所有这一些，实现的时间现在还没有到……在这段时间里，我们还得把贪得无厌、重利盘剥和小心防备这几点奉为神明。因为只有这几位神明，才能把我们从经济需求的漫漫长夜中，引向昭昭的白日。[③]

大规模生产

马克思主义者坚持认为，资本主义所有制对于生产资料的重要性，是为了把无产阶级保持在一个雇佣的生产要素的从属地位，但有时有人反对说，所有制问题无关紧要。在生产中，资本需要劳动力，正如劳动力需要资本一样。可以制定制度，让劳动者雇佣资本，而不改变所有权结构，也不影响资源的分配、产出水平甚至收入的分配。

毫无疑问，在历史真空中运作的逻辑可以持续地产生一些这样的计划。这

[①] 约翰·梅纳德·凯恩斯：《劝说集》，蔡受百译，商务印书馆2016年版，第304页。
[②] 同上，第303页。
[③] 同上，第307页。

种逻辑在经济系统的分析中不是很有用。从历史背景之外的角度来看,生产资料的拥有者的确可以通过雇工的方法,免去组织劳动和直接剥削劳动的辛苦和麻烦。他们可以邀请直接生产者成为生产资料的租户,并将生产过程的组织委托给他们。业主们可以坐下来放松一下,靠工人阶级支付给他们的租金生活。他们是否能够以这种方式长期维持其剥削地位是值得怀疑的。一段时间后,那些不在当地的地主发现他们很难保住自己的财产,更不用说他们的收入了。即使他们可以,生产活动的类型或产出水平将会与资本主义下的生产几乎没有关系。从历史的角度来看,在资本主义早期,16世纪和17世纪,生产者所能获得的唯一技术,是小规模的手工生产,或者小规模、低生产力的农民耕种。在这种情况下,允许直接生产者从其所有者那里租用生产资料,最多只会使小商品生产普遍化,创造出一种小资产阶级资本主义,在生产者背后安上了一种按分税制分配的贵族制度。它永远不会导致任何与资本主义在历史上的实际发展有一点相似的东西。

这样一个体系,如果能够维持下去,将与扩张的逻辑和赚钱的心理背道而驰。小商品生产者不是交换价值的累加者,他们是面向使用价值的。在他们的管理下,交换价值的流动不可能扩大很多。另一方面,资本家不仅是生产资料的独家所有者,他们也是赚钱的人。为了达到不断扩大(资本)交换价值再生产的目的,他们必须不断扩大生产活动的规模。在资本主义生产方式的早期阶段,机械化还没有被发现,扩大企业规模的唯一方法就是扩大工人队伍。这不能用强迫劳动的方法来实现,在资本主义以前的生产方式中,强迫劳动为少数几个集体劳动中心(公共工程、船舶)提供了劳动力。出于逻辑上和历史上的充分理由,资本主义通常以所有公民的个人占领自由为前提。在这些规则下,在一个命令下组建工人队伍的唯一方法是由一个老板雇佣所有工人(以购买他们的劳动力)。因此,劳动力的买卖不仅是一种市场开发技术;它也是劳动集中的机制,在资本主义劳动自由的条件下运作。这就是为什么劳动力和资本之间的雇佣关系不能自由逆转。如果要实现资本主义,资本必须雇佣劳动力,而不是反过来。

最后一个问题可能会问:为什么不是生产资料的所有者可以雇佣员工个人,满足他们欲望,积累收入再投资到更多的生产资料,进而雇佣更多的工人?这个问题的答案必然是,用这种方法获得的资本增长率将不可避免地低于资本主义对劳动的直接指挥。在后一种情况下,积累取决于两个因素:剩余价值的再投资,以及资本主义对劳动过程的重组所产生的生产率的提高。另一方面,在前一种情况下,这两种经济增长来源中只有一种仍然有效:剩余价值的再投资。在其他条件不变的情况下,所产生的增长率只能按比例降低。

资本主义在欧洲兴起的关键时期(16 世纪到 18 世纪),历史条件使得资本主义关系逻辑和赚钱心理所固有的一切潜能都被激活了。随着东方航线重新开放,国际贸易开始复苏[瓦斯科·达·伽马(Vasco da Gama),1498],新大陆的发现及随后的殖民化,欧洲对商品和服务的需求因 1550—1660 年间美洲矿场的金银流入而突然激增,这些都给中世纪晚期欧洲社会的生产能力带来了一种传统方法无法满足的压力。手工方法无法满足爆炸式的需求。为了应付这一挑战,劳动生产率必须突飞猛进地提高。资本主义通过用大规模的制造业生产取代了小规模的手工生产方式来应对挑战。在几个世纪以来的重大地理发现中,突如其来的交易热潮给赚钱过程中固有的中心化倾向带来了额外的、可能是决定性的外部刺激因素。其结果就是现代资本主义。[1]

个人劳动和集体劳动

为了证明资本主义对劳动力的集中能够提高生产率的说法是正确的,本书的出发点是对合作的研究。一群工人在统一的指挥下协同工作,无论他们的努力程度有多高,都能在身体上取得个体无法企及的成果。10 个人在一起拉,可以很容易地移动一个重物,而同样数量的孤立的个体连续拉 10 次,却丝毫也挪动不了。就蛮力而言,群体无疑要优于个体。

蛮力只是生产的先决条件之一,另一个条件是技能。前资本主义时代的手工生产几乎完全基于技术。服从同一个命令,最终在一个屋檐下,一群或多或少技能相当的工匠聚集在一起,并不能提高他们中任何一个人的技能,从而提高他们的生产力。尽管如此,一些生产力的提高可能是由于监督的可能性。一个在国内工作的手艺人(假设他按订单工作,材料提供给他)可能会松懈或者浪费和贪污材料与工具。在资本主义生产车间的纪律下,这种浪费是不能容忍的。但是基本的生产力、工人的技能,并没有因此得到提高。

随着劳动分工的引入,这一领域的第一个重大突破得以实现。这种分工不

---

[1] Maurice Dobb, *Studies in the Development of Capitalism* (London, 1963), chapter three, particularly pp. 120ff.

再是第二章中广泛讨论的作为商品生产和交换的基础(社会劳动分工)的现象。在那里,每个生产者都生产出一种成品,这种成品不一定是技术上的,而是经济上的,即可以销售。该产品是一种完整的商品,属于它的制造者,其他商品生产者将购买该产品。

资本主义引入的劳动分工(车间劳动分工)的不同之处在于,每个工人不再生产完整的商品,而仅仅生产成品的一部分——通常是非常小的一部分。用这种方法所取得的生产率的显著提高被描述得如此频繁,以至于这里的重复是多余的。就目前的论点而言,需要提出的论点是建立群体优于个人的优势,不仅在力量方面,而且在灵巧方面也是如此。在人均生产率方面,无论技术多么高超的工匠都不可能超越一群工人,他们按照协调良好的劳动分工方案执行部分操作。(当然,就成品的艺术完美程度而言,个人技能可能继续占据主导地位。)

马克思以车间内的劳动分工为标准,确定了资本主义生产方式发展的整个时代,即制造时代(从 16 世纪中叶到 18 世纪后半期)。与那个时代之后(工业革命时期)生产方法的巨大变化相比,制造业仍是资本主义的一个相当不发达的阶段。即便如此,该体系的一个至关重要的特征已经形成。产品不再是任何单个工人努力的结果。它是一个团队的产物。生产方式已经社会化。组织的生产力已经永远取代了个人的生产力。

科学和机械化

生产力发展的下一个重大步骤是机械化。它在工业革命时期(大约 1750—1850 年)的英国首次大规模出现。此后,它与资本主义紧密地联系在一起,以至于在人们的头脑中,资本主义生产方式的其余几个同样重要的特征几乎完全被忽视了。然而,就本书提出的论点而言,它从资本主义生产关系中推导出来的问题,要比从制造业的劳动分工中推导出来的问题大得多。对于后者而言,大规模就业、扩张所需资本的内在需求,以及按照效率原则组建劳动团队之间的联系是显而易见的。资本主义在两方面发挥作用:一是在需求方面,用现有技术解决扩大产出的问题;二是在供给方面,通过自然源自其经济结构逻辑的方法(劳动力集中)提高生产率。

在机械化的情况下,对资本扩张的需求仍在需求方面发挥作用。但在供应方面,情况则要复杂得多。在此之前,在生产中使用机器并没有明显的资本主义。因此，历史学家对古典时期、拜占庭时期，或者 16 世纪的中国社会中没有出现某种机械化感到困惑，那里的科学技术知识并不缺乏，足以开始机器的发明。因此，被认为是在英国发生工业革命的原因的各种各样的影响，只有其中的一些直接源自特有的资本主义的经济结构，虽然还有一些（思想和言论自由，实际的思想）是常见的资本主义和其他社会形态特征。（罗马人以他们的实践精神闻名，而思想和言论自由自然地作为自由公民的特权，在古雅典和希腊的爱奥尼亚地区普遍存在。）

显然，人们仍可能试图通过论证资本主义生产关系是导致这一现象的间接原因，来为资本主义对机械化的必要性和充分性辩护；他们借助各种文化和社会中介，而这些中介的兴起，反过来是由资本主义在社会结构基础上的变化引起的。然而，这将倾向于把因果关系的观点曲解到几乎是重复的地步。似乎比本书作者更可取的攻击路线是跟随马克思区分资本主义的两个技术时代：制造业时代（16 世纪到 18 世纪后期），其特征是运用劳动分工的多人机构的兴起（制造业）；以及始于英国工业革命的以机械化为特征的现代化工业时代。资本主义生产关系对技术发展的意义在这两个时代是不同的。在第一个问题中，有一点是值得商榷的，即上文解释的劳动力买卖制度及其中央集权主义倾向，加上劳动力被当作商品对待这一事实，有助于为出现的技术铺平道路。资本主义的生产关系明显主导着生产力。

在第二个时代，这种或多或少明确的生产关系的优先地位消退了。更多的社会基本力量，关系到人类思维的发展，关系到人与自然的对立，在某种程度上实现了突破，获得了自身的动力。最初，这些新力量被成功地运用到资本主义制度中，并将资本主义生产带到了众所周知的前所未有的高度。然而，它们也保持着自己独立的动力，这使它们有能力超越资本主义的限制，最终对最初设想的整个生产方式构成挑战。

暂且不提机械化生产超越资本主义的潜力，机械化首先可以被认为加强了在制造业时代经济中已经很明显的资本主义特征。这些进展的主要领域如下：

(1) 公司的规模扩大了。典型企业雇用的工人数量从几十人增加到数百人，大企业增加到数千人。这种规模的劳动力集中一直持续到今天，真正的大公司以 10 万计算他们的劳动力。相应地，产出和剩余价值的绝对值都增加了（尽管在剩余价值的情况下，可能与劳动力不成比例）。

(2) 机械装置为资本主义所有制提供了令人印象深刻和有效的物质形式。

现在,生产资料所有权的排除实际上可以通过工厂停工来强制执行。这只能强化资本对劳动力的权威。

(3)机械化打破了生产技术的最后一关。由于将一个完整的物体制作成一系列简单的重复性操作过程的碎片化,因此技术分工已经开始了。即便如此,有些工作仍然需要特别熟练的操作人员的特别注意,因为这一点,他们发现自己在雇主面前处于某种优势地位。

机械生产用机械工具的效率代替了手工技能。工人不再生产任何东西,无论是作为一个整体还是作为一个物体的一部分。他被降格为机器的看守人。当然,即使在机器思维领域,也可能存在必要条件的层次结构。没有理由认为汽车司机或者是飞机驾驶员的技术会比马车夫差。但是总的来说,机械化不可避免地降低了劳动者对生产的自觉参与程度。机械可以用来完成工业自然力量的任务,对机械的引进和监督不能仅靠在工作中获得的实际经验。科学必须负责生产;事实上,科学已经成为主要的,也许越来越成为主要的生产力量。但是,由于社会阶级的原因,典型的普通工人无法接触到科学。它掌握在社会精英手中,这个精英不一定是资产阶级不可分割的一部分,但往往同资产阶级有着密切而自觉的联盟关系。机械化巩固了资本主义对生产工具和生产知识的控制。在工人眼中,生产率和技术进步现在不再是劳动的属性,而是资本的属性。

因此,资本主义技术通过劳动分工和机械化的发展,可以被描述为手工劳动和智力劳动逐步分离的过程。当后者变得越来越重要时,前者就变得越来越微不足道。这一过程的顶点是工人失去了对自己四肢运动的控制。这有两种形式:要么工人被迫使他的工作节奏与机器的速度相适应(如在传送带工作中);要么让他作为时间和动作研究的对象,之后训练他执行一个特定的动作序列,使每个单位的工作时间最小化,即使不涉及机器(如铲土、装卸重物、挖掘等)。在时间和动作研究中,效率的提高可能会被误认为是技能的提高,但事实并非如此。工人没有获得任何有意识的能力;他被训练成一个机器人。这种技能仍然属于工业工程师,他们分析任务,并制定出执行任务的最有效方式。

(4)最初采用机械化是为了应付日益增长的需求,而基于劳动分工的生产已不能再应付这种需求。在那个阶段,它在就业方面还没有与劳动对立。然而,由于资本主义制度本身所引发的波动,当需求不再足以持续充分利用已建立的全部生产力时,就达到了一个临界点。从那时起(马克思在 1825 年[①]提出),人们认识到机器通过替换一部分劳动力来降低成本的能力越来越受到重视。资本主义扩张不再是就业增长的同义词;即使工作的男性总数有所减少,这种情况也可能继续下去。通过打破产出扩张和劳动力就业之间的联系,通过使冗余成为一种永远存在的可能性,机械化提高了资本对劳动力的独立性。管理层在工作中实行纪律和抵制受雇工人的工资要求的能力也相应提高。

现代自动化必然导致机械化的趋势。在机械工业时代,人们不再被轻视,也不再有长期的不安全感,自动化是一种生产要素被彻底淘汰的开端(见本书第十章)。

(5)与之前的小规模生产相比,资本主义生产方式的生产率高得惊人,这是由于它能够释放社会(即团队相对于个人)劳动的力量。在制造业时代,这种说法的有效性是显而易见的。在劳动分工制度下,由从事各种专业任务的合作执行者组成的一个有机整体,显然是取代个体工人的社会实体。通过机械化,另一方面,工人附加到某个公司的数量急剧增加,在这个意义上生产变得更加社会化——但是新实体,使所有的差异不再是有机的一群人,而是一个机器的有机集合。此外,劳动力角色的琐碎化,似乎使得社会(人)生产要素实际上在纯机械生产要素面前退步。机械化在生产过程的社会化道路上又向前迈出了一步,这一点还能坚持下去吗?

如果把机器对劳动的生产贡献的反社会化作用单独考虑(见第十章),答案是肯定的。它建立在这样一种观察之上:通过机械化,长期以来几乎只停留在理论性的科学思维,成为一种直接的生产力。这是社会的一个重要的部分,具备更高级思想的专家,从被切断的物质生产直接参与其中。这无疑是朝着社会化方向迈出的重要一步,但就其本身而言,它可能并不完全令人信服。可以这样说,一个新的社会群体(科学家和技术人员)被征召到生产大军中,而一个数量多得多的群体(体力劳动者)的角色被淡化,这不仅仅是一种补偿。要正确评价机械化的社会特性,就必须把机械化的过程看作一个整体。

机械化工业的基本生产单位是工厂。与制造业时期的车间相比,工厂显然更像一个社会组织。它不仅汇集了科学和体力劳动,还为这项任务动用了一大批管理人员的能力和才能,通过发展专门的采购、营销和财务部门,与经济的其

[①] Karl Marx, letter to Paul Annenkov, 28 December 1846 in Karl Marx and Frederick Engels, *Collected Works* (London, 1982), p. 99.

他部门联系起来。甚至国家的监管机构和规划机构也在其中发挥了作用。虽然制造车间作为一个经济体中独立的专业机构运作,但可以毫不夸张地说,工厂是整个经济的一个缩影。工厂是整个社会参与一体化生产过程的开端。

资本主义通过释放生产中直接社会合作的潜力,实现了生产力前所未有的发展。这种发展部分是资本主义社会关系(劳动分工、生产财富积累)影响的直接结果,部分是资本主义在一定时期内提供有利环境(科学和机械发明)的其他力量的结果。

这种不断增长的工业可能与支配劳动力的资本能力的不断增长相伴而生。因此,剥削的潜力也在不断增加(只要有组织的劳动力不参与进来)。鉴于剥削是产品占有方式带来的一种特殊影响(尽管劳动具有社会性质,但产品仍会转移到一个私人所有者阶级手中),任何反对剥削的行动最终都必须以整个社会的名义挑战资本主义所有制。因此,资本主义条件下生产力巨大发展的最终结果是人们对社会主义的需要和要求。

第二部分

生产力的束缚

第六章

资本主义与危机

现在是考虑资本主义生产关系如何从生产力的发展形式转变成生产力的束缚的时候了。为此,我们将首先考察束缚的概念,然后解释产生这种束缚的机制。为了了解这些思想的最初发展,我们将简要地考察马克思、恩格斯和列宁的著作,同时也要考察马克思主义著作后来对最初贡献者著作的重视程度的变化。在这一点上,回顾一下本书序言中所作的关于新旧马克思主义模式的区别是很有用的。在构成旧模型的资本主义运动规律中,周期性危机日益严重的规律和利润率下降趋势的规律具有明显的束缚含义。对它们在本章及后两章的讨论,为第九章考虑从旧模式向新模式过渡铺平了道路。与此同时,束缚自身的定义经历了一个从古典主义到新马克思主义的演变过程。

束缚的概念

当资本主义的生产关系开始束缚生产力的发展时,会发生什么?生产力的发展究竟是以什么方式受阻的?对马克思来说,早在1848年,在他还没有投入对政治经济学的详尽研究(1867年《资本论》诞生)之前,答案就已经很明显了。束缚在当代资本主义中开始运作,主要表现为经济危机现象。在《共产党宣言》

(1848)中,他写道:

> 现代的资产阶级社会,连同它的资产阶级的生产和交换关系,连同它的资产阶级的所有制关系……却象一个魔术士那样不能再对付他自己用符咒呼唤出来的魔鬼了……只要指出周期性的而且愈来愈凶猛地危及整个资产阶级社会生存的商业危机就够了。在商业危机期间,每次不仅有很大一部分制成的产品被毁灭掉,而且有很大一部分已经造成的生产力也被毁灭掉了。在危机期间,发作了一种在过去一切时代看来好象是荒唐现象的社会瘟疫,即生产过剩的瘟疫。社会转瞬间回复到突如其来的野蛮状态,仿佛是一次大饥荒、一场毁灭性的大战争,完全吞噬了社会的全部生活资料;仿佛是工商业全被毁灭了,——这是什么缘故呢?就因为社会文明过度,生活资料太多,工商业规模太大。社会所拥有的生产力已经不能再促进资产阶级的所有制关系的发展;相反,生产力已经增长到这种关系所不能容纳的地步,资产阶级的关系已经阻碍生产力的发展;而当生产力一开始突破这种障碍的时候,就使整个资产阶级社会陷入混乱状态,就使资产阶级的所有制的存在受到威胁……资产阶级是用什么办法来克服这种危机的呢?一方面是破坏大量生产力,另一方面是夺取新的市场,更加彻底地榨取旧的市场。这究竟是怎样的一种办法呢?这不过是资产阶级在准备更全面更猛烈的危机的一种办法,不过是使防止危机的手段愈来愈少的一种办法。①

马克思甚至为英国的"束缚"进程设定了一个确切的日期;那是1825年,古典经济学家第一次注意到资本主义经济的普遍危机。他的评论虽然简短,但对于理解他的观点至关重要:

> 可以说,在1825年——第一次普遍危机时期——以前,消费的需求一般说来比生产增长得快,机器的发展是市场需求的必然结果。从1825年起,机器的发明和运用只是雇主和工人之间斗争的结果。而这一点也适用于英国。②

马克思描述的要点可以归结为症状,也可以归结为束缚机制的要素。这些症状包括:

(1)资本积累过程的定期分解。不会出现永久性的停滞;资本主义增长的引擎没有停止运转,而是开始出现故障。

(2)周期性故障不仅仅是停工;它们涉及暂时的倒退,导致产出和积累的生

---

① 《马克思恩格斯全集》第4卷,人民出版社1958年版,第471—472页。
② 《马克思恩格斯全集》第47卷,人民出版社2004年版,第443页。

产设备部分被破坏。

（3）也许令人惊讶的是，劳动力的失业并没有被马克思列入束缚症状之中。他确实注意到了产出波动和就业之间的相关性，但他将失业主要归因于机械化，机械化是生产力进步的标志，而不是束缚的症状。此外，他还把失业的后备军作为资本主义制度下生产力发展的条件。如果把它视为生产力束缚的证据，那就不一致了。在后面的第十章中，我们将讨论失业是否以及以何种方式与束缚的更广泛背景下的资本破坏相结合。

在马克思所引用的文本中，除了给出症状外，还给出了解释束缚产生和维持的机制的主要基础。他认为，束缚是生产力追赶和超越市场增长的直接后果。在何种意义上，市场的增长被证明是不够的？根据他的其他一些理论[①]，答案肯定是：在价格让资本家获得预期利润率的情况下，需求不足以吸收全部产能的产出。（在这一点上，有必要回顾一下，资本主义生产的目标是交换价值，而不是满足需求。）由于利润只不过是另一种形式的由劳动力剥削而产生的剩余价值，因此，在危机时刻，基于剩余价值的提取和实现（基于资本主义生产和贸易）的整个体系作为增长引擎的作用就会崩溃。对交换价值的剥削性获取，从资本积累的源泉变成了进一步致富的障碍。

对于马克思来说，危机虽然具有毁灭性，但是反复出现的短暂事件。经济衰退之后是复苏，复苏将使资本主义经济达到更高的生产绩效水平。马克思认为，"征服新市场"对复苏机制至关重要。然而，通过扩大资本主义运动规律所支配的经济领域，并不能永久解决任何问题；它们只是为未来更大范围的危机奠定了基础。

经济危机并不是马克思所指出的唯一的束缚表现。在《资本论》第三卷中，他指出生产力发展与生产关系之间的冲突只在经济危机中"部分"出现。[②] 然而，他最常提到的束缚的具体例子来自贸易周期的事件。恩格斯是他一生的朋友和合作者，在他为《资本论》第一版撰写的序言中，他将这一概念的发展又向前推进了一步。在经济史学家所称的"大萧条"（1874—1895年）的写作背景下，在被描述为失业最严重的一年，恩格斯提出一个新观点，在某些凯恩斯主义者的工作开展了半个世纪之后，这个新观点被称为长期停滞的理论。下文是恩格斯表达其核心的方式：

[①] 例如参见 Karl Marx, *Capital*, Vol. Ⅲ (Moscow, 1971), p.482。
[②] Karl Marx, *Capital*, Vol. Ⅲ (Moscow, 1971), p.264。

迅速发展的外国工业,到处直接威胁着英国的生产,不仅在受关税保护的市场上,而且在中立市场上,甚至在英吉利海峡的此岸都是这样。生产力按几何级数增长,而市场最多也只是按算术级数扩大。1825年至1867年每十年反复一次的停滞、繁荣、生产过剩和危机的周期,看来确实已经结束,但这只是使我们陷入持续的和慢性的萧条的绝望泥潭。人们憧憬的繁荣时期将不再来临;每当我们似乎看到繁荣时期行将到来的种种预兆,这些预兆又消失了。而每一个冬天的来临都重新提出这一重大问题:"怎样对待失业者";虽然失业人数年复一年地增加,却没有人解答这个问题;失业者再也忍受不下去,而要起来掌握自己命运的时刻,几乎指日可待了。①

恩格斯的诊断与马克思基本没有区别;他只是淡化了挫折的周期性,并提出了衰退可能会持续很长一段时间的观点。他也比马克思更明确地将失业与生产力停滞联系起来。至于产生这些负面影响的机制,他重申了马克思的论点,令人惊讶地披着马尔萨斯的外衣:生产力以几何比例增长,市场以算术比例增长。

恩格斯的市场马尔萨斯主义,与他的停滞理论相结合,可以被视为通往列宁关于资本主义扩张空间枯竭的更不妥协的构想的桥梁。② 列宁的立场绝不是绝对的;他意识到,即便是在他的时代——20世纪初,资本主义仍有可能取得长足发展。与此同时,他的分析的一个重要部分建立在这样一种假设之上:资本主义可以在全球范围内获得的经济空间(定义为产品销售点和原材料来源的组合)变得固定,无法进一步增长。他结合这一点,重新强调了各个工业国家的资本主义统治阶级之间的冲突。他认为世界被主要的资本主义国家所瓜分,每个国家主要通过政治手段而不是经济手段来保护自己的份额(殖民管理、关税壁垒、贸易优惠等)。

主要帝国主义列强之间的空间分布是过去历史和目前军事力量平衡的结果,与它们各自扩大生产能力的潜力毫无关系。在这方面,有些资本主义经济比其他经济增长快得多。在一个小的或不存在的殖民帝国(如德意志帝国)的

---

① 《马克思恩格斯全集》第44卷,人民出版社2001年版,第34—35页。
② V. I. Lenin, *Imperialism, the Highest Stage of Capitalism*, in *Selected Works*, Vol. I (Moscow, 1963), p. 667.

背景下,生产潜力的快速增长构成了一种束缚的特殊情况。① 为了避免因缺乏出路而窒息,在更有活力的国家中,帝国主义资本主义寻求通过暴力手段来纠正对市场和资源的控制分配,最终以战争告终,列宁认为第一次世界大战就是典型的例子。因此,由于受到贸易周期相对温和的破坏的束缚,又增加了军备的负担以及军事行动一再造成的破坏。

在这种思路下,必须提到一个障碍,这个障碍将在本章后面更详细地讨论。这是资本主义扩张的一个公认特征,即随着经济的增长,它的每一个(扩张的)部门有潜力为其他部门不断增加的产出提供市场。在这种情况下,资本主义为什么要表现出征服外部市场的关键需求,而不是依靠其内生的市场潜力呢?

这一障碍在列宁的例子中尤其明显,在他政治生涯的开始,大量使用了关于资本主义市场的自我生成的论点以反对民粹主义者[俄罗斯进步党,与社会民主党(列宁的政党)相争,其宣扬一种农业社会主义,而不是以工业为基础的社会主义]。

本章最后一节试图解释将外来市场作为资本主义增长"减震器"的必要性。这种解释是基于生产潜力的增加和相应内生市场的出现之间的不同步,即一种时滞性。

另一种更符合列宁提出的帝国主义理论的解释,可能是根据利润率下降的规律来寻求的。该解释认为,如果发达工业国家的资本家愿意接受较低的利润率,他们就可以为自己的产品找到内部出路。然而,他们并没有接受这一点,而是选择了征服新市场,在那里超额利润仍然是可能的。这种解释可能与列宁理论的发展相一致,它必须符合利润率下降的"规律"(参见第八章)。

束缚思想从马克思到恩格斯再到列宁的发展呈现出一定的规律性。它依赖于市场销路的减少,每一个作者都确定市场销路的限制越来越多。结果是对生产性财富的破坏愈演愈烈,就世界大战而言,其恶性程度与作为冲突根源的经济不平衡程度完全不成比例。但是这些作者的贡献并不局限于记录一个持续恶化的趋势。每一个都贡献了一些新的解释元素。恩格斯在周期性破坏性的观点之外,还加上了长期停滞。列宁运用不平衡发展的概念提出了停滞理

---

① 在这方面,列宁的话在某种程度上是值得引用的。在比较增长缓慢的英国和增长迅速但缺乏市场的德国时,他写道:"多亏了殖民地,英国已经把铁路长度增加了10万公里,是德国的4倍。"然而,众所周知,这一时期德国生产力的发展,特别是煤炭和钢铁工业的发展,比英国的发展快得多,更不用说法国和俄国了。*Collected Works* (Moscow, 1970), p. 744.

论,但又加入了他自己独创的观点。在霍布森(Hobson)的影响下[①],以英国为典型案例,他认为,早期资本主义国家的资金积累已经达到了一个临界点,统治阶级只要在国外投资就可以获得很大一部分的收入,将自己转变为国际食利者。国际层面的剥削开始战胜国内层面。大都市国家的生产性投资下降,去工业化症状显现,国内就业结构调整,转向奢侈品和休闲产业,同时有越来越多的生产性工作被推到了廉价移民工人的身上。因此,资本主义金融成熟伴随着一种经济寄生的出现。在发达国家,这种经济寄生不仅感染了资本家,而且在一定程度上也感染了工人阶级。后者,或者至少是其中的一部分(被列宁描述为"劳动贵族")发现自己在不像以前那样有利的条件下出售劳动力的压力减小了。统治阶级对自己的海外收入充满信心,允许工人通过福利国家的手段改善自己的地位,甚至带头创建这样一个国家。工人们为了改善自己的职位,减少了提供的劳动力。在这种情况下,避免就业给一部分工人阶级(可能是循环的成员)带来了"廉价休闲阶层"的特征,并通过世界范围内的过度剥削间接获得补贴。

　　经济危机的剧烈破坏性影响,战争以及由停滞或寄生而造成的生产力的长期消耗,构成了古典马克思主义作者所引用的束缚的主要例证。造成这些灾难的原因,就在于资本主义生产关系的过时,而这种生产关系是历史上剥削阶级关系的最高形式,直到并包括资本主义的出现。因此,从更广泛的角度来看,当资本主义社会在一定程度上开始对生产力产生功能失调的影响时,由阶级划分决定的工作过程的整个结构、奖励方式、阶级特权的本身结构就会受到质疑。在这部分论证中,剩余产品的概念是至关重要的。在以剥削生产关系为基础的早期社会中,剩余产品仅够维持少数统治阶级的物质生存,使他们免于从事生产劳动。这个阶层为自己和它的追随者创造了生活条件,使他们中的一些人能够专注于社会组织的一般任务——政治、法律、行政、文学、科学。我们并不建议统治阶级以一种纯粹的公共精神方式或以最佳效率来做这些事情;相反,他们是自私自利、极其浪费公共事务的管理者。但是,在严重短缺的情况下,这种高压的、浪费的、无情的过剩集中在少数人手中的做法,在某些情况下,在很长一段时间内会带来对社会的发展。古希腊人是奴隶主,他们奠定了许多减轻人

[①] 在对帝国主义的分析中,列宁受到了非正统的英国经济学家霍布森的很大影响,他在自己的《帝国主义》(*Imperialism*)一书中广泛使用并经常引用霍布森的观点。

类劳动的科学基础,甚至在今天也为社会主义奠定了基础。但是,与欧几里得一样,成千上万无用的剥削者,他们靠奴隶的汗水和痛苦来致富。

资产阶级把阶级特权的影响带到了顶点,在其经济理论消失很久之后,他们还在继续捍卫阶级特权。超过现代工业所能达到的生存需要的盈余差额,足以使人们有相当程度的闲暇,从而使全体而不是少数人有机会从事更高形式的社会活动。资本主义分配阻止了被剥削的劳动人口的自我发展,阻碍了绝大多数人的创造力。在相当富裕的物质条件下,脱离自己所从事的工作而缺乏创造力的人,其生产力不如从阶级剥削的桎梏中解放出来的人。剥削从一种集中少量盈余的手段,变成了实现更多盈余过程中的一种桎梏。在古典马克思主义作家看来,这是生产关系束缚生产力的一种更为广泛的方式,但也相当不明确。①

在这一点上,古典马克思主义最接近现代马克思主义对束缚观念的表述。对于一些重要的现代马克思主义作家来说②,资本主义生产关系对纯粹生产力的阻碍越来越难以克服的观点已经站不住脚了。资本主义成功地克服了危机,恢复了增长过程,产出水平不断上升。它的问题不在于没有增加剩余的数量,而在于以一种破坏人们生活和社会交往价值的方式使用增加的剩余。

新马克思主义对束缚性概念的表述不同于经典的表述,采用资本主义生产方式的外部标准而不是内部标准来评价其结果。而生产机制的停工、生产性财富和产品的破坏、去工业化、失业和寄生都可以(可能除了寄生)被视为消极的发展,对剩余使用方式的批判假定有一个替代(社会主义)政权,将按照不同的方式使用剩余。由于这个原因,对这一论点的进一步讨论被推迟到本书第三部分,将讨论在资本主义制度的背景下社会主义先决条件的出现。本章的其余部分将集中讨论资本主义经济的周期性危机。

由马克思首创的资本主义发展过程的周期性特征,如今已成为经济理论中不可分割的一部分。另一方面,他认为这是生产力束缚的一种表现,但这并不是普遍接受的。财富的损失往往伴随着衰退,这被认为是进步不可避免的代价之一,熊彼特甚至用"创造性破坏"的委婉说法来美化它。③ 另一方面,凯恩斯以真正关心的态度看待现代资本主义的停滞主义倾向,更接近于马克思的精神。

---

① 针对这一观点的广泛讨论,读者可以参考 Engels, *Origins of the Family of Private Property and of the State*, in Marx-Engels, *Selected Works* (Moscow, 1968), pp. 461ff.

② Mainly Paul A. Baran and Paul M. Sweezy in *Monopoly Capital*, chapter 3 and passim.

③ J. A. Schumpeter, *Capitalism, Socialism and Democracy* (London, 1952) chapter Ⅶ.

他认为,早期有利于资本积累的机制(基于财富和收入不平等的储蓄),在成熟资本主义改变的条件下,成为进一步积累和增长的障碍:

> 这样,我们的论述可以使我们得出结论,即:财富的增长远不取决于富人的节欲,像一般所假设的那样;它的增长反而会受到富人节欲的阻碍。[①]

在这个问题上,马克思和凯恩斯的相似之处更甚。在他们对导致资本主义衰退和危机的机制的分析中,两者一致地将问题归因于市场的缺乏(马克思)和有效需求的不足(凯恩斯)。缺乏有效需求就是缺乏市场,不同的是,凯恩斯强调的是由资本积累过程内部产生的市场(投资是资本货物的市场,通过乘数效应,创造了进一步的消费品市场)。另一方面,古典马克思主义作家给人一种强烈的印象,他们认为市场是资本自身产生的以外的市场,在循环运动($M—C—M'—C'\cdots$)中。他们似乎在考虑新的市场,这是地理发现、征服新殖民地、消除前资本主义生产者、取消关税壁垒、自给自足的封闭经济等因素的结果。

这种外部刺激或外部冲击对凯恩斯也很重要[②],但他总是将其内化,把它们视为额外投资的机会,足够多的额外投资将稳定资本主义市场。马克思意识到资本本身有能力为自己的扩张创造市场。在阐述他的危机理论时,首先必须澄清的是他试图处理"凯恩斯主义"观点的方式。

简单再生产和扩大再生产

马克思通过建立一个静态的两部门经济模型开始了他的分析。第一个部门生产生产资料(或者用更现代的语言来说,是资本商品),第二个部门生产消费资料(工资和奢侈品)。交换发生在两者之间。完全静态条件下(零投资,没有技术变革、偏好的变化,零人口增长),存在一些产出结构组成的消费品和资本商品正确的比例,在每一个时期,确切地再现了原始的经济状况,而两者之间的市场仍然是永久处于均衡状态。马克思用一个例子证明了这种情况,他将其描述为简单再生产;他的学说的现代重建是以代数的方式进行的。在劳动价值理论中,行业的结构描述用一种非常基本的方式,假设所有生产资料和所有劳

---

① 约翰·梅纳德·凯恩斯:《就业、利息和货币通论》(重译本),高鸿业译,商务印书馆 1999 年版,第 387 页。

② J. M. Keynes, *The General Theory of Employment, Interest, and Money* (London, 1961), p. 220.

动力都在生产过程中被完全消耗，他们的价值而不是他们的物理形式，再现在最终产品中。这意味着，耐用的生产品（工厂和设备）没有体现在马克思的基本模式中，这是马克思并未意识到的限制。[①]

用 C、V、S 表示其含义（固定资本、可变资本、剩余价值），用 W 表示总产出的价值，下标 1、2 表示相关部门，马克思的简单再生产模型可以写成两个联立方程组：

$$C_1+V_1+S_1=W_1$$
$$C_2+V_2+S_2=W_2 \tag{1}$$

两个部门之间的交换采用以下形式。部门 1 供应两个部门所需的资本货物。要使供给与需求相等，必须维持下列关系：

$$C_1+C_2=C_1+V_1+S_1=W_1 \tag{2}$$

部门 2 向其自身和部门 1 供应消费品。同样，为达到平衡，必须满足以下关系：

$$V_1+V_2+S_1+S_2=C_2+V_2+S_2=W_2 \tag{3}$$

使用公式(2)或公式(3)（显然，假设每个部门只由一个公司组成，公司/部门 2 用自己的产品自然地支付劳动者和资本家工资，或者更现实一点，部门内部的均衡是自动保证的）得到均衡条件

$$C_2=V_1+S_1 \tag{4}$$

是派生的。因此，乍一看，静态资本主义（简单再生产状态下的资本主义）可以产生自己的市场，并保持自身的永久均衡。

简单再生产只是马克思的一个出发点，是分析不断增长的资本主义经济的第一步，与他的一般方法更为一致。他将相关模型描述为一种扩大再生产。

在简单再生产的情况下，我们可以尝试制定类似于上述条件的扩大再生产的均衡条件。使用附加符号 ΔC、ΔV 和 ΔF 表示不变资本的增加，资本家的可变资本和消费的增加（请记住，F 有时也会随着经济的增长而增加，因此在更明确的陈述中，必须将其写为 $F=f+\Delta f$），公式(1)的两个等式可以重写为：

[①] 参见 Karl Marx, *Capital*, Vol. Ⅱ (Moscow, 1967), p. 401。马克思确实试图在他的基本构思的一种改进中引入固定资本，同上，第 453 页。这让他想到了一些非常有趣的问题，在现代宏观经济学术语中，这些问题被描述为"渗漏"和"注入"。这些将在本章中进行讨论。

$$\begin{aligned}W_1 &= C_1+V_1+S_1 = C_1+V_1+\overbrace{\Delta C_1+\Delta V_1}^{S_1}+F_1\\ W_2 &= C_2+V_2+S_2 = C_2+V_2+\underbrace{\Delta C_2+\Delta V_2}_{S_2}+F_2\end{aligned} \qquad (5)$$

修改涉及公式(1)的剩余价值项,表示资本家不再消耗它们所产生的剩余总价值,而是将其中一部分用于投资其他生产资料(ΔC),另一部分用于投资他们必须雇佣的额外劳动力(ΔV)。现在可以将两个部门之间的均衡条件表示为:

$$C_1+\Delta C_1+C_2+\Delta C_2 = C_1+V_1+\Delta C_1+\Delta V_1+F_1 \qquad (6)$$

或者

$$V_1+\Delta V_1+V_2+\Delta V_2+F_1+F_2 = C_2+V_2+\Delta C_2+\Delta V_2+F_2 \qquad (7)$$

公式(6)或公式(7)可以改写为以下形式:

$$C_2+\Delta C_2 = V_1+\Delta V_1+F_1 \qquad (8)$$

作为部门间的平衡条件。如人们所预期的那样,公式(8)包含了简单再生产($C_2=V_1+f_1$)的均衡条件以及一些附加项,这些附加项是保持经济增长而非平稳所必需的。因此,简单的和扩大的再生产似乎遵循非常相似的规则。但这种相似只是形式上的,具有欺骗性。对于一个静止的经济体来说,要想维持平衡,一旦它以某种方式找到了所需的行为模式,这就是非常基本的——每个人都必须继续像过去那样行事。对于一个不断增长的经济体来说,情况已不再如此。维持均衡可能需要适应和改变行为,而单纯的重复可能会产生不稳定的效果。

马克思在扩大再生产中对均衡的论证,利用了适应性和重复性行为模式的混合,这只会以相当多的人为代价来达到其效果。在行为的重复性方面,马克思假设技术(可能也包括品味)是不变的,而投资资本家总是把他们的钱放在他们的原始部门,从不跨越部门之间的界限。此外,部门1的人总是被期望积累(储蓄和投资)他们剩余价值的一半。适应性行为是为部门2的资本家准备的,他们应该改变自己对固定资本的需求,一如既往地弥补从部门1流向他们的资本品的供应的缺口。

为了表达马克思在这一点上的困境,我们复制了他的部分算术表(他的数字代表价值总量)。他从简单复制(固定经济)开始。两个部门之间的关系如下:

$$\begin{aligned}&1.\ 4\ 000c+1\ 000v+1\ 000s = 6\ 000W\\ &2.\ 2\ 000c+500v+500s = 3\ 000W\end{aligned} \qquad (9)$$

可验证简单再生产的均衡条件($1\,000v_1+1\,000s_1=2\,000c_2$)。没有资本积累发生。为了开始积累,马克思分三个阶段进行。首先,他修改了部门2资本的有机构成。[读者可以将有机构成(c/v)视为以价值表示的资本劳动比率。目前讨论的主要概念的重要性是表示一定的资本可投资金额的比例,将增加厂房和设备的增加量(ΔC)和劳动力增加量(ΔV)之间的分配比率。有机构成的概念将在第八章中讨论,这里可以用做参考。]马克思的修改,仅仅是一种算术运算,没有反映理论原则,是由

$$2\,000c+500v+500s=3\,000(c/v=4)$$

到

$$1\,500c+750v+750s=3\,000(c/v=2) \tag{10}$$

然后,按照他的假设,部门1的资本家总是积累他们所赚取的盈余的一半,马克思改写了有关部门1的等式:

$$4\,000c+1\,000v+500_s^i+500_s^c=6\,000 \tag{11}$$

其中,500_s^c 为投资于部门1的剩余价值,而 500_s^i 则为预留供资本家消费。他指出,部门2[公式(10)中的$1\,500c$]使用的不变资本金额正好可以与公式(11)中的 $1\,000v_1+500_{s1}^c$ 进行交换。到目前为止,还没有积累。$1\,500c_2=1\,000v_1+500_{s1}^c$ 是只有简单再生产的条件。打算积累使用的 500_{s1}^i 仍有待解决。

在第二阶段,马克思将 500_{s1}^i 的资本转移到部门1的账户。根据当时的有机构成(资本/产出比),在 500_{s1}^i 中,400将以额外的固定资本形式投资(导致 $4\,400c$),而100将用于雇佣额外的劳动力(导致 $1\,000v$)。400_{c1}^i(附加不变资本)由部门1自身提供;因此 400_{c1}^i 永远不会出现在部门间余额中。但是,与可变资本相对应的 100_{v1}^i 必须与部门2中生产的消费品交换。这导致重复的第三阶段。

在这一阶段,部门2积累了足够的剩余价值来填补部门1生产资料的供应缺口。它投入 100_{s2}^i 兑换 100_{v1}^i,这使得它的固定资本上升到 $1\,600c_2$。考虑到 $c/v=2$ 的有机构成,它必须再投资 50_{s2} 来雇佣额外的劳动力以处理 100_{c2},因此它的剩余价值总积累是 150_{s2},分为 100_{c2} 和 50_{v2}。这个 150_{s2}^i 是从750单位的剩余价值中减去的,用于部门2的资本主义消费,因此该部门的消耗性剩余价值下降到600。固定资本和可变资本相应地增加到 $1\,600c(1\,500c+100_c^i)$ 和 $800v(750v+50v)$。把这两个部门结合起来,最后如下:

部门 1：4 400c+1 100v+500$_s^c$=6 000W

部门 2：1 600c+800v+600$_s^c$=3 000W (12)

在公式(10)、(11)和(12)之间所发生的,是前一时期所获得的价值,从最初获得价值的部门,重新分配到经济中必须按一定比例扩张、产出才能增长的部门。

现在已经为一个自我维持的扩大再生产过程(用现代理论的语言来说,就是经济增长)做好了准备。这种增长在公式(13)的右边很明显,部门 1 的产值增加了 600 单位,部门 2 的产值增加了 200 单位。

部门 1：4 400c+1 100v+1 100s=6 000W

部门 2：1 600c+800v+800s=3 200W (13)

然而,在等式的左边,事情就没有那么简单了。在公式(12)中出现的某些项在公式(13)中消失了。这些 500$_s^c$ 和 600$_s^c$ 是代表资本主义消费,包括奢侈品,它们被用完并退出生产周期,没有留下任何痕迹。

另一方面,代表固定资本的价值(部门 1 是 4 400 个单位,部门 2 是 1 600 个单位)并没有消失,而是重新出现在公式(13)中,其大小与公式(12)中完全相同。这个分录的意义在于,设备、机械、原材料、所有构成固定资本的实物,在生产过程中被消耗掉的,都被重新制造出来,以便在下一轮生产中再次使用。然而,它们的价值并没有增加。根据劳动价值理论,只有以可变资本为代表的活的劳动,才有能力在生产过程中不仅可以创造出自身的价值,而且要扩大其价值,创造新的、额外的价值。劳动力价值的再生仅仅体现在部门 1 的 1 100v 和部门 2 的 800v 的投入上。假设剩余价值剥削(率)为 100%,新价值就是由在部门 1 创造的 1 100 剩余价值和在部门 2 创造的 800 剩余价值构成。新产生的剩余价值扣除资产阶级的消费(部门 1：1 100s—500$_s^c$；部门 2：800s—600$_s^c$),就是上个时期到这个时期净增加的价值总量(部门 1 为 600,部门 2 为 200)。按价值计算的总产出,在部门 1 增加了 10%,在部门 2 增加了 6.6%。将公式(13)中的项按照将公式(9)转化为公式(12)的相同规则进行重新分类,再经过一个生产周期后,将公式(13)中的系统表示为：

部门 1：4 840c+1 210v+1 210s=7 260W

部门 2：1 760c+800v+800s=3 520W (14)

在公式(13)和(14)之间,每个部门的总产出以及这两个公式的所有其他项都增加了 10%。重复使用这一方法之后,同样也增加了 10%。因此,马克思的扩大再生产计划表现出向均衡增长路径趋同的强烈倾向。随着两个部门以不同的速度增长,不均衡行为只持续了一个时期。在那之后,行业和整体经济将永远以 10% 的共同速度增长。这个结果并不依赖于马克思为他的算术例子所选择的实际数字。森岛通夫证明了马克思关于投资的非常奇特的假设。[1] 他还表明,通过对投资行为的一些不同的、更自然的假设,马克思的计划要么围绕增长路径产生爆炸性的震荡,要么与之产生单调的发散。森岛通夫非常有说服力地指出,马克思自己的解决方案的不自然之处在于他缺乏足够的数学工具来处理一个问题,而这个问题的全部复杂性直到 20 世纪才被认识到。

再生产计划、资本循环和萨伊定律

人们无法知道,现代社会尝试修改马克思的扩大再生产计划,使之产生内源性循环,会如何被马克思所接受。考虑到他的批判性思维和他对不断发展理论的努力的承诺,他可能会欢迎这种尝试,只要它们与他所认为的资本主义的关键制度特征保持一致。从这个观点来看,必须强调的是,他认为他的再生产模型并不是证明资本主义经济趋向均衡的趋势,而是证明了达到这种均衡所必需的条件的问题本质。事实上,只有在非常抽象的水平上对整个经济做一个概览,才能确定保证充分就业均衡的产出和交换结构。个别资本家的视野太狭窄了,他们甚至无法意识到这个问题。中央政府,即国家,可能会意识到这一点,但在私人资本主义的制度架构下,它将没有办法对经济活动执行正确的比例。只有在全社会层面上进行计划才能保障经济的均衡发展,而资本主义不是计划经济。回答本章第一部分的问题——资本主义能否在内部创造自己的市场,而不是总是在现有资本主义经济的边界之外寻找新市场? 基于他的再生产模型,马克思的回答是肯定的,但这个过程是不稳定的。事实上,根据他的分析,需要解释的并不是为什么资本主义经济偶尔会脱轨。缺乏中央协调这一个原因就足够了。更确切地说,问题在于:在两次经济危机之间,它是如何设法在这么长的时间内保持正常运行的? 虽然马克思没有明确地提出这个问题,但他对资本主义再生产的持续无政府状态的强调有力地说明了这个问题。

这个问题需要解答,下文将给出一个答复。首先必须面对截然相反的观

---

[1] Michio Morishima, *Marx's Economics* (Cambridge, 1973), p. 120.

点,马克思在他的更严谨的尝试中,尽管反对它,但最终还是接受萨伊定律(这个定理指出,在自由市场条件下,供给创造自己的需求,因此不可能出现普遍的生产过剩,本质上,也不可能出现萧条或危机)。这一论点的主要依据是再生产模型的形式结构。[①] 相反,《资本论》中关于资本主义生产过程的第二种主要图标,即资本的三个循环,被视为否定萨伊定律的依据。[②]

$$M-C\genfrac{}{}{0pt}{}{MP}{LP}\cdots P\cdots C'-M'$$

本书作者认为,尽管再生产模型的形式结构可能没有多大帮助,但马克思显然打算用这些理论来反驳萨伊定律。这方面的证据将在基于资本循环的首次论证后提出。

危机最典型的症状是经济中"所有"市场(实际上是指"很多更重要的市场")的交易全面崩溃。古典经济学家试图否认这种全面瘫痪的可能性。他们坦率地承认,由于过去的错误决定,比例失调可能在某些特定市场上发生,但是,通过补偿其他一些市场上相反的比例失调而得到均衡,因此,总的来说,一种统一的状态,特别是一种供应过剩、普遍生产过剩的状态,是永远不会发生的。

马克思回答说,商品生产者在出售了他们的商品之后,并不会自动地被迫立即购买其他商品。只有在以物易物的情况下,供给和需求才是相同的。当货币介入影响商品流通时,如 $C-M-C$ 循环,获得货币的供应商可以选择不完成这个循环。$C-M$ 和 $M-C$ 是两个单独的步骤,第二个步骤是可以推迟的。在这种情况下,其他生产商(那些尚未售出的生产商)将眼睁睁地看着自己的市场消失;他们自己将无法再购买更多的商品,从而引发连锁反应。在某些情况下,所有交易商在其到期债务的压力下,很可能会优先考虑获得货币,而不是商品。他们都想成为卖家,而不是买家。因此,尽管萨伊定律存在,但如果对一般商品货币的需求普遍过剩,那么所有特定商品都有可能出现普遍供应过剩或普遍生产过剩的状态。

马克思通过指出 $C-M-C$ 链的脆弱性,正式提出了他的论点,即在货币化的经济中,危机总是可能发生的。但他并没有特别强调这一点。$C-M-C$

[①] 例如,参见 Bernice Shoul,"Karl Marx and Say's Law", *Quarterly Journal of Economics*, November 1957, pp. 611—629。

[②] 这是邓肯·K. 福利(Duncan K. Foley)开创性的论文"Realization and Accumulation in a Marxian Model of the Circuit of Capital", *Journal of Economic Theory*, 28, 2 (December)中隐含的观点。

交易是典型的简单商品生产,在这种情况下,比例失调不太可能发展到扰乱市场的地步。简单商品生产蕴含着危机的可能性,但它把资本主义商品生产和流通在这个循环中形式化,让危机不可避免。马克思甚至提出了经济危机的整个形态,并按这个循环影响的一部分进行了分类:

$$M-C<{{LP}\atop{MP}}\cdots P\cdots C'-M'$$

资本的循环,只有不停顿地从一个阶段转入另一个阶段,才能正常进行。如果资本在第一阶段 $G-W$ 停顿下来,货币资本就会凝结为贮藏货币;如果资本在生产阶段停顿下来,一方面生产资料就会搁置不起作用,另一方面劳动力就会处于失业状态;如果资本在最后阶段 $W'-G'$ 停顿下来,卖不出去而堆积起来的商品就会把流通的流阻塞。①

后来对循环的研究,作为一种危机理论,除了马克思提到的三个点外,还集中于发现更多的点。如果不仅考虑到资产阶级之间的交换,而且考虑到资本家和工人作为消费者之间的交换,这些要点还可以进一步增加。(C' 的一部分以生活资料的形式出现;因此,它必须由工人阶级家庭购买。)最近还提出了更严格的公式,明确地把时间作为一个数学变量,对正确表达循环的各个节点至关重要。②

将循环可能发生故障的点相乘,或将维持循环正常运行所需的时间延迟(允许资本以任何形式保持不动的时间)条件暴露出来,其本身并不能说明发生危机的必要性。它们表明,资本的循环比简单的交换链 $C-M-C$ 更不稳定,而不是这个循环注定要在一定的时间间隔内周期性地中断。要证明这最后一点,需要一种破坏稳定的资本主义行为的特殊理论。下一节将对这一理论进行介绍。然而,值得注意的是,我们可以通过仔细阅读马克思关于再生产计划的评论,它是马克思尝试探究这一理论的第一步(有时被认为是对萨伊定律含蓄但不情愿的认可)。

遵循萨伊定律可以有两种解释:(1)市场实际上倾向于迅速而有效地吸收所有过剩的商品供应,因此讨论供求的同一性(萨伊的同一性)是有实际意义

---

① 《马克思恩格斯全集》第45卷,人民出版社2001年版,第63页。
② Duncan K. Foley, "Realization and Accumulation in a Marxian Model of the Circuit of Capital", *Journal of Economic Theory*, 28, 2 (December).

的。① （2）另一种解释是，萨伊定律可以被解释为一种均衡条件，不一定由实际市场（萨伊方程）实现，但仅对某些特定的变量才成立。考虑到马克思对资本主义生产和交换的无计划、无政府状态的强调，任何关于他支持萨伊的说法都是荒谬的。另一方面，再生产理论似乎也符合萨伊定律的某些说法。

然而，这只是具有欺骗性的表面现象。对马克思来说，资本主义经济的均衡，即便是在再生产理论（包括简单再生产）的背景下，也不仅仅是两个部门之间按适当比例进行的当前交换（如在简单再生产的情况下，$C_2 = S_1 + V_1$）。交换条件不孤立；它依赖于适当的储蓄和投资行为，这些行为决定了实际的（不一定是均衡的）交换比例，而不是由它们决定的。

在资本主义再生产的过程中（包括简单再生产和扩大再生产），马克思观察到收入的循环流动和注入都发生了漏流。一些资本家不得不卖而不买；他们是那些必须囤积资产的人，这些人要么是为了在未来的资本资产中替换那些已经损耗和完全贬值的资产，要么是为了进行净投资。其他资本家必须买而不卖；他们是那些目前必须进行置换或净投资购买的人，通过消费他们之前积累的储蓄。第一类人（马克思称之为 a②）显然会造成购买力的流失；第二类人 b 则是购买力注入。只有当 a 储备的数额正好与 b 注入的数额相均衡时（或者，如这里所定义的，如果储蓄等于折旧加上净投资），这两个部门之间才能达到均衡。供需均衡（简单再生产中的 $c_2 = s_1 + v_1$，或扩大再生产中的 $c_2 + \Delta c_2 = v_1 + \Delta v_1 + f_1$）可以被视为萨伊定律的一个实例，纯粹是先前储蓄与投资均衡的衍生——一个彻底的凯恩斯主义条件。马克思并没有使用"储蓄"和"投资"这两个术语，但是在语境中，它们的对应关系是明确无误的。谈到流通中购买力的流失，他写道：

货币所以会从流通中取出，并且作为贮藏货币贮存起来，是因为商品在出售以后，没有接着进行购买。因此，如果把这种做法看成是普遍进行的，那就似乎难于看出，买者应该从哪儿来，因为在这个过程中，——这个过程必须看成是普遍的，因为每一个单个资本都能够处于积累过程，——每一个人都想为贮藏货币而卖，但是没有人要买。③

---

① 这种恰当的区别是在 W. J. Baumol, and B. S. Becker, "The Classical Monetary Theory", *Economica*, Vol. XIX (Nov. 1952), pp. 355—396 中提出的。
② Karl Marx, *Capital*, Vol. II (Moscow, 1967), pp. 494, 496, 498, 502—504.
③ 《马克思恩格斯全集》第 45 卷，人民出版社 2001 年版，第 552 页。

他进一步解决了这一难题,如今已成为经典的凯恩斯主义风格:

但是,既然发生的只是单方面的交易,一方面是大量的单纯的买,另一方面是大量的单纯的卖,——并且我们已经知道,资本主义基础上的年产品的正常交易决定了这种单方面的形态变化,——所以,这种平衡只有在如下的前提下才能保持:单方面的买的价值额要和单方面的卖的价值额互相抵消。①

马克思接着研究了这两种总量(储蓄和投资)不平等的后果。在储蓄超过投资的情况下,由总需求不足引起的生产过剩危机就会随之而来。在投资超过储蓄的相反情况下,本书作者将坚持认为,马克思含蓄地假设了一种充分就业的状态,他已经初步识别出了通胀缺口分析。有关评论总需求过高的影响的段落如下:

诚然,在第一个场合,同一劳动可以靠提高劳动生产率、增加劳动量或增加劳动强度提供更多的产品,这样就可以弥补第一个场合的不足;但是发生这种变化的时候,总不免会有劳动和资本从第Ⅰ部类的某个生产部门移动到另一个生产部门;并且,每一次这样的移动,都会引起暂时的紊乱。其次,第Ⅰ部类(由于增加劳动量和劳动强度)不得不用较多的价值来交换第Ⅱ部类的较少的价值,因而第Ⅰ部类的产品就要跌价。②

马克思的再生产计划远非建立在对萨伊定律的含蓄接受之上,而是构成了对凯恩斯关于储蓄和投资的基本定理的预期。这种比较还可以进一步探讨,但已经说得够多了,人们不再认为马克思的再生产计划可能在很大程度上依赖萨伊定律。现在回到本节开始时提出的问题,如果资本主义没有任何中央协调机构,就不可能建立正确的宏观经济的比例(两个部门之间的交换或者总储蓄和投资),否则除非偶然,资本主义经济中盛行的秩序怎么可能存在呢?为什么它不会在永恒的混乱中崩溃?或者,为什么这些危机在其发展过程中表现出非常广泛的周期性规律,而不是完全随机的?

这个问题的答案是,资本主义的发展依赖于各种各样的"减震器",这些"减震器"能消除资本主义发展中固有的畸形现象。但将"减震器"的承受能力发挥到极限也是体系本质的一部分。不管什么时候发生故障,都需要一段时间来修复;因此,贸易周期的繁荣和萧条时期会周期性地重现。然而,随着资本主义经济的扩张,"减震器"的作用越来越小。资本主义制度革新和扩张的能力在减

---

① 《马克思恩格斯全集》第45卷,人民出版社2001年版,第556—557页。
② 同上,第525页。

弱。因此,再生产的困难增加到资本主义制度成为生产力的桎梏,阻碍了生产力的进一步发展。

"减震器"一词并没有出现在马克思的著作中,但在他的分析中隐含的这一思想经历了不同的发展阶段。最初,马克思注意到,要使积累按照他的假设进行(即部门1积累其剩余价值的50%),首先必须违反简单再生产的条件($c_2 = v_1 + s_1$)。部门1现在将其过去用于向部门2购买消费手段的剩余价值的一半进行再投资[见上文公式(11)及其评论]。考虑到这种差异,部门2必须重新调整其支出结构,以便接受部门1提供的任何用品,以获得扩大其规模所需的手段(工资商品)。因此,部门2被塑造为在第一线的"减震器"的角色:减震器1号。

然而,它只是理论上的"减震器"。马克思充分认识到这一事实。他从来没有幻想过理想的比例会以任何方式保持下去;相反,他不断试验反映各种失衡、导致生产过剩或经济短缺的数据。当这些情况出现时,他就会启动所谓的"减震器"2号:商品在现实生活中的出口(或入口),这弥补了故障系统的松弛。这种做法也许会给人一种从理论上讲是"废话"的印象,但实际上并非如此。马克思正在探索一个普遍的不平衡体系(他无法用数学方法将其形式化),并通过参考外部平衡因素或内部灵活性来解释其相对稳定性。前者的一个例子是对外贸易:

在两个场合,对外贸易都能起补救作用;在第一个场合,是使第1部类保留货币形式的商品转化为消费资料;在第二个场合,是把过剩的商品销售掉。但是,对外贸易既然不是单纯补偿各种要素(按价值说也是这样),它就只会把矛盾推入更广的范围,为这些矛盾开辟更广阔的活动场所。①

这段引文的最后一句话有些含混不清,它表明了马克思对"减震器"的可耗尽性的认识。他关于外贸作用的观点可以概括。在英国垄断资本主义生产的时代,马克思将对外贸易视为发达的资本主义经济与一群不发达甚至完全非资本主义国家之间的交换。它们的经济可能很容易被资本主义中心所控制,并承担资本主义经济增长的某些成本(从更广泛的意义上说),否则,这些成本可能会压垮大都市经济。在这些国家,可以为大规模的资本主义工业开辟新的市场,但损害了当地的前资本主义生产者;一个经典的例子是,在来自英国机械纺

---

① 《马克思恩格斯全集》第45卷,人民出版社2001年版,第525页。

织产品的竞争影响下,印度手工织布机被淘汰。因此,英国纺织品供应扩张的一部分,可能导致发生在英国的生产过剩和失业被转嫁到了印度身上,因此,在这一特殊时期,资本主义扩张的好处仍留在了这个发达国家,而其中一项成本则由一个不发达的边缘国家来承担。

这些言论的大意是,只要非资本主义环境能够起到"减震器"的作用,资本主义的扩张就可以或多或少不受阻碍(尽管它的无计划特性会造成不可避免的比例失调)。然而,随着资本主义的扩张,它要么完全摧毁前资本主义经济,要么按照自己的形象改变它们。无论哪种情况,"减震器"发挥作用的范围都会缩小,因此,最终资本主义经济不得不独自承受其固有困难的全部冲击。[①] 在这一过程的某个时刻,束缚就开始了。

[①] 罗莎·卢森堡(Rosa Luxemburg)曾声称,在没有非资本主义环境的情况下,扩大再生产从而积累资本是完全不可能的。(见 The Accumulation of Capital, particularly chapters XXVI to XXIX)以这种极端的形式,她的论点被成功地驳斥了。[对上述讨论的一个很好的总结,请参见 P. M. Sweezy, Theory of Capitalist Development (London, 1962), chapter XI。]但是,作为资本主义制度日益困难的根源,占主导地位的非资本主义环境的枯竭当然值得最大的关注。

第七章

增长、加速和信贷

前一章考察了凯恩斯模型下注入和漏出的机制,该机制为马克思再生产理论提供了支撑,并揭示了注入和漏出之间失衡的后果。前一章还概述了"减震器"倾向于稳定资本主义经济的观点,尽管其运作和发展具有无政府干预的特点。本章将从一个稍微不同的角度再次思考上述观点:即资本的各种专门部门之间的相互作用,以及占有资本的资产阶级之间的相互作用。(关于把代表社会关系的人们纳入"具体化"事物的观点,读者可回顾第二章关于商品拜物教的部分。)对经济周期性的解释将会沿着这些思路进行。

资产阶级的结构

到目前为止,个体资本家承担的经济类型把三个主要职能结合于一体:货币所有者、企业家和商人。从逻辑上讲,这些功能可以分开由不同的人承担。从历史角度来看,在资本主义时代之前就有一些这样的角色分离。货币所有者(原来的高利贷者,后来的货币资本家)和商人早在现代之前就开始从事贸易。资本主义从以前的时代继承了上述职能,并把它们引入自己独创的服务之中,即产业资本家。除了直接雇主的职能之外,该类成员也发展了附属银行、商业能力等。

在资产阶级的这三重分工之外,还隐含着对货币资本家(或者食利者)和企业家(工业或者商业)的双重分类。① 然后,马克思又将企业家进一步细分为生产经理和纯粹的投机者。这个最后的细分对分析引发经济危机的行为特别有帮助,下面将进行讨论。

在货币资本家/企业家分工的基础上,马克思认为资本作为社会特权运作与资本作为生产的组织原则之间存在着区别。对于个人资本家来说,如果将资本运作当作社会特权,那么他们不需要积极的行为,只需要对所有权的被动主张。同时,代表资本的生产性方面既包括积极地加强对工人的剥削,也包括为任何社会制度下的集体任务提供必不可少的领导和协调。因此,马克思认为,生产劳动的要素与积极资本家的职能相关,工资要素与利润也同样如此。② 因此,资本家角色的这一方面可以委托给一个雇员、一个职业经理人,他将承担不是为了利润而是为了薪水的协调和监督职能(这样就在资本主义利润的整个现象中传播了一种体面的光环,将利润表现为只是一种特殊的工资)。马克思自己提出的这些观点特别合乎情理,值得引用:

充当职能资本的代表,并不像充当生息资本的代表那样,是领干薪的闲职。在资本主义生产的基础上,资本家指挥生产过程和流通过程。对生产劳动的剥削也要花费气力,不管是他自己花费气力,还是让别人替他花费气力。因此,在他看来,与利息相反,他的企业主收入是同资本的所有权无关的东西,宁可说是他作为非所有者,作为劳动者执行职能的结果……剥削的劳动和被剥削的劳动,二者作为劳动成了同一的东西。剥削的劳动,像被剥削的劳动一样,是劳动。利息成了资本的社会形式,不过被表现在一种中立的、没有差别的形式上;企业主收入成了资本的经济职能,不过这个职能的一定的、资本主义的性质被抽掉了。③

把资本阶级分为积极和非积极的资本家形成了信用制度发展的起点。非积极的资本家只有把他们的货币资本引向积极的资本家,才能享有资本所有权带来的社会特权。然后,积极的资本家将使用借来的资金从劳动中提取剩余价值,通过向贷款人支付利息而与贷款人分享剩余价值。这就形成了积极和非积极的资本家之间的某种对立的基础,他们必须为了既定的剩余价值而竞争。随

---

① 马克思既使用了企业家这个术语,也使用了企业家的概念,尽管他没有明确地将两者联系起来。参见 *Capital*, Vol. Ⅲ (Moscow, 1971), p. 374;关于主要内容, ibid., pp. 600, 607—608。
② Karl Marx, *Capital*, Vol. Ⅱ (Moscow, 1971), p. 383.
③ 《马克思恩格斯全集》第46卷,人民出版社2001年版,第426—427、430页。

着资本主义生产方式的发展,非积极的资本家的队伍由于新参与者自愿和非自愿地进入而变得更多。存在选择成为资本主义食利者和不得已成为资本主义食利者的资本家。前者是资本主义日益繁荣的产物,大量财富的形成使得越来越多资产阶级家庭的子孙能够依靠他们的遗产生活,或者至少可以比从零开始积累财富的情况更早退休。休闲,作为一种正常商品,在更高收入水平上更具有吸引力。

从社会学的角度来看,非自愿型食利者是一个更有趣的案例。他们也是作为资本主义经济发展的产物。然而,在他们开始产生影响之前,资本主义经济的结构变化是必要的。这是资本主义生产方式的一个特征——在马克思主义时代,这主要存在于他的预言中,不过在事后得到了充分的证实——在扩张过程中,资本主义从基于小企业的制度体系转变为基于大企业的制度体系。这样做的后果有两个方面:第一,建立一个独立企业所需的最低资本额不断增加。积累的小额资金不足以使其所有者成为独立的商人,他只能通过借出资本来获得利息,或者与他人合资办企业,才能参与到剩余价值的分配中。这导致了大型企业的第二个后果。由于资本主义企业的集中指挥结构,高级管理职位的数量并不与公司规模成正比。公司股东中只有一两个可以担任董事总经理。因此,非积极的资本家数量必然会增加。

许多不能独立行动的小型资本可以联合在一起,形成足以建立新的独立企业的大型资本。这种合作的主动权可能来自个体所有者自身,例如在组建公司的情况下。另外,专门从各种渠道筹集资金,并一次性提供给商业企业家的机构逐渐发展起来。银行是最明显的典型例子。他们显然不会仅仅局限于开展小客户的业务。大资本家也需要银行的服务,不仅需要银行作为他们的借款人,而且需要银行作为他们闲置资金的存款人。小型独立资本加上暂时闲置的大型资本中的一部分是资本主义银行存款的主要来源。然而,在银行体系下,存款人不再局限于资本家。各种各样的人都形成了在银行储蓄的习惯,包括工人阶级。引用马克思的话:

这些存款人就是产业资本家和商人自己,也有工人(通过储蓄银行),以及地租所得者和其他非生产阶级。[①]

这种储蓄习惯在整个社会中普及,使典型的资本家职能发生了进一步变

---

① 《马克思恩格斯全集》第 46 卷,人民出版社 2001 年版,第 548 页。

化。尽管原来他把储蓄者(出于自己的利益)和投资者的角色结合在一起,但信用制度的兴起使他完全或至少部分地摆脱了储蓄的负担。另一方面,专业管理的发展又使他摆脱了监督日常生产或贸易的负担。资本家摆脱了这些责任之后,成为纯粹的投机企业家,可以专门追求有利可图的金融资产组合。他甚至不用承担个人的财务风险。他在拿别人的钱玩。马克思评论说:

> 资本起源于节约的说法,也变成荒唐的了,因为那种人正是要求别人为他而节约。①

马克思把那个阶段的资本主义描述为:

> 没有私有财产控制的私人生产。②

在通过储蓄的方式把企业家才能从积累中解放出来的过程中,在取代储蓄信用制度的同时,在认识到企业家没有自己的财产风险的情况下,熊彼特一步一趋地跟随着马克思思想。但是对于后者来说,企业家本质上是一个在创新过程中领导社会前进的创造性个体。对于马克思来说,创新活动则是从属于金融投机的:

> 出现了欺诈,而普遍助长这种欺诈的是狂热地寻求新的生产方法、新的投资、新的冒险,以便保证取得某种不以一般平均水平为转移并且高于一般平均水平的额外利润。③

企业家、投资和加速

资本生产的目的是每个特定的资本家以资本形式积累起来的交换价值的不断扩大。在前文(第五章)已经看到,人们对以独立货币形式表现出来的交换价值的欲望是无法满足的,它从未停止敦促资本家进一步积累和扩张。同时,交换价值本身就成了目的。资本家追求它不是为了它可以购买的商品的使用价值,而是为了增加它所能带来的交换价值(剩余价值)。这就是为什么这个循环能够如此精辟地描述资本主义经济过程的特征,这个循环的终点也往往就是起点。增加交换价值的方法是在生产过程中提取剩余价值。因此,为了使剩余交换价值继续增长,生产也必须不断扩大。资本主义生产目的的特征是贪得无

---

① 《马克思恩格斯全集》第 46 卷,人民出版社 2001 年版,第 498 页。
② 同上,第 497 页。
③ 同上,第 288 页。

厌、自给自足(把剩余交换价值作为目的本身),这种特征也转化为追求目的的手段,即生产过程。资本主义成为一个为了生产而生产的体系。这是劳动价值理论最重要的推论之一。

马克思主义的资本家们被假定在一种特殊的认知缺失下运作这个系统。在他们发现或者偶然发现了赚钱的方法是高效地花钱之后,(从长远历史的角度来看)他们把精力集中在新的工业扩张、增加产能和提高产量上,并且他们高兴地认为最终将有足够的需求来赎回任何企业。他们的企业精神明显得到加强,因为信用体系使他们能够用别人的钱来冒险而不是用自己的钱。这并不意味着资本主义企业家不在乎他们的努力结果,或者不关心他们不负责任的行为。他们自然希望他们的企业取得成功,但是与他们在用自己的个人财产、冒着每一步都可能决定生死的风险相比,他们的行事方式不那么受到抑制,行事风格也不会太过于谨小慎微。

把认知的缺陷作为经济行为的解释手段的假设似乎不寻常,但这对马克思主义经济学来说并不是独一无二的。新古典竞争一般均衡分析是以代理人盲目地追求利润,并使所有(超额)利润为零为前提的。同样在凯恩斯理论下,企业家的心理与马克思理论下的投机者的过度乐观情绪相似。在需求不确定的情况下,投资决策依赖于本能和信念:

> 如果人类的本性不受投机的诱惑,也不从建造工厂、铁路、矿井和农庄中取得乐趣(除了取得利润以外),那么,仅凭冷酷的计算,可能不会有大量的投资。[1]

或者,正如凯恩斯在《通论》中所说的那样:

> 关于结果要在许多天后才能见出分晓的积极行动,我们的大多数决策很可能起源于动物的本能——一种自发的从事行动、而不是无所事事的冲动;它不是用利益的数量乘以概率后而得到的加权平均数所导致的后果。[2]

凯恩斯主义者和马克思主义的企业家都在一定程度上忽视了失败的可能性,但这二者之间的重要分歧依然存在。凯恩斯在呼吁激发人的创造性的同时,弱化了利润驱动的重要性;马克思依靠的是一种社会的、非自然的、有条件的心理学:在资本主义生产关系的背景下强制性地要求赚钱。凯恩斯主义下的企业家认为,运气不会让他们失望。马克思主义下的商人认为,经过充分尝试

---

[1] 约翰·梅纳德·凯恩斯:《就业、利息和货币通论》(重译本),高鸿业译,商务印书馆1999年版,第154页。

[2] 同上,第165页。

的资本主义剥削方法不会让他们失望。对于凯恩斯来说的动物天性,对于马克思来说则是社会本能。

动物本能、社会本能、对剩余价值的贪婪渴望,这一切由于信用制度的发展减少了自己的财产风险而被加强和缓冲,都能很好地解释企业家的扩张性和投资的积极性,而不太适合解释为什么企业家会通过生产阻止资本积累,从而阻止危机的发生。如果他们不可阻挡的产业扩张力量遭遇了一些不可克服的障碍,那么破坏性的崩溃确实会接踵而至。正如在第六章开头所述,如马克思及其主要追随者回顾过的那样,他们发现困难在于日益增加的产品流通下可用的市场渠道的衰竭。尽管马克思对注入和漏出机制(前一章讨论过)的见解不像现代宏观经济理论的敏感性所要求的那样强有力,但是他面对如下问题:在生产性投资继续的情况下,既然投资过程本身构成了一个不断扩大的市场,那么市场怎样才能被耗尽呢?

从马克思著作的各个部分可以看出,不管他是否充分把握投资的重要性,他绝不是没有意识到它的存在。他在《资本论》第一卷的第十五章中对机器的分析,除其他事项外,明确地证实了它的影响。尽管他没有明确提及需求、供给和市场,但他描述了由某些生产部门的机械化引发的一系列事件,这很容易用任何现代的能解释技术变化的乘数-加速器模型重新解释。这是马克思的一个相对被忽视的方面,因此我们有必要对其进行更为深入的研究,甚至不惜以一个相当长的引文为代价:

> 一个工业部门生产方式的变革,会引起其他部门生产方式的变革。这首先涉及因社会分工而孤立起来以致各自生产一种独立的商品、但又作为一个总过程的各阶段而紧密联系在一起的那些工业部门。因此,有了机器纺纱,就必须有机器织布,而这二者又使漂白业、印花业和染色业必须进行力学和化学革命。同样,另一方面,棉纺业的革命又引起分离棉花纤维和棉籽的轧棉机的发明,由于这一发明,棉花生产才有可能按目前所需要的巨大规模进行。但是,工农业生产方式的革命,尤其使社会生产过程的一般条件即交通运输手段的革命成为必要。正像以具有家庭副业的小农业和城市手工业为"枢纽"(我借用傅立叶的用语)的社会所拥有的交通运输手段,完全不再能满足拥有扩大的社会分工、集中的劳动资料和工人以及殖民地市场的工场手工业时期的生产需要,因而事实上已经发生了变革一样,工场手工业时期遗留下来的交通运输手段,很快又转化为具有狂热的生产速度和巨大的生产规模、经常把大量资本和工人由一个生

产领域投入另一个生产领域并具有新建立的世界市场联系的大工业所不能忍受的桎梏。因此,撇开已经完全发生变革的帆船制造业不说,交通运输业是逐渐地靠内河轮船、铁路、远洋轮船和电报的体系而适应了大工业的生产方式。但是,现在要对巨大的铁块进行锻冶、焊接、切削、镗孔和成型,又需要有庞大的机器,制造这样的机器是工场手工业的机器制造业所不能胜任的。①

如果生产部门像马克思所描述的那样是相互支持、相互促进的,又如企业家在剩余价值的诱惑下总是开放更多的资本主义投资领域,那么还有什么可以阻止市场增长呢?凯恩斯之后,几乎成为传统的答案是,在投资不减速的假设下,唯一能够抑制经济增长的是充分就业或充分利用产能的制约因素。

在马克思主义的背景下,经济繁荣与实际上永久存在的产业后备军相一致。这支"军队"的规模是波动的,取决于技术进步的性质和投资活动的程度(资本积累率)。但是,如果在特殊情况的巧合下,失业率曾经降到零,资本主义扩大再生产的过程就开始失灵。这一情况有以下两个主要原因:

(1)失业对工资需求产生抑制作用(有助于保持劳动力价格接近其价值),并对工作地点的劳动力有约束作用。因此,有些失业是维持对工人阶级控制的一种有用方式,也是最后的手段,也许是唯一的方式。

(2)失业提供了一个资源池,每当出现有利可图的机会时,就可以迅速动用额外的后备军,这就要求紧急地重新部署各生产部门之间的活动以维持平衡,或者加快工作节奏,或两者都有。马克思认为,失业和积累之间存在联系,不是一成不变地增长,这种联系不是经常被强调,但可以在文本中找到相关依据:

过剩的工人人口……成为资本主义生产方式存在的一个条件。过剩的工人人口形成一支可供支配的产业后备军,它绝对地从属于资本,就好像它是由资本出钱养大的一样。过剩的工人人口不受人口实际增长的限制,为不断变化的资本增殖需要创造出随时可供剥削的人身材料。随着积累和伴随积累而来的劳动生产力的发展,资本的突然膨胀力也增长了,这不仅是因为执行职能的资本的弹性和绝对财富——资本不过是其中一个有弹性的部分——增长了,也不仅是因为信用每当遇到特殊刺激会在转眼之间把这种财富的非常大的部分作为追加资本交给生产支配。这还因为生产过程本身的技术条件,机器、运输工具等等,有可能以最大的规模最迅速地把剩余产品转化为追加的生产资料。

---

① 《马克思恩格斯全集》第44卷,人民出版社2001年版,第440—441页。

随着积累的增进而膨胀起来的并且可以转化为追加资本的大量社会财富，疯狂地涌入那些市场突然扩大的旧生产部门，或涌入那些由旧生产部门的发展而引起需要的新兴生产部门，如铁路等等。在所有这些场合，都必须有大批的人可以突然地被投到决定性的地方去，而又不致影响其他部门的生产规模。这些人就由过剩人口来提供。①

　　这段冗长的引文的关注点不仅在于资本主义失业工人的作用，它还强调了生产的加速（被理解为现有部门的加速，而旧部门的活动不减少），作为企业致富的来源和企业主动性的出口。马克思在解释正常一般均衡条件下剩余价值的存在方面取得了巨大成功，但有时往往掩盖了这样一个事实，即资本主义致富的伟大时刻，以及技术突破（生产力的发展），都发生在不平衡状态下，而不是平衡状态。资本主义中的盈利总是部分依赖于平等交换，部分依赖于不平等交换。当发生实质性的不平衡时，就会发生一种不平等交换的形式。相应的理论分析必须分两步进行。首先要区分一个已建立的旧制造业的核心，能够在再生产理论的模式下实现均衡增长；其次是在企业家典型的经济活动上进行叠加，这些企业家在追逐超额利润机会之后，没有注意按比例发展的要求所施加的限制。只要有内部或外部利润（减震器）承受不成比例的加速冲击，这个系统就能相对平稳地运行，并在发展生产力方面十分有效。

　　然而，加速将经济机制推向了极限。在这个点上，各种事情都可能会出错。成本，特别是工资成本，可能会爆炸式增长，侵蚀利润，使企业家的期望落空。额外的工资收入肯定会带来额外的需求，意味着某些市场的扩张。因此，在这种情况下，使资本主义扩张受阻的直接原因是市场障碍。然而，利润率的下降阻碍了进一步的企业活动。投资资本被撤回，或被撤出生产。一旦这种紧缩开始，那么投资不再提供扩大产出的市场。同时因为经济活动减速，增加了失业，所以工资收入致使需求下降。市场的限制来源于先前盈利能力的下滑，一旦出现，就会成为进一步资本积累的障碍。

　　的确，有组织的、有计划的资本主义应该能够接受剥削率的下降，不是因为慷慨，而是因为"投资罢工"带来的危机在放弃利润方面的成本要比有组织地退到利润较低的位置高得多。然而，这种克制恰恰与企业活动的冲动性，特别是机会主义的性质不符。它从来没有被认真地尝试过，即使尝试了，可能也不会

---

① 《马克思恩格斯全集》第44卷，人民出版社2001年版，第728—729页。

成功。

在持续的创业压力的刺激下，加速生产不一定导致成本激增，进而终结繁荣。马克思在上述一段引文中敏锐地指出，资本主义经济中的生产机制具有弹性，可以在不增加单位成本的情况下扩大生产。为了阐明这个想法，我们举一个极端的例子。假定所有成本都是直接或间接的工资成本，既定数量工人的劳动供给在既定的工资率下是完全弹性的，并且假定它随资本主义压力程度的变化而变化。那么资本在不增加单位成本的情况下就能够增加产量是非常有可能的（剥削率显然会上升）。再假定资本家的消费和投资支出都达到了绝对的最大值，即使利润增加，也不可能超过这个上限。

这些都是不现实的假设，可以理解为限制这些行为的倾向。在这种情况下，产出可能会增加，而不会相应增加支出，随之带来收入的增长和有效需求的增长。为什么在这种情况下产量应该增加？因为尽管内部市场已经饱和，但仍有国外市场能够容纳产出。事实上，这些市场可能会突然出现新的机会，刺激那些不可能有国内需求的产出。

在这种情况下，加速将会在没有额外投资的情况下进行，因此不会通过乘数效应创造自己的需求。尽管如此，依靠外国市场作为"减震器"仍然是可能的。但是，没有理由期望它的吸收能力是无止境的。当它饱和的时候，生产者（由于生产的无政府状态无法预见这个事件）发现自己有库存滞销以至于他们不得不在国内外寻求销售途径。为了节省运输成本，他们宁愿在国内处理这些货物，从而引发价格暴跌，提高了实际工资，压低了利润。然后，企业家通过削减之前的投资水平来应对，使产出和失业率开始螺旋式下降。

因此，可以想象，在弹性生产机制的基础上，在没有事先裁减投资时，加速可能会导致生产过剩。这是典型的马克思主义生产过剩的情况，企业家盲目地推动生产，超越了市场的局限，或一般的资本主义制度的局限。这些局限性不会如凯恩斯或熊彼特指出的那样，通过削弱企业家才能来实现，而是通过为需求设置有形的、客观的障碍来实现。

当然，马克思对生产过剩的定义，本着他的精神大致进行解释，生产过剩危机依然存在，即使它是先由投资下降引发的。在马克思看来，生产过剩就是生产超出资本主义制度所带来的经济所能承受的程度。企业家独有的强大的经济地位无疑是投资背后发达阶段的一个特征。当他通过削减投资而导致经济萧条时，其含义是产出已经超出了资本主义（即以足够利润为基础）的支撑点。

从广义上看，即便是典型的凯恩斯式的萧条引致的案例也是一个生产过剩的案例。

另一方面，除非萧条在大多数生产部门广泛蔓延，否则萧条不可能变得很严重。在一个相互依赖程度很高的经济体中，由于商品生产不发达，当金融体系本身受到这种病症的袭击时，也就是说，随着银行破产不断增加，支付链条破裂时，这样的蔓延是必然的。整座大厦的倒塌是由资产阶级的集体防御性应对所控制造成的，在这种情况下，"动物本能"促使其变成了一种动物性的恐慌。造成这种恐慌的手段是随手可得的，由独立形式的交换价值——货币所构成。由于交换价值是资本主义经济活动的目的，而商业处于一种失败而非赚钱的萧条状态中，那些有幸拥有或能够通过出售商品来占有一般商品的人，会持有这些商品，而不是重新消费它。这种选择的结果是概括了破产开始时支付顺序的细分。

对剩余价值贪得无厌的这个特点并不总是生产扩张的动力。在萧条时期，它转化为直接对金钱产生贪婪欲望的原始形式。凯恩斯可能将这种情况描述为无限的流动性偏好之一，而马克思却没有给出一个特殊的名字，而是描绘出一幅最生动的画面：

> 昨天，资产者还被繁荣所陶醉，怀着启蒙的骄傲，宣称货币是空虚的幻想。只有商品才是货币。今天，他们在世界市场上到处叫嚷：只有货币才是商品！他们的灵魂渴求货币这惟一的财富，就像鹿渴求清水一样。[①]

投机、利息和信用

在上一节中，企业家资本从生产中撤出的原因或是由于成本（尤其是工资成本）上升而导致的利润率下降，或是由于其他外部、国外市场的疲软。在这些情况下，从生产企业撤资的做法实际上是一种消极的防御性政策。然而，资本也可能由于积极的企业选择而从生产中撤出。企业家可以将其资本投资于投机而非生产领域。

在本章第一节中讨论的资本家作为生产管理者与纯粹的逐利者（纯粹的投机者）之间的区别在这里变得很重要。资产阶级的发展加上资本主义社会财富

---

① 《马克思恩格斯全集》第 44 卷，人民出版社 2001 年版，第 162 页。

的增加,在经历了职能分工的过程之后,产生了两种相辅相成的资本家类型:食利者和投机者。他们的共同特征是追求利润而不一定要促进生产。他们之间的区别在于食利者是被动的,而投机者是活跃主动的。因此,他可以自由地在生产和投机之间进行转换活动,根据他对最高利润机会出现的判断,将资本从一个领域转移到另一个领域。

如果投机者将资本从生产中转移出去,他们甚至可能在其他原因(由工资率上升导致的剩余价值率下降、外生市场的疲软)开始产生影响之前,就会引发或促成危机的爆发。投机资本通常为购置已有升值趋势的现存资产(股票、房地产、艺术品、商品存货)提供资金。这些资产中的大多数构成了有兴趣对各种程度的流动性资产进行重组,而不是从事生产活动的人们手中现有的财富。因此,投机活动的增加会在大多数情况下,减少对当前产出的有效需求。它代表了收入的循环流动(使用现代宏观经济学的概念)或资本循环(用马克思主义的术语来说)之外的另一种渗出。

当然,也许有人会认为,这种渗出不一定伴随着生产过剩的爆发,因为产出也会随着需求的减少而减少,直至与撤出的投资资本相匹配。萧条和失业肯定会出现,但其原因是典型的凯恩斯主义机制——消费不足,而不是马克思主义机制——生产过剩。这只有在分析低估了资本主义生产的弹性的情况下才是正确的,正如本章前面所述,马克思非常重视资本主义生产的弹性。在这种情况下,如果将很大一部分以前的工业资本用于投机活动,那么剩余的工业资本家仍然可以在一段时间内依靠信贷来保持现有的生产水平。资产阶级划分为货币资本家、工业资本家和批发商,这种划分显示了他们的经营性质。为了弥补部分工业资本"流失"为投机活动而造成的缺口,工业资本家可能会转向货币资本家(如银行)并增加借款。或者,如果投机性渗出已经开始对最终需求产生影响,则工业资本家可能会要求批发商持有更多库存(批发商可能会求助于银行以寻求更多的融资)。

无论哪种情况,对可贷资金的额外需求都将使利率产生上行压力,直至利率开始吞噬工业资本的利润。在某个阶段,工业资本家会发现,将其资本尽可能多地从生产中转移到贷款或投机上将是可取的,这进一步限制了对当前产出的有效需求的基础。这种限制最终导致了经济繁荣的终结。

还存在一个问题,企业家(在上面的最后一个例子中,他们对投机的积极偏好被假设为打破繁荣的第一个事件)是否有特殊理由在经济活动接近高峰时转向投机选择？答案必须是肯定的。随着工业和一般活动将产能推向极限，供应"瓶颈"开始出现。

在供应方面出现"瓶颈"的商品，在其所有者的市场支配力方面获得了特权地位。在其所有者控制下的存货的市场价值开始迅速成倍增长，这一事实使它们成为投机攻击的目标和诱惑。资本开始向持有这些股票的人转移，以希望它们进一步升值。就"瓶颈"数量增加和投机热潮蔓延的程度而言，资本转移变得不足。银行系统被调动起来以提供额外的信贷；额外的贷款需求导致更高的利率；这些利率侵蚀了工业资本的利润，阻碍其生产性循环。

然后，一些工业资本家可能会减少其活动，他们的供应商会发现原来用于其产品的固定销路开始消失。反过来，他们可能会寻求信贷来持有自己的商品，或者可能会同意批发商（显然是出于某种考虑）持有存货。无论哪种方式，贷款市场都会承受更大的压力，利率会进一步上升。在某个时候，大量的投机者、批发商或实业家发现，为了应付到期的债务，他们不得不亏本抛售存货。有了这样的销售，各种市场开始崩溃。破产问题不断升级，直到他们掌握了银行业部门本身，结果投机泡沫不可避免地破裂，随后使得经济陷入危机和萧条。

加速与理论不一致性

上面概述的繁荣-危机序列的场景可能有助于阐明马克思主义危机理论的某些理论矛盾，并有助于调和这些矛盾。这样的矛盾有两种：一个是广义的，另一个是狭义的。前者产生于马克思对再生产理论的分析，结合持续的、明显的经济波动理论，几乎能够产生一条均衡增长的路径。后者包括所谓的同时采纳生产过剩和消费不足的危机理论。

在本书作者看来，这些根本性的矛盾比实际更为明显。如果按照扩大再生产理论，如果非资本主义环境叠加在沿着某种充分就业均衡增长路径发展的资本主义经济上，则第一种矛盾可以被调和。非资本主义的环境，加上在整个就业增长路径上都具有一定的生产潜力弹性，为企业家提供了超越平衡增长率的加速活动的手段。在这种结构中，再生产计划不构成过度扩张的障碍，而一旦外部市场被耗尽，该过度扩张最终就会崩溃。

有没有证据表明马克思实际上是按照这些思路思考的？证据并不多，但确实存在。在他对于对外贸易的各种提及中，他始终把对外贸易与无限（或越来越高)的扩张需要联系在一起。"在没有对外贸易的情况下,资本主义生产根本就不存在。"他在扩大再生产的讨论过程中提醒读者。① 在研究利润率时,他进一步扩展了这个观点:

  对外贸易的扩大,虽然在资本主义生产方式的幼年时期是这种生产方式的基础,但在资本主义生产方式的发展中,由于这种生产方式的内在必然性,由于这种生产方式要求不断扩大市场,它成为这种生产方式本身的产物。②

  在本书作者看来,马克思的第二种所谓的矛盾(马克思的危机理论中同时存在生产过剩和消费不足的情况)也可以按照类似的方式加以调和。大众消费不足是资本主义的根本。这并不意味着系统中固有的任何一种特殊的心理,促使工人消费低于他们的需求,或者限制了他们的需求。相反,资本主义制度,如果有的话,是偏向于刺激人们的一种新需求,例如通过商业广告,这些新需求是大多数工人都难以满足的需求。这也不是凯恩斯主义意义上的边际消费倾向随收入增加而下降。术语"消费不足"仅表示工人们无法从市场上买回他们生产的全部消费、投资和奢侈品,因为他们受到劳动力价值的限制。因此,消费不足不会因为通过投资(以及统治阶级的奢侈消费)注入了额外的需求而引起永久性停滞。(消费不足的)工人和(投资)资本家的消费平衡,在理想的情况下,可以使资本主义经济永远保持在均衡增长的轨道上。但是,这将与企业家倾向于在每一个机会上加速扩张至高于均衡增长的趋势相矛盾。这种加速只能由外部市场来支持。只要外部市场继续扩大,那么消费不足导致有效需求不足仍然是存在的。外部出口关闭后,需求不足就会暴露出来。

资本的三个循环

  上一章末尾介绍了这样一个观点,即资本主义制度在非危机时期的相对稳定可以用"减震器"的存在来解释,这种"减震器"能够平息由于资本主义市场的无政府状态而产生的或多或少的持续干扰。有人指出,马克思不仅研究了"减震器"的理论形式,而且还研究了其实际形式,但在后者中,唯一提到的例子就是世界市场。

  在本章的内容中,引入了两个主要的内部,而非外部的冲击减震机制,但没

---

① Karl Marx, *Capital*, Vol. II (Moscow, 1967), p. 474.
② 《马克思恩格斯全集》第 46 卷,人民出版社 2001 年版,第 264 页。

有明确描述说明,即信贷和批发贸易。为了更正式地介绍其职能,现在的讨论必须转向马克思定义的资本的三个循环。到目前为止,资本循环的概念已被反复使用,但仅以其形式之一,即货币资本循环的概念,它可以用示意图表示为:

$$M-C-\genfrac{}{}{0pt}{}{MP}{LP}\cdots P\cdots C'-M'$$

必须注意的是,在该循环的两端,$M'>M$,货币自身得到了增值,从而实现了资本主义生产的目的。资本循环可以用另外两种形式表示:生产资本循环和商品资本循环。这两种循环依次可被表示为:

$$P-C'-M'-C'-\genfrac{}{}{0pt}{}{LP}{MP}\cdots P' \qquad \text{(生产资本循环)}$$

$$C'-M'-C'-\genfrac{}{}{0pt}{}{LP}{MP}\cdots P'\cdots C''' \qquad \text{(商品资本循环)}$$

在上述所有图示中,与货币资本一样,带撇号的字符在数量上要大于未带撇号的字符。

必须强调的是,基本上资本的循环只有一个。为了实现资本主义生产的目的,一定的资本总额必须先后采取货币资本、生产资本和商品资本这三种形式。它必须作为货币用于购买不变资本和劳动力,这二者结合起来形成生产资本,其生产的商品必须出售以获得货币,依此类推。三种循环的区别取决于为循环一整圈而选择的起点不同。从一个不太正式的角度来看,每种循环都对应于早先列出的资产阶级的三个分支中的一个——货币资本家、产业资本家和商业资本家。每个小阶段的目标能否成功,取决于资本循环完成一个完整周期的时间,以便货币资本家可以收回资金以及利息,商业资本家可以通过利润补充其存货,而产业资本家可以扩展其设备为自己赚取利润。当然,这并不是说资产阶级的各个部分意识到这样一个事实,即资本,以它们各自所拥有的特定形式,必须经历其他所有形式,以便通过增加剩余价值尔后返回到原始所有者手中。尤其是货币资本家,他们仅仅观察到一件事:他们借出货币,使货币增加了收益($M\cdots M'$),就像变魔术一样。事实上,它必须用于生产,以扩大他们的视野。由于实业家的视野有限,产生了这种误解,使人们逐渐认识到,资本具有与劳动分离的某些固有的价值创造能力。

如果纯粹孤立地考察三种形式中任何一种形式的循环,作为一次性的,而不是重复性的事件,那么人们就永远不可能同时观察到所有三种形式的资本。刚开始时,只能观察到一些货币。在那之后,货币将消失,只有生产资料和劳动力存在。之后轮到它们消失,只有商品形式的产品会被保留下来。这些被售出时将退出循环,而货币会再次出现,重新开始该过程。但是,在单个时刻,最多只能观察到循环的一瞬间。

相比之下,如果从一个阶段到下一阶段的永续发展的更现实状态来考察循环,一旦第一笔货币资本转换为生产资料和劳动力,第二笔货币资本就排队继续生产,保持生产的进行。在循环开始时,更多货币资本的支出并不取决于返还原始储藏库的产品销售收入。货币一直在被消耗,不变资本和可变资本的使用和再利用没有闲置间隔,商品被不断地存储和出售;换句话说,一部分资本以其所有形式同时存在于循环的各个节点。考虑到生产和交换需要一定的时间,在循环中的所有点上同时存在资本,这就意味着要形成一定数量的存货,以在各个阶段支持该过程,然后才能从其自身产出的流量中获得自我支持。货币资本家手中需要货币资金,批发商手中需要材料、食品和制成品库存,产业资本家手中需要设备(固定资本)库存。

在资产阶级的三种类型中,只有产业资本家才直接从劳动中获取剩余价值,因为只有在生产商品(不同于交换和流通)中使用的劳动才具有生产价值的能力,因此也有生产剩余价值的能力。因此,生产资本的循环是整个过程的重点,而货币和商品资本的循环以辅助的方式与之一起发挥作用。这并不意味着货币和商业资本家不会一直努力损害产业资本家的利益,而往往是成功地削减自己的剩余价值。他们以利息和商业利润的形式占据工业家较大部分的剩余价值。这种竞争总是存在的。但是,这也的确意味着在没有生产资本繁荣的情况下,其他两种形式也注定会萎缩。

为了使生产资本繁荣起来,工业家必须要有一定回旋的余地,以便不受阻碍地加快生产速度,超越任何现行的增长率,以寻求突然的机会,而不受任何需求障碍的限制。资产阶级各部分之间的职能划分(反映在三个循环的区别中)确实提供了这样的空间。马克思非常尖锐地指出了这一点:

W'一旦卖出,转化为货币,就可以再转化为劳动过程的从而再生产过程的各种现实因素。因此,W'是由最后的消费者购买,还是由想转卖的商人购买,这都没有什么直接的影响。资本主义生产所生产出的商品量的多少,取决于这种生产的规模和不断扩大生产规模的需要,而不取决于需求和供给、待满足的需要的预定范围。在大量生产中,直接购买者除了别的产业资本家外,只能是大商人。在一定的界限内,尽管再生产过程生产出的商品还没有实际进入个人消费或生产消费,再生产过程还可以按相同的或扩大的规模进行……产品只要卖出,在资本主义生产者看来,一切就都正常。①

马克思还认为,货币资本家与商人资本家联手扩大了产业资本的活动范围:

在现代信用制度下,商人资本支配着社会总货币资本的一个很大的部分,因此,它可以在已购买的物品最终卖掉以前反复进行购买……由于商人资本的独立化,它的运动在一定界限内就不受再生产过程的限制,因此,甚至还会驱使再生产过程越出它的各种限制。②

因此,只要资产阶级各个部门之间的"劳动分工"为工业资本的行为创造了内部利润,即使没有外部非资本主义环境,也有可能超越扩大再生产的界限进行加速。信贷形式和批发贸易内部"减震器"用于不成比例的、过剩的供应。而且,就像在非资本主义环境中一样,当内部"减震器"的潜力用尽时,经济危机的洪流就泛滥开来。资本循环不可能永远通过将自身分为三种构成形式而发展,不能仅仅通过扩大金融资产就在资本主义交易者之间扩大供求关系,而不向实体经济中的最终消费者或投资者敞开大门。当达到"资本主义内部"交易的极限时,马克思指出:

这时,商品的潮流一浪一浪涌来,最后终于发现,以前涌入的潮流只是表面上被消费吞没。商品资本在市场上互相争夺位置。后涌入的商品,为了卖掉只好降低价格出售。以前涌入的商品还没有变成现金,支付期限却已经到来。商品持有者不得不宣告无力支付,或者为了支付不得不给价就卖……于是危机爆发了。③

他再一次明确地提到了临时的、有些人为的内部"减震器"的特性:

内部的依赖性和外部的独立性会使商人资本达到这样一点:内部联系要通过暴力即通过一次危机来恢复。④

结 论

在不间断地发生危机时期,马克思在他的著作中率先提出了资本主义周期

---

① 《马克思恩格斯全集》第45卷,人民出版社2001年版,第88页。
② 《马克思恩格斯全集》第46卷,人民出版社2001年版,第339页。
③ 《马克思恩格斯全集》第45卷,人民出版社2001年版,第89页。
④ 《马克思恩格斯全集》第46卷,人民出版社2001年版,第339页。

性发展的思想。从那时起,对于马克思主义经济学而言,危机的不可避免性几乎是不言而喻的。甚至许多非马克思主义者都可能会认为,尽管有凯恩斯主义的理论见解和政策规定,但迄今为止,资本主义制度的行为总体上证明了马克思主义的预测是正确的。

经济增长周期的观点引起了许多非马克思主义经济学家的共鸣。然而,并非所有人都同意马克思的观点,即周期是资本主义病态的症状,是生产力量被束缚的征兆,也因此是资本主义制度终结的一种征兆。大多数凯恩斯主义者对由萧条造成的人员和物质浪费持批评的态度,但他们会认为,通过改革而不是完全排斥资本主义,可以解决失业和其他随之而来的现象。其他人,比如熊彼特,则认为周期从资本主义时代开始就主导了经济,这不是衰老的症状,而是资本主义下的经济发展的典型形式,它构成了一种正常的、基本健康的现象。

马克思的观点,至少如本书所述,具有以下区别。在资本主义生产方式中,它确定了一个核心部分,该部分已经由先前的资本积累时期建立,可以按照再生产计划提出的思路表达为均衡系统。[与此同时,利用数理经济学创造的工具,如今的再生产计划可以用投入-产出表的形式进行,而长期的再生产可以作为以均衡(可能是"黄金时代")的多部门增长模型的形式呈现。]

在一个有规律增长的经济(或者更确切地说,是一种理论上能够实现均衡增长的经济)的核心上,马克思叠加了典型的资本主义形式的经济活动。他的资本家急于通过加速生产超出均衡发展的限制,实现寻求超额利润的机会。只要存在内部或外部利润允许不成比例的加速继续,系统就可以满负荷运行,从而极大地发展了生产力。在加速达到极限之后,经济会反弹,危机不仅加速了边缘化,而且也凸显了(理论上)平衡的核心。

在资本主义时代初期,不协调加速发展的利润仍然很大。生产力的发展可以不受阻碍地进行,经济可以在没有深度周期和长期萧条的情况下增长。但是,到了19世纪初期,由于工业革命期间生产力的极大提高,自由加速的利润开始缩小,危机开始周期性地发生,从那时起,经济就伴随着大量的资源浪费,以一种不稳定的方式继续增长。

对于马克思来说,作为历史唯物主义者,这一变化是他对资本主义时代后期设定的束缚过程理论预测的一个主要方面。他认为,这种历史突变的经济关键在于自由资本主义的加速发展,而这种加速发展正变得越来越困难。随着非资本主义环境的逐渐衰竭,由迄今未被征服的领土的开放所支持的加速的可能性变得越来越罕见。随着加速成为问题,生产力的发展没有得到鼓励,束缚就开始了。资本主义企业家逐渐意识到,他们不能进行无止境的行动。但是,为了在现代之前充分发掘科学、技术、教育和积累成果中所隐含的生产潜力,资本主义需要这种假设(以及支撑该假设的现实)。它必须进行得好像不存在生产无政府状态、社会特权、剥削、阶级划分等障碍一样,好像生产可以真正地以最大限度地满足最大数量的需求为目标。这种假设确实是可能的,但仅在加速的范围足够大的时候。在这样的阶段中,资本主义关于生产力发展的束缚性问题暂时被中止了。当资本主义制度丧失了假定的废除分裂精神的能力,以废除并积极地中止其自身的局限性时,它不再为经济发展的目的服务。这也就是马克思所认为的,它进入了历史衰落阶段,成为自己的障碍:

> 资本主义生产的真正限制是资本自身,这就是说:资本及其自行增殖,表现为生产的起点和终点,表现为生产的动机和目的;生产只是为资本而生产,而不是反过来生产资料只是生产者社会的生活过程不断扩大的手段。以广大生产者群众的被剥夺和贫穷化为基础的资本价值的保存和增殖,只能在一定的限制以内运动,这些限制不断与资本为它自身的目的而必须使用的并旨在无限制地增加生产,为生产而生产,无条件地发展劳动社会生产力的生产方法相矛盾。手段——社会生产力的无条件的发展——不断地和现有资本的增殖这个有限的目的发生冲突。因此,如果说资本主义生产方式是发展物质生产力并且创造同这种生产力相适应的世界市场的历史手段,那么,这种生产方式同时也是它的这个历史任务和同它相适应的社会生产关系之间的经常的矛盾。[①]

[①] 《马克思恩格斯全集》第46卷,人民出版社2001年版,第278—279页。

第八章

利润率的下降趋势

导 言

当前,利润率下降趋势的理论很可能是马克思主义经济学中最具争议的部分。它的实证有效性已被反复统计检验,尚无定论的结果。[①] 在最近的讨论中,它的逻辑有效性也受到了严峻的挑战。[②] 关于该理论意义的分歧有很多,而且很难通过参考原始资料来解决。马克思在《资本论》第三卷[③]中所说的"利润率下降趋势定律"充满了故意的、明显的含糊性。他分两部分介绍了他的"定律":第一,坚持认为资本主义生产力的发展将带来与资本家所期望的恰好相反的结果——利润率降低而不是提高;第二,许多"反补贴影响"趋向于抑制甚至扭转主要趋势。结果,尽管很明显,马克思可以以任何经验证明为依据解决模棱两

[①] 两个基本的早期研究是:Joseph M. Gillman, *The Falling Rate of Profit* (New York, 1958); Shane Mage, "The Law of the Falling Rate of Profit", unpublished PhD thesis, Columbia, 1963。最近一次的尝试,参见 E. Weiskopf, "Marxian Crisis Theory and the Rate of Profit in the Postwar US Economy", *Cambridge Journal of Economics*, 1979, 3, pp. 341—378。

[②] 对于一个优秀的,尽管有倾向性的,对反对马克思的"定律"的案例的总结,见 Philippe von Parijs, "The Falling Rate-of-Profit Theory of Crisis: A Rational Reconstruction by Way of Obituary", *The Review of Radical Political Economics*, 12, 1 (Spring, 1980)。

[③] Karl Marx, *Capital*, Vol. III (Moscow, 1971), pp. 211ff.

可的问题,达到自己满意的程度,支持利润率会逐渐下降的观点,但基本理论并未就利润率是必须上升还是下降做出逻辑上的必要预测。从实证检验的角度来看,这种理论状态会提出不可克服的障碍。任何一组用来证明盈利能力下降假设的统计数据都可以被这样一种说法驳倒:在这段时期内,一种或另一种"抵消性影响"成功地抵消了主要趋势。

在本书作者看来,原始表述的模棱两可无疑是繁重的,但不一定致命。在某些方面(尽管强调不能通过对经验的驳斥提供永恒的证明),它可能会变成一种优势。它产生了一定的概念张力,这可能导致进一步的理论发展。在本章的最后一部分中将提出在这个方向上可能取得的进展的建议。

与定律相关的另外一些困难是如何解释它们。在马克思著作的整体架构中,有关盈利能力下降的部分占有重要地位。它将马克思主义经济学的三大主题编排成一个体系。这三大主题分别是:在资本主义条件下,生产力得到了划时代的发展;生产关系束缚生产力的发展;以及社会主义社会是在资本主义的客观前提条件下出现的,社会主义是通过资本主义自身的发展而产生的。因此,很难决定定律应在本书的哪个主题下出现。根据它的重要性,大多数评论家和马克思自己把它放在关于生产力束缚的部分。同时,在这个问题上,马克思主义理论胜过了其他任何理论,大家应该记住:马克思主义理论是一个紧密结合的逻辑体系,为了更好地解释,这个定律必须被放在不同的主题下,但是它的推理过程必须被视为一个连贯的整体。

这里要提到的最后一个困难是关于定律中数量关系的阐释。上面已经说过了马克思主义经济理论有两组量化概念:价值和价格。到目前为止,在这本书中最初纯粹从价值的角度进行分析,而不涉及两种数量体系的一致性问题(也就是转型问题)。如前所述,在马克思主义经济学中,这一信念的尝试是最能激发研究兴趣的,也是其理论目的所在。如果起初理论的所有要点都是以纯价值机制进行研究的,那么到后来,又将其置于价格机制的框架之下进行探究。

然而,最近有许多对利润率下降的规律不可能用价值来阐释的评论。这在很大程度上取决于对生产价格的假设。为了克服这一困难,本书将分两章介绍这一定律。在劳动价值理论中,传统的表述是首先单独讨论价格机制,然后在介绍时引入新的概念。

技术、价值与有机构成

牢记一点,一个数量关系远远不能证明它的有效性,利润率下降趋势的规律可以非常简单、优雅地用三个比率来表述,这三个比率都用价值来表示:利润率、剩余价值率和资本有机构成。第四章已经介绍了利润率,即 $r=s/(c+v)$ 和 $v=(s/v)/[(c/v)+1]$(其中 c 为固定资本、v 为可变资本、s 为剩余价值)。在利润率 s/v(剩余价值率)和 c/v 这两个比率分析中,第一个问题在第七章讨论过,c/v 还有待考虑。

这个式子中的分子和分母分别为不变资本和可变资本。就其式子本身而言,考虑到它的影响因素,该比率被描述为资本的有机构成(其中总资本当然是 $c+v$)。在价值构成背后,是资本在物质形态上由生产资料的数量同使用这些生产资料的劳动力数量所构成的技术关系。这种关系被描述为资本的技术构成。尽管劳动力(或他们的生活资料)和生产资料,两者都以各自对应的物质单位计量,但是不能以同一个单位度量的,因此不能被表示为一个指数[①],只要生产资料的类型和质量没有太大的变化,就可以描述为技术构成的上升或下降。每个操作人员配备更多的机器(如更多的动力织机),假定增加的织机是与先前的大致相似,就表示资本技术构成有所提高。当然,如果每个工人的许多小型织机都被规模较小的大型织机所取代,如把蒸汽动力织机改成电动织机等,这些都会提高计量的困难。在这样的质的转换下,虽然它们无法完全精确地进行数值测量,但不妨碍在广泛的方向变化上的估测,当评估事物自然地变化方向时,是足够清晰的。

马克思关于技术构成的发展的理论,就是建立在这种广泛的评价之上的。他的一生经历了生产技术剧变的工业革命,因此他不能忽视这种普遍原理,即资本主义正在开启一个用机械方法日益取代人类劳动的时代。越来越少的工人将启动越来越多的机械设备;他们也将在任何给定的时间内处理更多的材料。这种趋势的最终结果将是完全用自动化工厂取代手工生产劳动——这是马克思的一个富有远见的预言,在20世纪后半叶似乎正在成为现实。

技术构成的显著增长是马克思指出的影响价值构成的两种力量之一。表

[①] Ben Fine and Lawrence Harris, *Rereading Capital* (London, 1979), pp. 58ff. 书中对这一点进行了很好的讨论。

示技术构成的变化价值构成,被称为资本的有机构成。

作用于价值构成的第二种力量是技术进步,尤其是一种可以降低固定资本要素成本的技术进步。如果人均使用的机械设备和材料库存以物理单位计量,假设 v 不变,c 上升,那么 c/v 值会上升。然而,技术进步可以降低 c 的价值单位成本,足以补偿物理数量上的增长。在纯逻辑中,技术进步是指不确定的总价值量的变化。没有人能排除尽管设备等在物理数量上持续增加,但技术的发展速度可以快到足以降低 c 的总价值的可能性。

马克思确实觉察到了这些可能性,但在他看来,这必然是无可争辩的事实根据,即技术进步虽然减缓了 c 的全部价值幅度的上升,但还不足以使其完全逆转。很明显,这导致的结果是:只要 v 不变,有机构成就会上升,尽管速度不如技术构成增长快。

但是,由于技术进步可能会影响生产工资产品的部门,因此不能维持 v 不变的假设。为了完整性,必须共同考虑技术进步对 c 和 v 的影响。任何 v 的下降,由于工资商品的贬值,将提高 c/v。要使 c 生产的技术进步扭转这一增长趋势,就必须满足两个条件:(1)足够快地抵消机械设备和材料的数量增长;(2)满足(1)足够强大,可以抵消由于工资商品部门生产力的提高而导致的 v 的任何贬值。

或者,可以假定生产资本部门和生产工资商品部门技术进步率相等的条件。在这种情况下(可以称之为"马克思的中性技术进步"),所有商品的相对单位价值(马克思的交换价值)将保持不变,从而使技术构成变化的影响充分反映在资本的有机构成中。然而,在"马克思中立"的假设下以及技术构成上升的情况下,资本有机构成会毫无疑问地上升。[①]

剩余价值率

在剩余价值率保持不变的前提下,随着资本有机构成的增加,利润率的定义可以直接预测其下降的趋势。分数式的简单检验:

---

① M. Morishima, *Marx's Economics* (Cambridge, 1973), pp. 142—143. 这种技术进步的中立性在书中得到了严格的定义。

$$r=\frac{\dfrac{s}{v}}{\dfrac{c}{v}+1}$$

如果分子(s/v)不变,当分母(c/v)升高时,分数整体会变小。

这一论证的简洁优雅不应被误认为是对所涉及命题有效性的证明。这种证明不依赖于关系的代数表示,而是依赖于假设和基于它们的分析的逻辑一致性和经验稳定性。在逻辑因素的主导下,早期对利润率下降趋势规律的批评是对逻辑事实一致性的挑战。特别是,有人认为[①]剩余价值率不变的假定与经济机械化的基本前提是不一致的,因而也不符合提高生产力的基本前提。在其他条件不变的情况下,这样的发展将降低工资商品的价值,提高剩余价值,从而导致利润率上升。

马克思意识到,剩余价值率的增长有可能抵消其定律的主要趋势,他把它列为抵消影响之一。与他有关的机制不是通过提高生产力来降低工资商品的价格,而是通过在工资方面增加资本家阶级对工人的剥削来降低工资。采用这种想法最终的逻辑结论是:可变资本下降到几乎为零,工人没有消费。他认为,这种补偿方法的有机构成必然会碰到自然时间长度不可逾越的障碍。即使工人不为自己做任何必要的劳动,而只为资本家从事剩余劳动,即使他们的工作日无限期地延长,他们也不能超过理论上最长的 24 小时。一旦达到这一点,利润率下降、剩余价值率上升的补偿就结束了。在接近理论最大值(最大剩余价值率)之前,这种补偿将变得越来越困难。从算术上可以看出,即便是为了保持利润率不变,剩余价值率也必须以越来越快的速度增加。[②] 可以预料,工人对资产阶级加速压迫工人阶级生活水平的行为将会产生越来越大的抵抗力。以下引文可以尝到马克思论点的味道:

只要生产力的发展使所使用劳动的有酬部分减少,它就使剩余价值增加,因为它使剩余价值率提高了;但是,只要它使一定量资本所使用的劳动的总量减少,它就使人数这个在求剩余价值量时和剩余价值率相乘的因素减少。两个每天劳动 12 小时的工人,即使可以只靠空气生活,根本不必为自己劳动,他们

---

① P. M. Sweezy, *Theory of Capitalist Development* (London, 1962), pp. 100ff.

② Karl Marx, *Grundrisse* (London, 1973), pp. 338—340. 马克思在书中给出了这样的算术例子。关于更一般的数学处理,参见 David Yaffe, "The Marxian Theory of Crisis, Capital and the State", *Bulletin of the Conference of Socialist Economists*, Winter 1972, p. 26.

所提供的剩余价值量也不能和 24 个每天只劳动 2 小时的工人所提供的剩余价值量相等。①

马克思的观点是正确的,但它不能以利润率的代数表达式为基础加以形式化,以证明剩余价值率和资本有机构成的各自影响。表达式为:

$$r=\frac{\frac{s}{v}}{\frac{c}{v}+1}$$

如果 v 变成 0,分子分母都变成无穷大,整个表达式为不定式。等价形式变为:

$$r=\frac{s}{c+v}$$

因此,必须用来研究利润的最高比率。那么很明显,当 v 缩小到零,而 s 扩大到整个工作日,则利润率变成:

$$r=\frac{\bar{s}}{c}$$

现在 $\bar{s}$ 被一天 24 小时的上限所限制,任何 c 的进一步增加必然导致 r 的减少。

为了明确说明 $\bar{s}/c$ 是利润率的上限,这里结果可重述为:

$$r=\frac{s}{c+v}<\frac{s+v}{c}=\frac{\bar{s}}{c}$$

从形式上讲,这种不等式是通过将 v(一个正数)从 $s/(c+v)$ 的分母(当劳动被视为不消耗预付资本)转移到分子(因为即使资本家不消耗任何成本,劳动仍然创造价值)而建立的。由于原始分数中的其他量(s 和 c)不变,分数 $(s+v)/c$ 比 $s/(c+v)$ 的分子大而分母小,因此它是一个较大的分数。根据不等式的有界性,上式成立。

对剩余价值率增长论调的回应,将讨论的基础从实际的趋势转移到了利润率最大化的趋势。毫无疑问,这削弱了原来的马克思主义立场。显然,这两种利率在特定时间内都不必朝着同一个方向移动,尽管可以认为,在某个不确定的时间点上,最高利润率的趋势将主导实际利润率。图 8.1 说明了一个情况,波动的实际利润率先是上升,然后在达到最高利润率的趋势后开始下降。

必须注意的是,当所有当前的劳动力都已成为剩余劳动力时,代表的最高利润率恰恰与资本的有机构成呈相反的变化。因此,显示出最大利润率下跌的

---

① 《马克思恩格斯全集》第 46 卷,人民出版社 2001 年版,第 276 页。

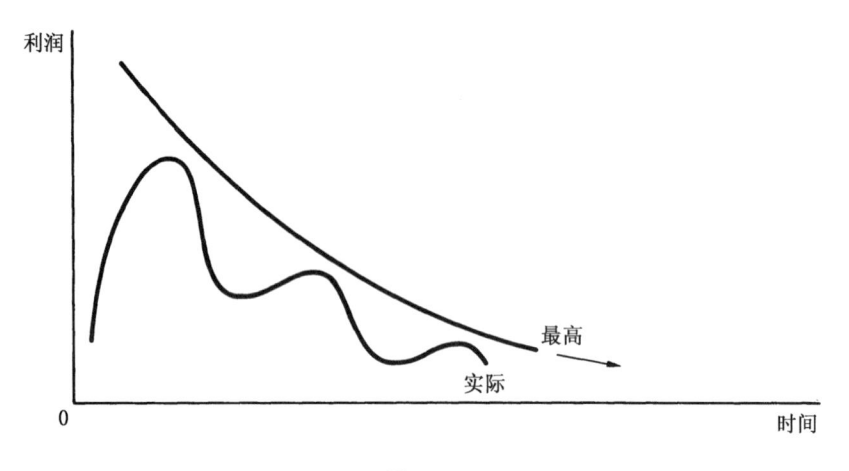

图 8.1

趋势严格等同于资本有机构成增长的假设。

这正是第二种批评选择的攻击路线。相关论点实质上直接与技术进步的影响相关。诚然,如果技术进步在生产固定资本要素方面比在生产工资商品方面快得多,实际利润率就会上升。这一上限将进一步提高,因为不存在工资商品部门通过降低自身的成本来制衡 c。

随着技术进步,即便是最高利润率也有可能上升,这只是一种出路。必须指出,有些领域的生产遇到了收益递减的问题,这种收益递减的问题顽固地拒绝向人类的发明创造让步。有趣的是,马克思并没有错过这个终极难题的解答。在《剩余价值理论》(*Theories of Surplus Value*)第三部分中,他提出并回答了如下设问:

在原料方面,可以提出这样一个问题:假如纺纱业的生产力提高 10 倍,也就是 1 个工人现在纺的纱和过去 10 个工人纺的纱一样多,那么,为什么 1 个黑人现在生产的棉花不可以和过去 10 个黑人生产的棉花一样多,也就是说,为什么不可以使价值比例在这里保持不变呢……对上面提出的问题,可以非常简单地回答如下:一部分原料,如毛、丝、皮革,是通过动物性有机过程生产出来的,而棉、麻之类是通过植物性有机过程生产出来的;资本主义生产至今不能,并且永远不能像掌握纯机械方法或无机化学过程那样来掌握这些过程。像皮革等等以及动物的其他成分这类原料所以变得昂贵,部分原因就在于荒唐的地租规律随着文明的进步使这些产品的价值提高了。至于煤和金属(以及木材),它们随着生产的发展已变得非常便宜;然而在矿源枯竭时,金属的开采也会成为比较困难的事情,等等。①

尽管这段话在马克思的著作中处于一个相当边缘的位置,但它包含了对上面提到的技术异议的唯一可能的最终答案。然而,与其说这是马克思主义的回答,不如说这是李嘉图式的启发。它并没有将利润率下降的原因归结于有机构成的上升,而是归结于自然资源的缺乏,可能在资本主义中受到了不公正的对待,尽管如此,还是很吝啬。如果这成为对技术反对的主要回应,马克思"定律"就会动摇到批判力量的根源。

马克思把利润率下降趋势的"定律"建立在有机构成上升的基础上,试图与古典政治经济学进行一次非常大胆的理论突破。后者,以李嘉图的名义,已经制定了一项类似的定律,那是由农业收益递减而导致的租金上涨。这使得资本主义成为一个自然的而不是有社会限制的体系。相比之下,不断上升的有机构成,虽然是以机器的对抗为前提的,因此也是以资本对抗工人为前提的,却把利润率的下降作为削弱资本主义的激励和财富来源,同资本主义生产关系的固有特征联系起来。问题并不简单,资本主义发现自己陷入了一个无法解决的矛盾:资本主义者通过努力维持利润的手段(机械化),削弱了他们的激励和回报。农业利润与收益递减之间的矛盾同样无法解决。然而,第二种情况意味着生产力量已经在其资本主义体系中发展到了人类和自然所能达到的极限。没有留下任何余地,让一种继承的生产方式继续超越资本主义固有的能力来征服自然。因此,在唯物史观的原则下,不会有继承的生产方式。资本主义是永恒的。②

另一方面,第一个矛盾(机械化和盈利能力之间的矛盾)在达到自然规定的极限之前,将资本主义经济活动推向一个没有增长的静止状态。因此,该制度属于人类,通过社会阶级斗争的方式,将被一个能够进一步扩展以满足更丰富的人类需求的制度所代替。

因此,马克思在这一点上避免借用李嘉图经济学的理论是至关重要的。马

---

① 《马克思恩格斯全集》第36卷,人民出版社2015年版,第244—245页。
② 当然,还有人认为,即使资本主义能够将生产力推向自然极限,这种生产力也更符合社会主义,而不是资本主义的社会生产关系。到那时,社会主义就会显得社会上是可取的,但在技术上却不是不可或缺的——因为它使生产力的发展有了更大的空间。根据这些评论重新考虑历史唯物主义的原则可能是有趣的[我的想法来自与梅格纳德·德塞(Meghnad Desai)教授对主要文本的非常激动人心的讨论],但它们不在本书中做进一步讨论。

克思主义作为社会革命理论的一个重要组成部分,他在一定程度上受到了挑战。在本书作者看来,这一缺陷不是致命的,但却是一个严重的缺陷。

新的批评浪潮

到目前为止的批评代表被称为老一代开明的马克思主义。毫无疑问,他们深刻地动摇了马克思的定律。同时,他们也停留在马克思思想的基本范畴之内:一种主要倾向和一套反倾向之间的斗争。从某种意义上说,旧批评的总体方向是坚持认为,不是一种而是两种主要的不确定的相对力量的较量,因此,就利润率而言,结果是不确定的。虽然两股对立的力量已经正确地被识别出来,利润率下降的趋势仍然保持一种明显的可能——这个主张从未成为问题,但是争论还在持续。

最近一连串批评的根本特征是:它挑战了两种对立的力量这一框架。根据新的批评者的观点,他们事实上重新提出并重申了一个非常古老的批评,这可以回溯到世纪之交,图根-巴拉诺夫斯基(Tugan-Baranowsky)和冯·鲍特基维茨的观点,竞争资本主义在技术选择方面,没有留下两种倾向的余地;它只允许利润率上升的一种可能性。

正如导言所述,新的批评不是从价值上,而是从生产价格上提出的。第四章介绍了生产价格的概念。简单回顾一下,生产价格定义的出发点是商品价值的概念:

$$W=c+v+s \tag{1}$$

公式(1)s 被表达式 $r(c+v)$ 所代替,其中 r 为现行利润率。这种替代是合理的,因为资本家不知道、不关心不变资本和可变资本之间的区别,也不关心只有可变资本才能产生剩余价值。实际上,他们在设备、材料等方面和工资上都花了一笔钱(他们购买固定资本和劳动力要素),目的是从整体投资上获得金钱回报,而不仅仅是支付工资。因此,他们对总成本 $(c+v)$ 收取一定的加价 r,作为每单位产出的利润。不管这种利润的最终来源是工人的剩余价值,还是资本设备的回报,他们既不理解,也不想知道。即使他们知道,他们的行为也不会有任何不同。因此,生产价格为:

$$p=c+v+r(c+v)=(1+r)(c+v) \tag{2}$$

公式(2)是价格和价值的混合体;c 和 v 用值来表示,p 用价格来表示。但是,不变资本和可变资本本身在市场上交易的不是价值,而是它们的价格。为了确定这些,需要一个由两个联立方程组成的系统,一个用于资本商品,另一个用于工资商品:

$$
\begin{aligned}
&(\text{I})\, p_{\text{I}}=(1+\varrho)(p_{\text{I}}k_{\text{I}}+wl_{\text{I}})\\
&(\text{II})\, p_{\text{II}}=(1+\varrho)(p_{\text{I}}k_{\text{II}}+wl_{\text{II}})
\end{aligned}
\quad (3)
$$

其中,p_{I}、p_{II}为生产价格,k_{I}、k_{II}为资本投入,以每单位产出实物单位计量,l_{I}、l_{II}为单位产出工时,w为工资率,ϱ为利润率(定义见下文)。

在这个非常基本的方程组中,两种商品中的一种将被用作记账货币(作为计价单位),这样它的价格就等于它本身的一个单位。以工资为基准,方程组(3)可以改写为:

$$
\begin{aligned}
&(\text{I})\, p=(1+\varrho)(pk_{\text{I}}+wl_{\text{I}})\\
&(\text{II})\, 1=(1+\varrho)(pk_{\text{II}}+wl_{\text{II}})
\end{aligned}
\quad (4)
$$

其中,p是一个相对价格,以工资商品的数量表示资本商品的单位。假设工人消费了工资商品的数量w,而没有资本商品的单位,那么w可以作为系统中的实际工资。假定外生变量w是生活最低水平,方程组就可以解决剩下的两个未知数ϱ和p。

这个系统的典型特征是利润率ϱ不是预先确定的,而是与价格同时出现,作为系统推理的结果。这个ϱ被称为利润率的价格,与利润率的价值率$r=s/(c+v)$不同。利润率并不是任何方程组的解的一部分。假设投资于经济的总不变资本c和总可变资本v以及总剩余价值s为已知,则整个经济的利润率为:

$$r=\frac{\sum s}{\sum c+\sum v}$$

然后应用在每一特定商品的成本计算中[如公式(2)所示]。一般来说,价值和利润率是不一样的。

马克思在制定他的"定律"时,使用的是利润率的价值,而新批评派使用的是利润率的价格。这并不是不可接受的,因为技术的选择(引入或多或少机械设备的决定)是由实践的资本家做出的,他们是在价格而不是价值的背景下运作的。人们还普遍认为,没有哪个资本家会采用可能降低其当前利润率的创新。对于其余部分,资本家按照马克思所描述的价值体系的方式行事。他们中的一些人发现了一种新的技术,如果由一两家公司引进,将不会影响商品的市场价格或一般利润率,而会给先行公司带来超额利润。问题是,新技术推广后,整个行业的成本都降低了,相应地,新的价格水平也确立了,利润率又会怎样呢?

新批评派认为,基于这些前提,再加上实际工资保持不变的假设,利润率只会上升。为了阐释他们的论点,以上的方程组(4)将被使用。为了在文本中进行演示,必须假定技术进步是"马克思中立"的(成本和价格在每个部门的下降比例相同)。一般来说,不需要做这样的假设。选取方程组(4)的方程(Ⅰ),得到如下结论:Ⅰ区某创新企业引进了新技术(k', l')。它可以利用现有价格,同时降低成本,实现超额利润;因此,对于该公司,价格-成本体系如下:

$$p > (1+r)(pk' + wl') \tag{5}$$

当新技术普遍化后,随着新价格和新利润率的形成,价格再次与成本一致下降,公式(5)回归到:

$$p' = (1+r')(p'k' + w'l') \tag{6}$$

对于一个行业中的所有公司,根据假设,$w = w'$(不变的实际工资)和 $p = p'$。("马克思中立"技术进步;回想一下 $p = p_1'/p_2 = p_1'/p_2'$。)虽然 $p_1 \neq p_1'$ 和 $p_2 \neq p_2'$,但公式(5)和公式(6)仅在利润率计算方面有所不同。直接得出结果 $r' > r$。

有一点很重要,那就是要准确地证明现代批判的利润率下降趋势这一"定律"。他们已经表明,在一般均衡的条件下,技术会为一些公司带来超额利润,这导致了所有公司获得更高利润率的结果,当某些新技术只是由少数几家公司引入,最初不足以干扰旧平衡,而当技术被普遍推广时,就会形成一套新的一般均衡的成本、价格、数量和利润率。实际工资(以工人消费的商品来计量)的稳定性对这一论证至关重要。所采用的是比较静态的方法,它是通过比较两种平衡状态下变量的值而得出结论的,这两种平衡状态下变量的值,在某些原始平衡参数上是不同的(在本例中,变化的参数是生产函数的技术形式)。这也是马克思在这个问题上的合理推理。在另一组值达到平衡状态之后,他还比较了前后两种均衡状态(价值计量以均衡为前提)。

批评家和马克思在方法上的不同之处在于,他们用生产价格来分析问题,而马克思用价值来研究问题。在这一点上,批评者当然更现实:选择技术的资本家,在一个价格而不是价值世界中运作。马克思会回答说,缺乏现实主义不是一个反对意见。价值有助于澄清关系,而不是扭曲总体情况。当所有行业都聚集在一起时,价格和价值体系之间的主要关系(剩余价值率、利润率)并无不同。考虑到他转型问题的解决方案,他的做法是正确的。但是,当体系被严格地重述时,他的解决方案不能保持严格不变的关系。一般来说,利润率的价值与利润率的价格是没有理由相一致的。

对于更广泛的社会学的和政治的结论来说,马克思希望从他的"定律"中得到价值体系转换的解决办法,但这没有给他任何决定性的优势。只有建立了由生产力的发展而导致利润率下降的逻辑架构时,才会有这样的效力。在这种情况下,资本主义制度中固有的障碍将被证明是正确的。然而,人们已经看到,即使所有的量都表示为价值时,"抵消影响",尤其是固定资本要素的贬值,足以使"定律"的结果变得不确定。

阐释清楚"定律"没有建立什么(或者没有试图建立什么)也很重要。他们不能证明不存在利润率的上限。在给定生产方式和零工资率的情况下,利润率有一个上限:在生产价格体系中利润率的最大值。可以用方程组(4)来说明这一点。在方程组(4)中,零工资的假设意味着将方程组(4)中(Ⅰ)从系统中完全去掉。由方程组(4)中(Ⅱ)表示,如果不支付工资,生产工资商品的部门就不再发挥作用。那么方程组(4)中(Ⅰ)被改写为:

$$p_{\text{Ⅰ}}=(1+\varrho)p_{\text{Ⅰ}}k_{\text{Ⅰ}}$$

[由于 $w=0$,方程组(4)中(Ⅰ)右边的第二项消失了]。为求解上式 ϱ,最高利润率为:

$$\varrho_{\max}=\frac{1-k_{\text{Ⅰ}}}{k_{\text{Ⅰ}}} \tag{7}$$

这显然是有限的,因为 k 是一个技术上给定的常数。(关于这个结果的更普遍的证明将在本章的附录中给出。)

最高价格利润率是否会随着资本有机构成的上升而下降?答案还是肯定的。请记住,$k_{\text{Ⅰ}}$(或 $k_{\text{Ⅱ}}$)是每单位产出的资本投入,表达式 $1-k_{\text{Ⅰ}}$,公式(7)可以解释为净单位产出在资本商品部门(或在减去单位资本商品投入后的产出)。换句话说,它是资本商品部门的剩余产出(以实物单位衡量)。有机构成的增加(现在与资本的技术构成一致)意味着 $k_{\text{Ⅰ}}$ 的增加。因此,$r_{\max}$ 会下降,由于在表达式

$$\varrho_{\max}=\frac{1-k_{\text{Ⅰ}}}{k_{\text{Ⅰ}}}$$

$k_{\text{Ⅰ}}$ 的增加会使分子变小、分母变大,因此,在价值制度下关于最大利润率的结论

仍然适用于价格利润率。

对新批评的回应

那些试图对抗新批评派的人分为两个阵营。其中一位[安瓦尔·沙伊克(Anwar Shaikh)]试图站在批评者的立场上与他们对抗,同意他们所有的假设,但批评他们定义的范围。另一些人则通过提出放弃一个或另一个假设以得到不同结果的模型来回应。安瓦尔·沙伊克[①]提出,如果将固定资本考虑在内,马克思的结果可以与资本家在竞争条件下对技术的理性选择相一致。到目前为止,固定资本(定义为资本的一部分,对应于生产者的耐用品,它不是在一个时期内,而是在多个生产时期内将其价值传递给商品)都没有明确引入。在价值表达式 $(c+v+s)$,或生产表达式 $(1+r)(pk+wl)$ 的替代价格中,固定资本(c 或 pk)的元素被默认为只在一个周期内完全折旧。谢赫认为,如果介绍了固定资本,利润率之间的区别可以实现,现在估计总固定和流动资本(在每个当期 $c+v$——在这种情况下,c 主要用于当前使用的材料和当前折旧)以及利润率,只按当前成本估算(价值或价格)。象征性地,利润率可以写成:

$$r = \frac{s}{F+c+v} \quad (价值制度)(固定资本)$$

或者

$$\varrho = \frac{p-(pk+wl)}{(pk+wl)+paK} \quad (价格机制;其中 k 为总股本,a 为输出/资本存量系数)$$

而利润率是:

$$r = \frac{s}{c+v} (价值制度)$$

或者

$$\varrho = \frac{p-(pk+wl)}{pk+wl} (价格制度)$$

根据这些定义,我们可以讨论以下问题。资本家引入新技术,提高了利润率,因为他们降低了当前的成本,但也可能降低利润率,因为机械化程度的提升

---

① Anwar Shaikh, "Political Economy and Capitalism: Notes on Dobb's Theory of Crisis", *Cambridge Journal of Economics*, 1978, 2, pp. 233—251. 以及该杂志 1979、1980、1981 年的讨论。

提高了生产率。第一部分满足了资本主义理性要求;第二种观点证明了马克思的预测是正确的,它基于资本的内在(矛盾的)逻辑,认为资本是一种非人格化的、压倒一切的社会关系。谢赫似乎已经解决了这个问题。他的论点似乎更加精辟,因为他将其扩展到解释竞争行为。他认为,那些以更高的机械化为代价而获得更高利润率的资本家,可以牺牲一部分利润来与竞争对手竞争,使之不复存在。为了在这场价格战中保护自己,他们被迫采用他的创新,从而降低了整个受影响行业的利润率。

新批评派回应了谢赫的反对意见①,即如果要明确考虑固定资本,就必须考虑其财务成本。资本家必须分期付款,包括一定时期的利息。因此,他们将比较他们的总支出(固定和流动资本),以及一系列预期的未来收入(来自产品销售)。只有当预期收入流产生的总体利润率至少等于、最好高于当前可获得的利润率时,他们才会引入一种更机械化的技术。因此,新批评派关于理性竞争资本家选择技术的影响的原始观点仍然有效。

无论批评者在严格的微观经济学论点上的立场是何等的公正,他们将自己牢牢地放在自己的立场上,明确引入固定资本考虑因素只能动摇他们论点的更广泛含义。他们的理由现在必须建立在对技术的理性选择上,这些技术不仅包括实际的、当前的,而且包括预期的、未来的收益。然而,未来充满了自然的不确定性,在资本主义的生产方式中,这种不确定性因经济的无政府性而加剧。任何一种理性选择的系统算法能否克服这种不确定性是值得怀疑的。因此,技术的理性选择理论是否与当前的问题有关。凯恩斯的一个评论在这方面尤其贴切:

坦率地说,我们必须承认:对投资项目,如铁路、铜矿、纺织工厂、有专利药品的信誉、远洋船舶、城市建筑物等,我们所具有的赖之于估计它们在10年以后的收益的知识充其量也是很少,有的时候则根本没有。甚至对投资在5年以后的收益也是如此……在今天,根据真正的长期预期而进行投资已经困难到很难成为现实的程度。②

---

① 参见 John E. Roemer, "Continuing Controversy on the Falling Rate of Profit: Fixed Capital and Other Issues", *Cambridge Journal of Economics*, 1979, 3, pp. 379—398; Ian Steedman, "A Note on the 'Choice of Technique' under Capitalism", *Cambridge Journal of Economics*, 1980, 4, pp. 61—64。而谢赫在同一问题上的回答是,"马克思主义竞争还是完全竞争"。

② 约翰·梅纳德·凯恩斯:《就业、利息和货币通论》(重译本),高鸿业译,商务印书馆1999年版,第153、160页。

新批评派可能会回答说,马克思本人在阐述他的"定律"时,确实赞同某种形式的理性选择理论。不可否认,马克思在运用劳动价值论时过于乐观,甚至是完美主义的。然而,在资本主义条件下理性个人的表象背后,他从未忽视投资的根本的系统性非理性。在这一点上,他和凯恩斯立场一致,尽管出于不同的分析原因。新批评派坚持认为,在竞争激烈的资本主义市场中,技术选择的微观经济学(或称瓦尔拉斯一般均衡)合理性,忽视了问题中更有趣的一面:不可避免的非理性。资本主义投资行为(包括对技术的选择)是由系统总体功能产生的。它们的失败在于相关性的平衡,而非分析的逻辑。

谢赫是唯一一个试图对抗新批评派的人,让他们接受自己的假设。所有其他接受这一要点的贡献者都试图通过更改某些假设来绕开其后果(利润率下降与成本降低、资本使用创新之间的矛盾)。被放弃的关键假设是:

(1)实际工资的恒定性。这可能会被放弃,特别是可以用剩余价值率不变的假设来代替。随着劳动生产率的提高,这意味着实际工资的增长。另外,对于某些人来说,可以接受的价格制度是对等的——劳动力在增加值中所占份额的恒定性——可能是使用过的。可以证明,资本家将选择使用资本、节省劳动力的技术,并且利润率将下降。①

在第四章中已经讨论过,马克思确实预期实际工资会随着生产力的提高而提高。因此,上面提出的重新构想似乎符合他思想中的一个重要部分。然而,事实并非如此。首先,马克思甚至没有提出实际工资的增长将足以保证一个固定的剩余价值比率(在制定他的"定律"时,他假定这个比率是恒定的)。其次,更重要的是,他坚持认为,从他对资本主义经济中技术变化特征的概括中,他推断出利润率下降的趋势,这些原因深入他的分析结构中(这些原因不仅涉及经济学,还涉及历史唯物主义)。在这种概括中,机器越来越多地取代人力——无论是实际的还是预期的——是其中一个因素。马克思当然不希望把这些强有力的结论的基础,比如他的"定律"中隐含的那些结论,仅仅归结为劳动力市场的条件。他的论点应该要与不断上涨的实际工资一样站得住脚。

(2)第二个被抛弃的假设是完全竞争。如果假设一个寡头垄断的市场结构,那么可以证明,在理性的资本家基础上,可以选择一种涉及有机构成上升和利润率下降的技术,这种技术在本质上是相关的,以替代资本使用的(较高)机

---

① Julius Sensat, Jr, *Habermas and Marxism* (Sage, Beverly Hills, 1979), pp. 125ff., particularly p. 149.

会成本。由于市场的不完善,贷款付息的可能性受到阻碍,因此即使利润率较低,企业也被迫进行实际投资。然而,作为这种情况的例证,所提出的设想是极不可信的。①

(3)被抛弃的第三个假设是完全预见(需要评估未来的收益流,以便与当前成本进行比较)。一个非常有趣的结构已经被提出,根据这个结构,一系列的项目,涉及不断提高的机械化水平,快速地相互接替,每一个更新的项目使以前的项目变得过时。每一个新项目的引入都是考虑到其更高的预期盈利能力(这样就满足了合理性标准),但由于它的寿命非常短,因此其利润流的更遥远条款未能实现。因此一系列实际利润率的下降,加上预期利润率的上升,都可以产生利润。② 确切的情形同样令人难以置信,但它有一个很大的优势,那就是让人们对资本主义的长期预期状态有一些现实主义的认识——凯恩斯和马克思的现实主义。

均衡分析还是非均衡分析?

正如他们欣然承认的那样,新批评派并没有证明,在实际的资本主义中,利润率不会下降,或者有机构成不会上升。他们已经表明,在竞争条件下和实际工资不变的情况下,在完全预见和均衡价格与数量的情况下,对技术的理性选择将导致实际利润率上升,而不是下降。不可否认的是,在实际的资本主义中,随着它在历史上的发展,情况可能会有所不同,从而为马克思最初的直觉提供了更大的空间。

如前所述,马克思将他的"定律"建立在对资本主义技术变革特征的概括上,他认为技术变革导致了在生产中有越来越多的工人被机器所取代。这种概括基于他对资本主义有意识追求的发展和资本主义行为的非预期影响的看法。在他的领导下,虽然没有列出所有的细节,但也列出了四个机械化的原因:

(1)旨在供应新的、广泛市场的产出水平的增加,这是用现有技术生产的任

---

① Philip Armstrong and Andrew Glynn,"The Law of the Falling Rate of Profit and Oligopoly",*Cambridge Journal of Economics*,1980,4,pp. 69—70.

② 这一引人注目的建议是由佩尔斯基(J. Persky)和阿贝罗(J. Abberro)提出的。"Technical Innovation and the Dynamics of the Profit Rate" is summarised in J. E. Roemer,"Continuing Controversy on the Falling Rate of Profit:Fixed Capital and Other Issues",*Cambridge Journal of Economics*,1979,3,pp. 387—388.

何数量的工人都无法实现的。

（2）通过削减成本，取得相对于生产类似产品的竞争对手的优势。

（3）通过提供一种只有机器才能生产的新产品，从而获得相对于生产不同产品的竞争对手的优势（因为所有生产者都在争夺消费者收入的一部分）。在这种情况下，产品本身通常是一台新机器。引入飞机并不是为了通过减少飞行运送体力劳动者的数量来降低成本；就人类飞行而言，只有机器才能在空中飞行。电视的引入并不是为了减少通过心灵感应远距离传送图片的工作人员的数量，只有机器才可以远距离传送图像。

马克思从未明确地考虑过机械化的原因，实际上也没有任何资本主义的东西。但它是整体的一部分，现代生产的综合体是在资本主义的支持下进行的，鉴于它的重要性，不应该被忽略。

（4）需要通过控制工人的运动节奏来控制他们，或者通过打破某些关键的个人技能垄断，或者只是简单地在生产过程中占据战略位置，而工人阶级可以将其用于战斗的武器反对资本。这种类型的最新例子是发展核能发电站，目的是有意而明确地打破矿工对英国能源供应的控制。

应该注意的是，抵制工资要求的压力并不是机械化的直接原因。遗漏的原因是机械化需要时间，而工资纠纷必须尽快解决。另一方面，持续的工资斗争，尤其是在劳动力成本不断上涨的情况下，无疑是促使机器代替人力的更广泛考虑之一。

资本主义行为在机械化领域的意外影响如下：

（1）建立一支失业后备军。无论这对资本主义作为一个体系有多大的好处，都不能把它当作个别资本主义行为的预期结果。但是，它的存在除了对劳工施加纪律影响之外，还有其他重要的影响。正如在第七章中广泛讨论的那样，失业使资本家能够在需求条件令人满意时加速生产。但机械化供应过剩。因此可以这样说，机械化创造了它自己的能力，不仅是为了扩大生产，而且是为了在选定的时刻加速生产。这不是个别资本家所能预见的，因此必须把它作为他们行动的意外后果加以制止。

（2）使工资商品贬值，从而创造了一种强有力的手段来降低劳动力的价值，或至少阻止其增长。同样，这也不能构成任何单个资本家的既定目标，不管他多么欢迎这个结果。资本家从事生产工资商品不是为了帮助其他资本家获取利润而降低自己的成本和价格，而是出于自己通常的竞争原因。此外，在一定程度上，适用于工资商品行业的成本削减机械化方法的出现是一个关键，是解决问题的机会。因此，劳动力价值的降低也不可能是单个资本家的预期结果。然而对马克思来说，这是资本主义制度最强大的优势之一，他的相对剩余价值理论就是建立在这一理论基础上的。

（3）建立进一步机械化的市场。铁路和钢铁为机械化钢铁工业的产品创造了一个市场。消费品的机械化生产为机床工业等创造了一个市场。

很明显，资本主义在技术选择方面的行为所预期产生的影响确实会聚成一股强大的势力，越来越多地用机械的、最终是自动化的生产手段来代替工人。关于意外事件，情况就不那么清楚了。其中一些，尤其是第（3）点，肯定会反馈并加强最初的机械化决策。在某种程度上，第（3）点也使机械化成为一个自我维持的过程。失业后备军的建立和生活资料的廉价所产生的影响并不是那么明确。从某种程度上说，这两方面的影响会抑制劳动力成本上升、工人阶级的工资压力和其他激进行为，它们可能会降低资本成本削减机制的紧迫性。失业工人的存在促进了生产的加速，这可能会鼓励进一步的机械化。总的来说，人们可能会得出这样的结论：来自意想不到的影响的充分反馈应该是加强而不是削弱有意行为的影响。

然而，无论是预期的还是由反馈效应引起的，正如对其原因清单的检查所示，机械化都与任何现有平衡的扰动密切相关。它要么是由市场失衡引起的，要么导致市场失衡，比如在繁荣或衰退中普遍存在。人们普遍认为，在平衡状态下什么也没有发生。从确保未来利润的角度来看，引入新的机械化技术的最佳时机可能是经济刚刚从低迷中复苏的时候。基于微观经济学的技术选择利润最大化可能会被结果证明是正确的，尽管这样的结果实际上是来自总体趋势，而不是来自个人理性。

最终，经济复苏让位于繁荣。生产开始加速，一场激烈的市场竞争开始了。在吸收失业工人的同时，引入了越来越多的机械化技术，以便尽可能利用好季节。由于处于乐观阶段，资本家们认为经济繁荣的持续时间会比实际上更长。只要这种做法持续下去，越来越多的资本密集型方法就会被预期的利润证明是合理的。然而当繁荣结束时，面对最短的预期利润流的是最机械化的技术（最后引入的技术）。因此，实际利润的下降与资本的有机构成成反比。

这种解释的一个好处是，它将利润率下降趋势的"定律"与上一章概述的危机理论联系起来。危机理论和利润理论都是在非均衡的背景下提出的，而剥削理论仍然牢牢地固定在均衡分析中。这种方法论上的二分法很可能是捕捉稳定与运动、永久性与非永久性结合的唯一方法,而这种结合正是资本主义所呈现的动态的生产方式。

内部矛盾与抵消影响:马克思的反思

只有大型资本才能跟上日益机械化的融资需求,并获得规模经济。如果利润率下降不可避免,这就使总利润成为一个重要的考虑因素。资本家甚至可能会故意牺牲更高的利润率,如果这样做,他们可以获得更大的规模优势。因此,他们可能会故意压低竞争对手的价格,甚至永久性地损害自己的利润,以便破产和吸收竞争对手。当规模至关重要时,利润率可能成为一个相当次要的考虑因素。这似乎就是马克思所说的"资本之河滚滚向前……不是与利润率成正比,而是与它已经拥有的推动力成正比"。

如果追求规模是对利润率下降压力的主要回应,那么控制"抵消影响"可能是对规模的回报。能够降低固定资本成本的先进技术,可以优先提供给大型工业组织,这些组织要么有能力购买现成的技术和体现技术的机器,要么通过自己的研究产生技术。因此,下行压力对利润率的影响和"抵消影响"是一致的。压力和反压力都是通过资本主义企业规模的扩大来解决的。

现代批评已经确定,在资本主义中,利润率没有因为生产力的发展而下降的逻辑必然性。正如本章第一部分所述,细读马克思的劳动价值理论构成的"定律",也会有同样的启示。同时,利润率的压力确实在增加,而资本家也确实在采取措施加以抵消这些压力。与人们可能从新批评派的单向结论中推断的相反,马克思在两种对立倾向斗争的背景下对这个问题的方法论设置仍然有效。由于马克思的"定律"被重新解释为预测资本主义企业的利润率将不会下降,而是企业规模将会增大,因此,对这一问题的最初的矛盾分析在很大程度上保留了它的有用性。

在第九章中,我们考察了日益增长的规模对资本主义发展的影响。马克思的结论中有一个重要方面,在这里所提出的解释下是不能维持的。马克思希望他的"定律"成为他分析生产关系束缚生产力的过程的顶峰。资本主义之所以摧毁其自身代理人的客观目标,不是因为他们未能追求或最大化目标,而是因为他们成功地做到了这一点。同样引人注目的是,预测中的生产力毁灭不是因为没有发展生产力,而是因为这个体系在提高劳动生产率方面太成功了。作为对一般历史唯物主义命题的一种证明,如果这一命题是正确的,那么它确实是结论性的。危机理论可能成为"定律"的简单附录:当利润率下降时,资本家要么破产倒闭,引发失业和经济停滞的累积过程;要么退出周期性的异常流动性偏好来预测破产,结果是企业陷入灾难性的商业停滞。

如果没有利润率持续下降趋势的中心机制,危机理论将不得不依赖于它的另一条腿,即资本主义生产的无计划、无政府主义的加速特征。市场无政府状态,结合投资过程的冲动性和非资本主义环境(系统扩张阶段的主要"减震器")的逐步枯竭,势必成为束缚生产力量的主要原因。这个结果既不像规则那样简洁、强大,也不令人满意。但这仍然是历史唯物主义主张的一个非常值得尊敬的辩护基础,即马克思主义经济学旨在坚持资本主义生产方式的特殊但极为重要的情况。这很重要。

附 录

本附录概述了正文中两个命题陈述的一般证明:(1)最大利润率将下降,提高资本有机构成;(2)在实际工资保持固定的情况下,引入降低成本的创新之后,利润率只能上升。命题(1)收益的证明如下:

$$\bar{p}=(1+\varrho)\bar{p}(A+wBl) \tag{8}$$

其中,$\bar{p}$ 是一个正的价格向量(意味着没有免费的商品),A 是一个每单位产出资本投入的系数矩阵,B 是一个矩阵,每一列代表一组必要生活资料以支持每一个单位的特殊的劳动,w 是实际工资率,l 是每单位产出的劳动投入系数的向量。当 $\beta=0$(工人们靠空气为生),马克思主义基本原理的利润率达到有限的最大,且(1)给出:

$$\frac{1}{1+\varrho}P_{\max}=PA \tag{9}$$

由于 $1/(1+\varrho_{\max})$ 显然是正的,它作为投入系数矩阵 A 的主导特征根出现。假设一个不可分解的矩阵,它的主导特征值根据非负方阵上的一个既定定理,随着 A 的任意元素的增加而增加。资本密集度加大(假定技术性上升导致价值增加)以 A 的要素增加为前提,或者至少充分的增加足以抵消可能发生的任何减少。(直观地说,如果 A 被定义为一个资本存量系数矩阵,那么这个论证将更有说服力,这个重新定义可以在不破坏结果的情况下进行。)要使 $1/1+\varrho_{max}$ 上升,ϱ_{max} 必须下降。由此可见,随着资本有机构成的增加,企业的最高利润率将会下降。

关于命题(2),建立只有当一些资本家引入成本削减创新,并随后被普遍化时,利润率才能上升的主张[公式(8)]被重写为:

$$P=P[(A+\omega\beta l)=\varrho(A+\omega\beta l)] \tag{10}$$

当一项新技术(A',l')被引入时,实际工资 $\omega\beta$ 保持不变,将产生更多的利润,如果:

$$P \geqslant P[(A'+\omega\beta l')+\varrho(A'+\omega\beta l')] \tag{11}$$

在公式(11)中,方括号中的表达式可以看作一个非负矩阵(如矩阵M),而P是一个严格的正向量(因为所有的价格都是正的)。根据非负方阵的定理,由公式(11)可知,M有一个占主导地位的正特征值$s<1$。

当新的均衡、利润和价格结构(σ',P')建立时,然后

$$P'=P'[(A'+\omega\beta l')+\varrho'(A'=\omega\beta l')] \tag{12}$$

设M^*为公式(12)中方括号内的非负矩阵,则M^*与特征值$s'=1$相关。它遵循$s<s'$,或者M^*的特征值大于M的特征值,但只有M^*不同于M,ϱ'不同于ϱ。主导特征值矩阵的元素的类型被认为是一个正在上升的函数的矩阵,因为公式(11)和(12)之间所涉及的两个矩阵只有ϱ和ϱ'不同,由此可见,$\varrho'>\varrho$,因此降低成本的技术进步只能提高利润率。

第三部分

向社会主义的过渡

第九章

集体资本主义的兴起

根据历史唯物主义的原则,向社会主义的过渡以两个主要的发展为前提:(1)积累一套物质前提条件。引用《政治经济学批判》的序言"新的、更高的生产关系从未出现在旧社会的物质条件成熟之前"。(2)出现一种社会力量、一个社会阶层,他们在实现这一社会变革时认识到维护其利益的途径。因此,他们把社会主义目标作为自己长期的历史使命。不用说,马克思把这种社会力量确定为工人阶级。物质先决条件构成本章的主题,而工人阶级的作用则留在第十章讨论。

物质前提条件的特点

马克思主义理论反对为未来社会主义社会的组织和机构进行任何非常详细的概述。原因是方法论上的。正如本书第一章所述,历史唯物主义主要关心的不是预测未来的发展力量的生产。在给定的生产方式的背景下,它揭示了已经存在的生产力量与其当代生产关系之间的对应矛盾关系。在资本主义的情况下,可以追踪到大多数这些联系,因为社会的生产机制已基本确立。随着社会主义的发展(马克思希望继续发展生产力量,实际上极大地增加了生产力量),历史唯物主义分析的大多数基础不存在。因此,社会主义社会的蓝图是不可能的,也没有人提出过。

另一方面,生产力作为未来社会主义生产方式的一部分,在一定程度上是在资本主义生产关系的背景下成熟的。(否则,这种束缚的论点,连同它的补充,即一种新的生产方式充分发挥了以前被束缚的力量,就会失去意义。)

超越资本主义局限性的生产力,是社会主义的物质前提条件之一。另一部分是在资本主义条件下形成的社会组织形式。这种形式表现了生产关系对新力量要求的某种适应。最后一点需要详细说明。

到目前为止,本书不是把生产关系作为引导生产力前进的力量(在早期资本主义时代),就是把它作为束缚生产力的枷锁(在资本主义衰退的时代)。第三种可能性,到目前为止还没有提到,是把束缚与适应生产关系的某种措施结合起来,以适应生产力的新特点。第一章将束缚解释为统治阶级行动的结果,统治阶级为其特权地位的工具辩护,即使这些工具成为进一步经济发展的障碍。

然而,一种辩护方法是,只要阶级特权的实质继续得到服务,就允许各种制度在一定程度上灵活地调整其形式,以适应进步的要求。通过这种方式,统治阶级将试图从改革和其政权下的社会变革中获益。然而,作为对超越资本主义限制的新兴生产力量适应的结果,新的组织形式在本质上将在某种程度上预示着未来的社会制度。

由于未来的方向是整个社会对生产过程的控制和社会所有制,因此资本主义制度形式的适应性变化必须表现出集体主义的特征。集体主义就是在所谓的个人主义的资产阶级中产生的。正如马克思已经注意到:

股份制度……是在资本主义体系本身的基础上对资本主义的私人产业的扬弃。[1]

当然,被废除的不是工业,而是工业所有权的个人私有制。股份公司不是由个人拥有,而是由一群股东拥有。当然,他们的所有权不是共同的,而是可分离的,因为他们每个人都可以随意处置自己的股份,而不与其他人商量。在这个程度上,股份公司仍然是一个私人所有制机构。它的私密性也很明显(尽管不那么明显),事实是,大股东实际上处于支配公司政策的地位,就像他们是私

---

[1] 《马克思恩格斯全集》第 46 卷,人民出版社 2001 年版,第 497 页。

人所有者一样。另一方面,股东在某些方面有集体行动的权利:公司受制于股东大会的定期召开,管理层必须向股东大会提交报告并参加改选,少数股东的权利享有一定的保护等。

因此,资产阶级制度形式的变化充满了深刻的模糊性。这使得革命阶级有可能把某些制度从他们的资本主义工具中分离出来,并在向社会主义过渡的过程中加以利用。从这个意义上说,制度形式的变化与资本主义束缚的生产力量分享了社会主义改造的物质先决条件的特点。(物质在这里被理解为与事物的客观秩序有关,独立于观察者的意识之外。从这个意义上说,股份公司的出现必须被视为与引进炼钢新方法同样重要。)

新的生产力量和它们所促进的新的组织形式一起,为社会主义变革的性质提供了积极和消极的迹象。如果生产力可以被现存的资本主义关系所束缚,那么消除桎梏(消极方面)的方案也将奠定社会主义制度积极内容的第一个要素。在一个非常宽泛的意义上,束缚资本主义后期生产力量进一步发展的是资本主义生产的剥削性和无政府性。相反,社会主义将废除剥削,并由社会对其进行有意识的控制经济活动。本章的其余部分将进一步讨论这些问题。

阶级特权的性质与功能

从资本主义的有利角度来看,人类经济发展的一个显著特征是:人类劳动生产率的巨大提高。这大部分是在我们当前的资本主义时代的后两三个世纪中实现的。资本主义关系在两个方面起到至关重要的作用:(1)通过强制将生产者与其生产资料完全分离。将劳动力转化为商品,资本主义关系使人类有可能以完全客观的方式对抗生产。生产过程严格按照其内部逻辑进行组织,而不考虑任何特定个体生产者的特质,甚至是一般劳动者的主观需要的特质(即使不总是如此,排除直接损害工人的健康)。(2)通过使剥削与个人自由劳动相适应,它实现了资本的不断积累、规模不断扩大,投资于越来越强大的生产手段。

总的结果是,生产不同于任务的设定,它在执行过程中具有一种自然过程的性质,由人类社会支配(然而,在资本主义积累的无政府状态下,人类社会不得不失去对自身的控制)。这些都是资本主义生产关系所特有的资本主义效应。

此外,资本主义的剥削制度达到了迄今为止所有对立的、阶级划分的、剥削性社会的共同目的,它创造并保留了统治阶级的物质特权。在过去,甚至在资本主义制度下,这些特权一直在发挥其自身的社会功能。它们使社会的一部分(毫无疑问是少数人)能够从事各种活动,而目前的稀缺程度使大多数人无法参加。这些活动有两种:(1)管理社会事务,如行政管理、法学;(2)活动的唯一目的是自由享受人类的才能、感官、智力、敏感性、知识或智慧;一般来说,以人格发展为目标。通常引用的例子是艺术,包括享受日常生活的艺术、理论科学、哲学、文学。

显然,类型(1)的活动虽然不是直接生产性的,但从身体上自我维持的意义上讲,对于维持社会生活却常常是必不可少的。关于它们,阶级特权的功能特性几乎不容置疑。但是,似乎与类型(2)的活动有关的问题出现了。只要它们被限制为精英阶层,就可以说它们具有更广泛的社会意义吗?帕台农神庙(Parthenon)对采石场的奴隶切割大理石有何价值?

答案的一部分可能是,这些活动在那些受压迫者的心目中,通过壮观地展示压倒一切的美丽,或智力或身体上的光辉,巩固了统治阶级天生优越的信念;换句话说,他们构成了意识形态统治的工具。可能有这样的情况,但这种答案只能解释故事的一小部分。建造帕台农神庙将是一种让奴隶屈服的令人震惊的迂回方式,而且可能也是一种非常无效的方式。斯巴达人从不创造任何与古雅典文明相去甚远的东西,然而他们对奴隶人口的心理控制,建立在野蛮、赤裸裸的恐怖主义基础上,至少与雅典人的统治一样有效(基本上也是建立在暴力的基础上)。

答案的另一部分可能是,在自由思想冒险的精神下进行的一些活动最终证明对生产是有益的——当然,突出的例子是自然哲学或数学演变成应用自然科学。这也是正确的,但它只涵盖了人类自我发展的一部分,比如它会完全忽略艺术。

一个完整的答案必须比目前的建议更普遍。阶级特权对于类型(2)活动的社会功能是,它在非人道的环境中创造了一种人类的生活方式,从而使人们对某种形式的更好生活的渴望得以保持(通常是在深刻而合理的阶级怨恨中)。这似乎是特权阶级最普遍、最意想不到的功能,用凯恩斯的话来说[①],"因为这些人,可以说是我们的先头部队——那些为我们其余的人侦察应许之地并在那里

---

① J. M. Keynes, "Economic Possibilities for Our Grandchildren", in his *Collected Works*, Vol. IX (London, 1972), p. 328.

安营扎寨的人"。

对上述情况的保留显然是适当的。首先,描述社会某一部分的功能并不意味着这部分功能是有意识的目标。如果这就是其中的含义,那么对阶级特权的解释就不会比马克思对资产阶级关于他们为人民服务的声明的讽刺性的评论更好,即资产阶级是为了工人阶级的利益而成为资产阶级。

其次,我们不应该得出这样的结论:每一个特权阶层的成员都在积极探索人类精神的更高境界。统治阶级绝对不是由柏拉图式的哲人组成的。他们也不会以比其他人群更快的速度培养出天生的天才。因此,当他们至少具备一定的智力时,他们就会试图从社会的较低阶层招募人才,而付出的报酬却少得可怜。甚至在为日常生活的享受创造有价值的标准方面,他们也没有被视为绝对的成功。凯恩斯关于富裕对日常生活影响的评论非常恰当:

> 用现代的话来说,这会不会引起普遍的"神经衰弱"现象呢?在这一点上我们已经有了一点经验,我们已经看到了一种神经衰弱现象,这种现象,在英国和美国富有阶级的家庭妇女中,已经极其寻常。这类不幸的妇人,其间有很大一个部分,她们传统的任务和工作,已经被财富所剥夺,"经济上的需要"这一推动力量已经消失,所以她们从烹调、洒扫和缝缝补补这类活动中已不能得到消遣,然而要另寻消遣来代替这类活动,又感到全然无从下手……从今天世界任何一处的富有阶级的行动和成就看来,要指望他们在这个问题上能得到圆满解决,前途是非常黯淡的!……他们对于这一使命,多数既已完全失败,在我看来,似乎就只有让那些有足以自立的收入而没有社团关系或责任或束缚的人们,来代他们解决这个问题。
>
> 我深信,等我们再增加一些经验以后,对于这一自然的惠赐将懂得如何利用,利用的方式,跟今天那些财主们的将完全不同,到那个时候,将为我们自己制定完全属于另一形态的生活计划。①

结论是,享有特权的社会阶层确实发挥了作用,但他们的作用发挥得很差,而且非常浪费。由此我们不应该推断出,一个纯粹的精英统治阶级必然不会那么具有剥削性。在敌对社会中处于权力和权威地位的个人或团体总是倾向于把最大的份额占为己有。尽管他们的思想条件与一般资产阶级有很大的不同,列宁把共产党执政精英的物质报酬限制在普通工人工资之内的崇高意图在实

---

① 约翰·梅纳德·凯恩斯:《劝说集》,蔡受百译,商务印书馆2016年版,第301—304页。

践中并没有持续很久。

由于阶级特权的作用,它是由三个条件来维持的:(1)自由时间的可用性,即不用每天为生计而做苦差事;(2)没有生产劳动贡献的物质支持;(3)享受特权的连续性。前两个条件是显而易见的。第三个条件在这里被引入,是为了消除这样一种观点,即保持特权的社会功能的一种方法,同时避免社会分裂为敌对的阶级,可能是实行轮换来行使更高的社会功能,享受赋予他们的特权。这可能适用于那些不需要专业化的案件(如陪审团服务),但在任何需要积累实际经验的事情上都是毫无意义的。如果一个音乐家除了天赋之外,还需要一生的系统练习来训练自己,保持自己的状态,那么让每个人每年轮流拉一次小提琴是徒劳的。

从生产力的提高大幅度缩短工作时间而又不损失产出成为可能的那一刻起,这个问题就具有了不同的性质,因为生产出来的产品足以保证每个人的标准,这不是过度的奢侈,而是合理的充足甚至富裕。这样,社会特权就失去了它的作用。允许所有社会成员自由发展的有意义的措施成为可能。假设一个人承认人的本性是善良的,那么非剥削性机构的可取性就会被记录在事物的顺序中,这样一个客观的观察者就可以"读"到它。这很重要。从这个角度来看,凯恩斯注意到,尽管他与马克思在思想和一般社会观点上存在种种差异,但他可以在资本主义条件下实现的新的、高水平的生产力的前提下,推导出关于剥削结束的预言,这很容易让人联想到马克思主义:

此外还有些在别的方面要发生的变化,我们也不能不加以考虑。当经济富裕的境地已经达到,财富的累积已经失去了高度的社会重要性时,社会的风尚也将发生重大变化。有许多伪道德原则已经使我们受累了二百年,在这些原则下,我们把人类性格中某些最可厌的成分抬举了起来,看作是最高品质;到那个时候,就可以把它们推翻。对金钱的动机,那时我们就可以有胆量按照它的真值来评价。同样是对金钱的爱好,有的由此造成了占有欲,有的则以此作为享受与维持现实生活的手段,两者是大有区别的;那时对前者的真相就可以有所认识,那是一种可憎的病态,是一种半属罪恶、半属病理的性格倾向,是人们要在怀着恐惧的心情下交托给精神病专家处理的。凡是要影响到财富分配、经济报酬以及经济处分的那些社会习惯和经济设施,不管它们本身是如何地使人憎恶、如何地有欠公道,只是由于它们对资本积累的推进极端有利,我们即不惜以任何代价来加以支持;到那个时候我们将无所顾虑,把它们完全摈弃。①

从马克思主义的观点来看,唯一可以补充的是,在经过一段时间之后,在某种程度上,剥削所固有的对抗不仅是对于生产本身来说毫无意义,而且是有害的,因为它们阻碍了生产资料充分发挥其潜力。一个非对抗性社会成为正常经济活动的先决条件。

功能资本主义

如果不是富裕,而是普遍自足,以及有空闲时间,标志着资本主义剥削的社会目的的消失。它没有确定合作型社会关系的需要。非对抗性并不一定意味着合作。我们可以想象一种技术发展,与实际发生的不同,生产资料演变成日益强大的机器类型,但始终保留适合个别工匠使用的规模。简单商品生产加上工匠作坊的自动化可能会带来富裕,但它既不会导致社会所有权,也不会导致中央计划,不可否认,其中一些措施是马克思主义关于未来生产方式的预言。(事实上,如果人们把注意力集中于马克思本人的几句预言性评论,而非随后的阐述,那么就不是"某种措施",而是完整的、全面的中央计划才是未来的道路。生产将在社会范围统一起来,并进行管理,好似整个经济构成一个巨大的工厂。)对于社会主义预测的集体主义方面,生产过程的综合性、大规模特征至关重要。资本主义经济组织形式的发展本身也指向相同的方向。

资本主义制度下资本主义生产关系形式的突变,一般以集体资本主义所有权的崛起为代表,辅之以所有权和控制权的分离。在早期和中期的资本主义中的职能依附于资本主义所有制的变化,向有能力的人开放专业职位。一旦货币资本脱离生产,更广泛地说,活跃的商业资本(工业或商业),这种变化的第一个要素就会出现。从广义上讲,资本本身的循环可以被视为某种形式的共同所有权的前提。资本要想以有意义、持续的方式生产剩余价值,就必须完成并继续完成一系列连续的循环。没有这个序列,其单位就是单个循环,资本所有权是无意义的。资本家应该在经济上拥有的是过程本身,通过一定数量的单元来测量,即一定数量的循环。

为了使经济所有权也成为正式的所有权,一个合法的所有权主体,一个资

---

① 约翰·梅纳德·凯恩斯:《劝说集》,蔡受百译,商务印书馆 2016 年版,第 304—305 页。

本家必须在循环的每个阶段,统一对资本的所有权。从货币资本与生产资本和商业资本分离的那一刻起,一个人在整个循环中的所有权变得越来越少了。鉴于循环不可或缺的统一性,不同资本家成为它的共同拥有者,不是说他们在每个不同阶段都有份额,而是在每个阶段都继承另一个阶段的所有权,而资本则描述其独特的轨道。这种想法可以在一个循环所有权方案的帮助下进行说明:

$$\mathrm{I}.\ M-C {<}_{MP}^{LP} \cdots P \cdots C'-M'$$

Ⅱ. 货币资本家　材料批发商　实业家　产品批发商　货币资本家

必须注意的是,从连续的所有者中,拥有和出售劳动力的工人被省略。因为他们不参与剩余价值的分享,他们不能被视为资本的共同所有者。第二点是,实业家可能没有任何自己的资本,都是完全借来的资金。如果是的话,他会成为一个纯粹的企业家。货币资本家和企业家分离的一个方面是储蓄与投资的分离,其在凯恩斯理论中的重要性众所周知。最后是所有权和控制权的分离,在循环中以基本形式存在。尽管在循环的每一个阶段,特定的资本家都可以被推定为经营自己的企业,最关键的一部分,即生产阶段,完全由实业家控制。凭借直接剥夺剩余价值的手段,他可以被看作真正的"管理者"、真正的掌权者,而其他仅仅是所有者。

随着资本主义体系的成熟,所有这些功能分离——在资本主义的阶级关系本身中,正如所表现的循环方案——成为一项实际的任务分工。这方面的一个转型——通过信用体系,出现了"必要食利者"和企业家的互补作用——已经在第七章中进行了讨论。跨越门槛进入独立业务所需的最低资本额的增加,是强制执行机制出现的主要原因——租赁阶层。这里有一个不同的发展路线,通过再次影响信用体系,积极的所有者-经理的位置将被探讨。

资本家管理职能的专业化不应该被想象成一种毫无冲突、自由和理性选择的行动路线。阶级内部的对抗在这方面的发展中发挥了重要作用。《资本论》中的某些评论为这个话题提供了一个有趣的线索。在信用体系中,马克思认为:

一方面,产业资本家的资本不是他自己"节约"的,他不过是按照他的资本量支配他人节约的东西;另一方面,货币资本家把他人节约下来的东西变成他自己的资本,并且把进行再生产的资本家们互相提供的和公众提供给他们的信贷,变成他私人发财致富的源泉。于是,认为资本似乎是本人劳动和节约的果实这样一种资本主义制度的最后幻想,也就破灭了。不仅利润来自对他人劳动的占有,而且用来推动和剥削他人劳动的资本也来自他人的财产,这种财产是由货币资本家提供给产业资本家支配的,并且为此货币资本家也剥削产业资本家。①

这个关于资本家剥削的典故(就作者所知,马克思的典故是独一无二的)提出了一些有趣的问题。资本家都是剥削者,怎么能互相剥削呢?在战利品(剩余价值)的分享中是否存在公平的概念?技术规则当然是存在的(如按每个人的资本规模的比例分配),但在马克思看来,这种规则并不是特别公平,不能把违反这种规则的行为称为"剥削"。

也许马克思在这个特殊场合使用的语言是不严谨的。然而,本书作者认为,他是在探索更基本的问题。在某种程度上,作为生产管理者的工业资本家,在马克思看来,是一个生产者、一个熟练劳动力的供应商,其劳动力以一定的成本被复制。工业资本家根据其劳动力的价值,从属于自己份额的剩余价值中支付报酬给自己。通常,他的剩余价值要比他的劳动力价值高出许多倍。然而,可以想象的是,金融资本可能会夺走他的平衡,使他在表面上保持一定的企业家独立性的情况下,沦为一个受薪雇员。在这个限度下,实业家确实会被货币资本家剥削。

然而,即使在此之前,工业资本家从未受到过如此严重的挤压,在剩余价值的分配上也输给金融家,正在被剥夺作为资本家的权利。他的独立积累能力,以及由此产生的独立创业行为,都被削弱了。这可能是他通过破产或接管而被明确没收的准备阶段,或者是他间接转变为一个纯粹的工作人员的一步,受他的金融家的委托经营某一业务分支。这两种方法显然可以结合起来。

在作者看来,当马克思提出一个资本部门剥削另一个资本部门的可能性时,他所想到的正是这种对工业部门的征用或服从于经济利益的过程。他开始意识到,储蓄者和金融资本家之间的对立——这是引起他注意的第一种对立——与金融家和企业管理者之间的对立具有相似之处。资本主义活动管理方面的专业化不仅仅是——或者不再是——从其他阶层中招募人才为资产阶级服务的一种方法。它成为对资本主义工厂主部分征收过程的补充。由于集体资本所有制的兴起,个人资本家失去了对企业的财务控制,也失去了管理上

---

① 《马克思恩格斯全集》第 46 卷,人民出版社 2001 年版,第 574—575 页。

的独立性。集体的、非个人的资本在一个职业经理人团体中寻求其天然的补充。当然,如果一个中小资本家有能力的话,没有什么可以阻止他作为管理者提供服务。但随后,他就不得不将自己融入由大公司和公司集团发展起来的层级化、中央集权的官僚指挥结构中。这是他必须做的,即便是在他将升任领导层的情况下(甚至在他不升任的情况下)。他永远是团队的一员,服从某些集体纪律,而不是一个单独的老板。

因此,个体资本家的角色,无论是作为"必要食利者"还是作为职业经理人,都是部分征收过程的结果。个人受到集体资本的对抗控制。谁代表集体资本?马克思被信用体系的力量所打动,把重点放在了金融家身上。然而,更正确的做法可能是采取更广泛的方法,识别出的现代资本主义结构中的控制元素与资本家群体能够放在一起,并操作大量的投资基金,不一定拥有所有权但可以充分控制和有足够的金额投资于独立的新企业。这些资本家可以是金融家,也可以是大公司的董事会。在后一种情况下,所有权(生产性资产,而不是股份)和控制权在公司法人资格上是一致的,但控制权并不依赖于所有权;相反,它取决于公司主动筹集自身资金的能力。

在集体资本主义中,资产阶级出现了角色和部门的三重划分:所有权、管理和控制。所有权对应着储蓄的功能,管理对应着行政的功能,控制对应着主动资本积累(投机和投资)的功能。所有者(储户)和管理者都受制于金融操纵者,这些操纵者在商业活动中拥有主动权,他们自己也保留了体系的主要受益者的角色。这两个主体,在它们的下层,不再是纯粹的资产阶级。他们与工人阶级合并,工人阶级也变成了储蓄者,而他们中的一些人开始在较低的管理阶层工作。

凯恩斯、熊彼特以及储蓄和投资的社会化

正如前两章和上一节所讨论的,现代集体资本主义倾向于通过将私人储蓄推给"必要食利者",以及通过将其委托给专业人士,使私人储蓄和管理社会化。在这两种情况下,原始个人资本家(所有者-经理-储蓄者-投资者类型)的剥夺因素都存在。然而,就管理而言,典型的管理者的征用过程可以说已经完成。这并不意味着所有者-管理者已经完全消失,而是社会通常期望管理者是专业人士,为了管理的目的,所有权对他们来说是附带的。

对于储蓄,征收还没有达到同样的程度。储蓄在很大程度上仍然是由食利者——从某种所有权中获得收入的个人——执行的,尽管可能不再占据主要地位。(此处征收的因素是,这种所有权通常不会赋予他们对企业的控制权。)然而,理论先于实际发展,指出集体资本主义有能力完全消除个人储蓄者。熊彼特在他的《资本主义发展理论》(*Theory of Capitalist Development*)中,解释了信用体系的力量,它不仅能在包括工人在内的全体人口中诱导储蓄,让这些储蓄供资本主义企业家支配,而且从本质上说,它能迫使人们进行储蓄。简言之,熊彼特设想的方法包括银行利用其能力创造新的额外购买力,并首先向企业家提供这种购买力。通过使用新创造的购买力,企业家从现有生产资源的固定库存中购买。它们提高对现有购买力持有者的价格(不同于新增购买力持有者),迫使他们减少资源消耗。实际上,正是这些人被迫承担了储蓄的主要责任。食利者在这个过程中完全无关紧要;所有投资都可以由整个社区的强制储蓄提供资金。

凯恩斯写道,他的基本假设是储蓄在现代资本主义中比在充分就业条件下的投资中吸收得更多,采取了比较现实的路线。实际上,有用的节余是由留存收益和股份公司的偿债基金产生的。对这些数额必须补充养老基金积累的资金。个人储蓄超过该数额的任何东西,仅仅代表了食利者试图以利息形式持有一部分剩余价值。在某种程度上他们不会因为有助于增加生产资本而成功实现这一目标,而是恰恰相反。他们试图过度储蓄,迫使经济在某个时候运作低于充分就业;这阻碍了投资,从而使股本无法尽可能快地扩张。资本稀缺是永恒的,而利息——在非马克思主义经济学家的眼中,利息是稀缺性价格——是作为食利者的收入来源。

凯恩斯的建议是,国家应该承担责任,调节投资流动的能力,既要保持全面就业,也为了建立资本存量,在某种程度上,可以为社区所接受,资本稀缺将消失。实现这一目标显然会伴随着系统性的利率减少,直至食利者阶层不再可持续发展。这是凯恩斯著名的"食利者的安乐死"。

熊彼特和凯恩斯在对现代资本主义的倾向和潜力的理论认识中,都设想全面废除资本个人所有者的任何功能,即完善对中小资本家的征收过程。对他们来说,储蓄不是所有者的任务,因为他们的所有权;而是专业人士的任务,因为他们的专业知识和在经济决策阶层中的地位。征收使储蓄转变为一种社会功能,而不是私有财产的一种属性,就像它已经改变了管理一样。

储蓄过程的集体化对资本主义未来的影响在两位作者之间是不同的。熊彼特消除了对食利者阶层的需求,但同时保留了金融家(银行家)和企业家(创新者)。在他对现代资本主义的看法中,控制权仍然牢牢掌握在那些被马克思描述为新金融贵族的人手中。熊彼特本人并没有从他的分析中得出任何新兴的国家介入的需要。然而,在储蓄本质上是由信贷系统通过通货膨胀过程创造的情况下,国家会很快介入,并将这一过程置于其控制之下,这似乎是很自然的。同时,凯恩斯积极邀请国家控制投资,将其作为驯服一种活动的唯一手段,这种活动在个人手中会变成危险的无政府状态。

熊彼特关于国家以及凯恩斯明确建议的内容的意义在于,与部分国有化相比,这里考虑的是在总体经济层面上,对资本积累总量的中心方面进行全面控制。这一个结果在形式上非常接近马克思的设想,即社会主义生产方式的主要特征之一的综合经济计划。凯恩斯有近似计划的想法,在那些时刻他超越了总体投资水平的规定,逐个部门地确定其具体结构,确实引人震惊[1]:

就我个人而言,我现在对旨在降低利率的单纯货币政策多少有些怀疑。我预计,能够以长远眼光和总体社会利益为基础计算资本品边际效率的国家,将在直接组织投资方面承担越来越大的责任;因为根据我上文所述原则计算的不同类型资本的边际效率的市场估计,其波动似乎太大,无法被利率的任何实际变化所抵消。

国有化被认为是生产规模不断扩大的结果,因此是生产关系对生产力特征变化做出反应的一个直接例子。在国家管理的投资中,这种联系不那么直接或明显,但它仍然存在。积累,特别是集中大量资本金的需求(为信贷系统提供动力),是由技术强加给单个资本主义企业的日益扩大的规模所决定的。信贷体系的调解使其边缘化,理论上,它有望完全剥夺食利者的利益。那么,国家控制的道路就畅通了。如果企业家不是他们所使用的资本的所有者,那么他们对资本的要求就与政府干预以维持充分就业一样。从生产力增长到全面投资监管的道路并不直接,但有明确的路标。马克思对信贷的分析孕育了投资控制;投资控制孕育了经济的社会化。

---

[1] J. M. Keynes, *The General Theory of Employment, Interest and Money* (London, 1961), p. 164.

集体资本主义的含混不清

许多资本主义职能的职业化与资本主义关系的个性化，侵蚀了显而易见的资产阶级社会的性质。许多社会学家认为，阶级分化在现代资本主义阶级中趋于消失。本文最大的测试点是所谓的工人阶级经济和社会地位的变化。只要工人获得技能，收入倾向于上升，他们就被认为是某种专业人员，是中产阶级的低级版本，他们本身也被认为正在从事生产性工作。然而，大多数情况下，这个论点集中在工人阶级关于资本所有权明显改变的立场上。有人认为，随着养老基金的兴起，作为机构投资者，在股票交易所工人阶级的所有权地位完全改变了。养老基金没有对个别公司拥有独家所有权，但他们拥有大量的股票、大量的投资组合，这使他们在社会集体共同拥有的资本中拥有所有权。由于养老基金属于工人，股票属于养老基金，所以这个循环是封闭的。工人变成了资本家。

这个论点乍一看似乎很吸引人，但它并不是十分可靠，有两个原因。首先是关于所有权的概念。工人→养老基金→股权这个链条似乎是有道理的，直到有人问谁是股权的所有者——工人可以行使哪些股权。然后会发现，他们没有权利处置他们所有权的直接目标——由他们的资金控制的股份——完全没有处置权，更不用说原来发行股份的企业。不仅因为个人被剥夺了这些权利，而且作为集体也没有权利。他们的工会要么不能介入资金管理方面，要么如果可以的话，他们受托管的法律规则约束，因为养老基金的典型形式是为受保人的利益设立信托。这种法律形式将专业金融家——被认为最知道如何明智地投资成员投入的资金——在控制资金方面存在自动化优势。甚至在普通股股东的情况下，所有权和控制权的分离造成了他们被视为实质性的（而不是纯粹正式的）所有者的意义变得有问题。就养老金而言，"工人所有权"的概念更加稀释。所有权和控制权的层级分离介于最终受益者和积极的企业，一个是公司管理层面，另一个是养老金官员的股份管理。

那些认为工人通过养老金成为资本家的人不会否认这些事实，但仍然会坚持通过养老金的投资，工人从资本中获得一部分剩余价值作为他们的养老金。可能起初听起来有些矛盾，但经过仔细研究后，就会发现情况确实如此，工人领取的养老金不是剩余价值，即使来源是企业的利润。它们是延期工资，属于部分可变资本或劳动力价值。正确理解是，商品劳动力的评估是以工人维持自然生活的成本来评估。这不仅包括生育,还包括养老。只有工资覆盖这些明显与生产无关的成本时,它们才可以合法地激励工人。从形式上说,可以通过将工人保留在他们工作期间甚至超过有效的工作年龄的工资单上,直到他们去世,从而为工人的退休提供保障。然后,他们的工作生活工资可以降低到目前的必要水平,不允许有储蓄余地(就目前的情况来说,养老基金从储蓄中获得资本)。①

购买和出售劳动力是生活中一个基本的经济制度,集体资本主义的基础仍然是一个阶级分割的剥削制度。股份公司的非个人资本家显然可以像早期的个人工厂老板一样剥削工人。除了这种基本剥削,集体资本主义还通过对整个社会进行全面的研究,发展出剥削社会的第二层,所有的社会阶层,按比例分配储蓄的负担,更多的是落到那些最无力承担的人的肩膀上。由此产生的资金被提供给金融操纵者,他们自己有权独自处理社会财富,而无需承担任何真正的公共或私人责任。

集体资本主义的剥削特征通过对现代经济的干预而得到补充、加强和完善。在本章前一节中,凯恩斯希望通过国家实现投资过程的社会化。此外,国家可能被描绘成通过国有化的产业制度站在世界资本主义所有制的社会化顶峰。

然而,这并不意味着实际运作的资产阶级国家政策符合凯恩斯的高度理想主义或任何其他仁慈的国家社会主义版本。从凯恩斯的发现来看,他的追随者政府已经慢慢掌握了功能性技术(控制经济支出的总体水平);同时,他们知道也可以使用这种技术以提高经济活动水平,如果私人盈利前景看起来很有希望;或者抑制工人阶级的好战性和恢复纪律变得至关重要,他们可以利用这一技术降低经济活动水平,从而产生失业。②

在公有制方面,可以看到类似的阶段交替。政府利用他们提高收入的能力,以及立法和行政权力来接管工业部门,如果要避免经济和社会混乱程度加剧,就不能再完全由市场力量来重组这些部门。同样,当政府认为他们可以在(经济、政治和社会)不受惩罚的情况下,将以前国有化的工业部门全部恢复为

---

① 这一段和前一段都是基于 Lawrence Harris,"On Interest, Credit and Capital", *Economy and Society*, Vol. 5.2(May)这篇优秀的文章。
② 现代资本主义就这样实现了卡莱茨基(M. Kalecki)在战时发表的开创性的文章,"Political Aspects of Full Employment", *Political Quarterly*,1943, No. 4, pp. 322—331。

私营部门。

通过这些私人和公共的所有手段,统治阶级设法将现代资本主义不可避免的集体主义倾向置于并保持为其私人利益服务。然而,集体资本主义的模糊性永远不可能完全消除。

首先表现在意识形态方面,在从一种生产方式过渡到另一种生产方式的时代,社会生活的一个方面特别重要——资产阶级所有权的集体主义形式的日益增长和总体上不可逆转的趋势,使公众的头脑熟悉了所有权的自然主体是团体、集体,而不是个人的想法。从这里开始,下一步,从群体层面的所有权到整个社会层面的所有权,对于公众意识来说要容易得多,因为从概念上说,它涉及数量而不是质量的变化。

其次,在实践领域,现代资产阶级国家这个最集体主义的制度确实利用税收权力获取一部分剩余价值,不仅来自财产,还来自劳动收入。通过减少劳动人口的实际工资来支持其工作职能,国家成为资产阶级剥削的伙伴。

即便如此,身份认同永远不会是完全的,至少在民主国家如此。首先,公众意识并没有习惯接受一个不言而喻的事实,税收收入以同样的、公开不负责任的方式交由政府官员,就像积累资本流入金融家手中。国家拨付的剩余价值份额的使用,原则上必须受到公众监督,在民主国家这种对监督的渴望具有普遍性。

同时,现代民主国家必须对需求做出反应,主要来自低收入阶层,实际上来自工人阶级集体提供一系列服务(健康、国民保险、教育),资本主义市场从未在任何地方向大众提供过几乎令人满意的这些服务。在组织这样的服务时,资产阶级国家当然主要是为了资产阶级的利益行事,从三重意义上说:(1)它承担了生育和保持高效率劳动力的某些费用(健康、教育、失业工资)。这样的成本要么根本就不会被采用,从而使工业劳动力质量下降,要么它们将被包括在劳动力的价值内。鉴于看起来非常显著的供应这种服务的规模经济,通过工人的工资包来支付这些服务,可能会比通过分配给其财务的相应税额更大程度地降低盈利能力。(2)在个人或社会范畴的经济生活中,当劳动者作为个体感到最脆弱的时候(如疾病、失业、年老),国家可通过提供某些免费服务来降低社会紧张情绪,使无产者更容易忍受无财产和受剥削的负担,从而在一定程度上化解阶级分裂的爆发力。(3)在采取一种经济家长制的态度时,国家在维护法律和秩序之外,又增加了第二个理由,使其自身的存在和对社会的权力合法化。

同时，资产阶级国家在福利方面的改善，除了证明工人地位的变化，也代表了社会主义、资本主义及其各自支持者之间长期战略对抗的一种让步。它提供了一个日常示范，表明在私人提供的服务总体上未能满足大多数人需求的领域，通过集体渠道成功提供个人需求的可能性。客观上说，福利国家是社会主义制度的桥头堡，是在资产阶级领地中不由自主地让渡出来的。它是否会成为生活中更多方面社会化的发射台，取决于工人阶级的决心和政治力量。另外，凯恩斯主义启发的政策，从未有过的一些更大胆的社会设想，但至少取得了这样的成就：通过在某些时候引导某些政府接受充分就业的责任，他们在资产阶级对社会现状的意识形态防线上打开了一个严重的缺口。现在已经很难再令人信服地坚持认为经济和政治之间、私人利益和普遍利益之间存在着不可逾越的鸿沟。在本书的第二章中，我们已经对资产阶级生产方式的这一假设的基本性质解释过了。通过否认它，受凯恩斯主义启发的理论家和政治家们走上了一条道路——不管有没有他们，甚至反对他们，都可能导致社会主义。

货币主义者的痛苦努力，加上他们坚持认为一定的"自然"失业率是不可避免的，而政府对此无能为力，是试图通过传播凯恩斯主义在这方面收复失地。这些努力为集体资本主义的真正模糊性这一论点提供了额外的证据。似乎很明显，如果国家最集中的集体所有制度在资产阶级社会里可以随意调节总失业率，那么整个经济，至少在它的一些更重要的方面，可以作为一个整体，从一个中心有意识、深思熟虑地运行。这正是马克思所预见的那种在资本主义生产关系中逐渐成熟的经济。

这并不是说集体资本主义已经是社会主义了。远非如此。然而，在所有权领域（股份公司）、在资本积累领域（储蓄的社会化，社会管理投资在理论上的可能性）和整体经济管理领域，它创造了一个坚定的工人阶级，甚至更广泛——从阶级的角度来看——基于社会主义运动可以控制和使用，而不必从头开始建设社会主义生产方式。从某种意义上说，集体资本主义制度的确"征用时机已经成熟"，这比列宁的意思更为宽泛。

第十章

工人阶级

马克思在1859年序言中写道:

所以人类始终只提出自己能够解决的任务,因为只要仔细考察就可以发现,任务本身,只有在解决它的物质条件已经存在或者至少是在形成过程中的时候,才会产生。[①]

这一陈述对于整个社会任务设置有着重要的方法论意义,这将在下文进行讨论。然而,任何方法论的讨论必须根据一个明显的事实,即马克思思想中最重要的任务是向社会主义社会过渡。

上面的引文包含了最雄心勃勃、最丰富、最复杂的而且是历史唯物主义最具吸引力的表述之一。它重申感知和意识随着物质生产条件变化而变化的基本论点,而不是先于物质生产条件的变化,但它大大超出了这个论点。从意识的形成理解,它提升为知觉和认知任务,并补充说,任务本身的设置包括一些保证成功的决议。如果没有成功的可能性,人类就不会为自己设置任务,因为不会感觉或感知有这种需求。

从成功的潜力来看,成功的可能性无法推断。可以想象的是,任务将被错误处理,潜力浪费了,努力的结果是灾难性的。马克思不屈不挠的乐观主义只

---

① 《马克思恩格斯全集》第13卷,人民出版社1962年版,第9页。

会非常勉强地允许这种可能性,但他确实允许了。① 然而,即使有了这样的限制,他的序言仍值得深思。谈论任务与谈论创意不同。后者是对前面物质现实的思考(尽管没有纯粹的被动反思),比以这种感觉为基础的事物更容易接受,任务将被设置。任务的设置意味着更强烈地需要人类的主动性和行动。人类不是中立的,无论他们发起或要求采取的行动。他们只有确信自己的价值之后,对此做出了积极的价值判断(或者这样的判断已经强加给他们),才能继续进行。序言中提到的任务引发了整体价值诉讼的难题。

这个问题的一个方面是,人类是否可以在不存在或不充分的物质基础上对行动进行价值判断,设定自己的任务;换句话说,是否有可能想象社会将自己束缚在乌托邦的任务中。对此,答案只能是,人类的某些部分都是已知的,并被马克思承认,他们采用乌托邦式的目标,例如罗伯特·欧文②在英国或美国创立的社会主义殖民地。马克思也知道工人阶级过早革命这种可能性,并强烈反对。因此,序言中关于人类总是只为自己解决这样的任务的格言必须被解释为压缩"设置任务"一词中的特殊含义。这项任务必须以这样一种方式进行,即让整个社会都参与到长期的持续努力下,然后可以被认为是认真"设置"的。(即便是"整体"这个词也不能从字面上理解。)

但更多问题依然存在。即使需要一个任务和潜力为了它的实现存在,人类必然会采用它吗?以什么形式?如果在一定的物质现实条件下,一系列反应是可能的,那么如何在这些反应中做出选择,使其中一个成为一项任务?

序言的提法并未涉及这些问题。解决这些问题是在制定任务之前,并将其与其履行的潜力相关联。有人可能会认为,序言是当前的出发点,一个任务已经被设定了(就像上面提到的那样),它假定了一个任务以前的选择和价值判断的问题以某种方式得到解决,以及它限制了分析以确定一个已经"设定"的任务和其解决的先决条件之间是否需要对应。

沿着这些方向的解释可能是有道理的,但它会与马克思的其余著作发生冲突并使其变得贫乏。序言的作者清楚地意识到,在社会行为选择中存在某种开

---

① 参见 Karl Marx and Frederick Engels, *Manifesto of the Communist Party*, in *Collected Works*, Vol. 6 (London, 1976) p. 484。"压迫者和被压迫者……进行了一场不间断的……这种斗争,每次不是以整个社会的革命重建而结束,就是以竞争阶级的共同毁灭而结束。"

② 罗伯特·欧文(Robert Owen,1771—1858)是在马克思之前的社会主义者,被马克思称为"乌托邦"。

放性问题。在这一章,我们认为,他构建分析发展资本主义的方式不仅表现出目标社会主义的可能性或从更广泛的人的角度来看它的可取性,也表明相关社会机构工作的虚拟必然性,工人阶级把它作为一个目标。在这一点上,他并没有扭曲数据以使其适应他自己的预见。他隐含地(有时甚至明确地)认识到资本主义发展的各种替代方法,他选择了一个似乎对他来说是合情合理的,具有最激进的可能性打破过去的阶级分化和剥削。解开和评估这部分马克思主义是本章的目标。

"人类"和社会阶层

在社会采纳新的任务之前,物质条件的变化已被认可。即便如此,我们必须承认,在非人类方面的物质条件(甚至是人类活动,就其作为纯粹的机械而不是智力的生产力来说,例如厨房奴隶的劳动或者在工厂的传送带上被异化的工薪阶层收入者)不会公开自己的社会潜力。这是由那些采取行动实现社会变革的社会代理人所直接和精确地评估或者间接地、直观地所感受到。与诊断和"感知"的区别相对应,社会主义为自己设定的目标既可以是科学的,也可以是意识形态的("意识形态"的意思与1859年序言中的意思一样)。

对社会主义目标的科学认识,并不是任意发明新的生产关系;而是从变化的物质条件的结构中解读出来的。有关的变化已经在前一章总结了。用一个广泛的、暗示性的比喻:生产关系就像影子价格;它们在生产的物质结构中并不存在,而是隐含的。市场上的实际价格(与影子价格之间的偏差)反映了其与完全竞争市场最优性的扭曲和偏离。同样,生产方式下降阶段的现有生产关系是次优的,会束缚生产力的发展。就价格而言,物质约束和经济的目标函数决定了它们之间的现代数学技术可以准确地找到一组最优交换比率。虽然不是实际的,但是这样的价格确实存在作为纠正市场僵化造成的扭曲的潜力。通过类比,"影子物质生产关系"在概念上已经存在,在物质条件已经发生很大变化的情况下,可以科学地发现,但生产关系还没有完全适应。

然而,社会代理人可能无法真正了解社会主义目标的科学含义。他们并不一定对他们的灵感来源有直接的意识,也不一定对他们所预期的行动有真正的影响。因此,经济生产条件的物质变化是由人们所意识到的,并且为之奋斗的自然科学的精确性,以及法律、政治、宗教审美或哲学所决定的。简言之,就是人们意识到冲突并为之奋斗的意识形态形式。①

这两种认知并非没有联系；它们在物质现实的发展中有着共同的出发点。一个代表真实的意识，另一个代表虚假的意识，它们也不一定是冲突的。这样的冲突确实会出现。然而，意识形态和科学之间的区别也可能是在清晰性、彻底性和严谨性上的区别，而不是在基本概念上的区别。马克思主义和社会主义的关系就是一个很好的例子。后者在历史上早于前者，代表了很大一部分工人阶级自发的意识形态愿望。马克思主义为社会主义理想提供了一种结构严密、争论激烈的方法；但是，除此之外，它所拥护的社会主义在其大致的线条上，与本能的工人阶级社会主义者所声称的，实际上声称的属于他们自己的社会主义，有明显的相似之处。

上述两种认知的存在与新社会意识主体的更广泛的问题有关。文章序言的论点是"人类"自己设定和解决任务。但是，谁是人类？在阶级分化的社会里，这个词显然不能指"所有人"，因为人口中的一部分老统治阶级将不可避免地抵制变革。封建领主作为一个阶级，不会接受资产阶级生产关系，资本家作为一个阶级不会采取社会主义。在序言中，"人类"是指在关键时刻成为人类进步的推手，即那些引领生产方式向更高级转变的人。如果成功的话，这个阶级可能会形成和领导一个非常广泛的联盟，与其他群体一起，在政治上孤立长期以来的统治阶级。在这样的时刻，近乎一致的观点可能会出现，给人的印象是，事实上，"人类"采取了某种行动。

在阶级分化的社会中，这样的印象永远不可能完全符合现实。新的社会意识的出现首先必须是那个试图以新的生产关系取代现有生产关系来维护集体利益的阶级意识。在向社会主义过渡的情况下，这个阶级就是工人阶级。既是因为它的阶级意识必须在历史唯物主义的背景下植根于经济之中，也是因为这种意识的形成是生产方式转变的必要环节，对阶级意识的初步研究是一个符合马克思主义经济学的话题。

一种新的阶级意识，即决定着为社会采纳一项新的任务的一种新的阶级意识，预先假定了一种脱离现有的生产关系所主导的思想和思维方式。鉴于科学性和意识形态之间的区别在于理解社会变革的必要性和特点，科学家虽然不能

---

① *Preface to the Contribution to the Critique of Political Economy.*

免受统治阶级的影响,但原则上应该能够展示这种超脱。[1] 但是工人阶级并不是由科学家组成的。是什么让工人脱离了主流思想,转而成为马克思主义知识分子？或者是什么让工人在意识形态变化的过程中,自发地发展起来社会主义思想呢？

市场意识形态的束缚

这种超脱的第一步必须是认识到,可以用不同于甚至反对资产阶级生产方式的方法来追求经济目标。资本主义追求这些目标的典型方式是通过市场。市场的巨大意识形态力量在于,它似乎是一种完全客观的机制,使集体中的个体能够在没有预先签订协议的情况下以相互支持的方式运作。但是,这种机制运行的条件是,个体或主导集体意识的机构永远不能试图对其自身协调的超敏感机制进行任何直接干预。他们太粗糙、太狭隘,被追求个人利益蒙蔽了双眼,以至于不能被委托去做任何关于集体的明智决定。个体必须保持被限制在这样一种追求个人利益的范围里,这样引导竞争的看不见的手才能不被干扰地去塑造一个尽可能对所有人有利的经济体。随着市场协调经济的机制的半神秘性的提升,变成不可触摸、不可替代,并且像命运一样不可避免的东西时,个人或集体的决策就显得受到了严重的限制。简单来说,市场的意识形态是,社会主义如果有可能实现,它肯定是一种非常低效的组织经济生活的方式。因此,资产阶级经济学花费了大量的努力赞颂市场规律的美德,并且证明它是永恒的、非历史的品格。

相比之下,马克思主义分析解释了市场的意识形态力量不只是局限于赞美它的客观性,而是强调它是一个具体的(客观的)形式。在这个形式中,经济关系假设经济的运行是通过商品、货币、价值、资本和劳动力之间的相互作用,这种关联的力量表现得好像它们是自然的力量,独立于人类意志。人们的意识,作为上述那些事物的对立面,在商品拜物教的引导下被迷惑了。人类的机构运作作为一个执行与他们有对象化关系的指令的执行者,他们在一个他们无法控制的经济力量为他们编写的场景中扮演角色(通常是自我毁灭的角色)。资本

---

[1] 马克思对李嘉图的评价说明了前者相信原创思想家有能力超越他们的阶级限制。参见 *Theories of Surplus Value*, part II (Moscow, 1969), p.118。

家是资本的化身,工人沦为体力的提供者。

在扮演他们的社会角色时,个体除了改变他们的行为之外别无选择。然而,它的存在条件有时会把工人阶级推向与市场法则的直接对抗。其中一个很重要的例子就是绝对剩余价值比率的确定。我们在第四章中已经看到,这个直接对抗与其说是由物化经济关系的相互作用决定的,不如说是由资本家和工人之间的直接政治和社会阶级斗争决定的。阶级斗争意味着个体在一定程度上的集体意识的发展。他们发现自己不必成为他们客观化关系的玩物。他们可以在资本允许的范围内争取一定的自由度。例如,在冲突的情况下,反对工作时间的长度。这种主观反应达到了经济主体对其应执行的经济客观理性的反抗的极限,显然成为塑造经济现实具体形态的力量之一。通过这种方式,工人阶级意识脱离了资产阶级意识的束缚。

进一步的、真正关键的问题是,在任何历史事业最终的解决过程中,试图在资本主义关系中采取自觉行动的个人或阶级的主观目的是达到了还是受挫了?马克思主义经济学的态度是,试图操纵物化的经济力量或在资本主义制度的背景下反对它们,可能会取得一些有限的成功,但从长远来看注定要失败。资本的逻辑最终会占上风,否则资本主义经济就会停止运转,社会就会陷入毁灭性的经济危机。当这成为现实时,工人阶级要么通过选择一个成熟的革命性变革计划来完成脱离资产阶级的过程;要么退回对集体资本主义制度的半依赖状态,这种依赖无法解决。这两种可能性中哪一种会成为现实,取决于工人阶级对自己的认识及其在世界上的地位。

自在阶级和自为阶级

在资本主义的历史发展过程中,当无产阶级工人的数量达到一定比例时,他们就具有了一定的群体特征,使他们成为一个独立的社会阶级。他们的共同之处在于,他们的无财产状态和被剥削的经济状况,这两个基本的弊病在资本主义制度的背景下是无法弥补的。这为他们确立了一种客观可定义的集体利益,即通过实现一种以生产资料的社会所有权为基础的制度,结束对工人的剥削。但这并不意味着工人在他们所处的社会历史变迁中立即意识到了他们的阶级利益。只要他们还没有得到这种承认,马克思有时就把他们描述为一个自在的阶级或他人的阶级,采用并修正了与黑格尔的哲学上的"自在"的区别。在他们获得长期的阶级利益意识之后,马克思把他们描述为自为阶级。正是自为阶级构成了向社会主义过渡的动力。它形成了自己的意识形态,建立了自己的独立政党,并在生产关系的性质这个基本问题上与资产阶级进行斗争。工人阶级在进行整个战线的对抗之前,必须通过对局部问题的实践经验来认识自己的处境。政治形态在反对资本主义经济关系的客观力量方面取得哪怕是有限的成功,也是很重要的。然而,同样重要的是,如果工人最终转向社会主义作为解决方案,工人在部分改革方面的努力最终会受挫。于是,工人阶级意识到,只要资本主义组织的基本特征——生产者的无财产性仍然存在,他们地位的一点点提高就不会有持久的价值。意识到这一点之后,工人的斗争活动才会反对资本主义所有权制度。

这种意识是否以资本主义中先前出现的使向社会主义过渡成为现实可能性的集体主义因素为条件?在序言中,每一种生产方式都以生产关系从催化剂转变为生产力量的桎梏为特征,在两种生产方式中所做的区分,与工人阶级意识中的两种不同时期的区别非常相似:第一个阶段,他们接受资本主义经济关系的客观理性;第二个阶段,他们开始拒绝和反对这种理性,从自在阶级的状态转变为自为阶级的状态。恩格斯和马克思这对一生的朋友及合作者,以一种相当惊人的方式阐述了这个论点①:

一个社会的分配总是同这个社会的物质生存条件相联系,这如此合乎事理,以致经常在人民的本能上反映出来。当一种生产方式处在自身发展的上升阶段的时候,甚至在和这种生产方式相适应的分配方式下吃了亏的那些人也会欢迎这种生产方式。大工业兴起时期的英国工人就是如此。不仅如此,当这种生产方式对于社会还是正常的时候,满意于这种分配的情绪,总的来说,会占支配的地位;那时即使发出了抗议,也只是从统治阶级自身中发出来(圣西门、傅立叶、欧文),而在被剥削的群众中恰恰得不到任何响应。只有当这种生产方式已经走完自身的没落阶段的颇大一段行程时,当它多半已经过时的时候,当它的存在条件大部分已经消失而它的后继者已经在敲门的时候——只有在这个时候,这种越来越不平等的分配,才被认为是非正义的,只有在这个时候,人们才开始从已经过时的事实出发诉诸所谓永恒正义。②

有趣的是,工人阶级态度逆转的问题也是凯恩斯早期关注的问题之一,他

---

① Frederick Engels, *Anti-Dühring* (Moscow, 1969), p. 180.
② 《马克思恩格斯全集》第26卷,人民出版社2014年版,第156—157页。

的论题与恩格斯的有惊人的相似之处。有解释说第一次世界大战前的资本积累机制所依赖的东西在凯恩斯看来是"双重虚张声势或欺骗"的(或者,马克思主义者可能会将它称为错误的意识),因为一方面工人阶级因为无知或无能而通过被强迫、说服或哄骗来接受……接受一种自己只能索取少得可怜的蛋糕的处境……另一方面,资产阶级被允许索取蛋糕中最好的部分……并且有一个隐含的潜在条件是资产阶级在实践中消耗得很少,《和平的经济后果》(*Economic Consequences of the Peace*)的作者还补充说:

  社会于无意识之中,却知道所做的是什么。与消费的欲望比起来,蛋糕实在是太小了,如果把它分给大家,没有人会觉得这种分割能让他们的状况更好。社会不是为了当前小小的快乐而工作,而是为了人类将来的安全和改进——事实上就是为了"进步"……(然而)战争揭示出:所有事物的消耗都是可能的,对许多欲望的克制是无意义的。如今,骗局被揭穿,劳动者阶级不愿意再这样忍受下去;资本家阶级也对未来失去了信心,只要有可能,他们就会去追求和享受更多的消费自由,因此加速了其财产的消耗。①

  在上面的文字中有一种神秘的(当然是无意识的)马克思主义共鸣。凯恩斯认为现代资本主义可以划分为两个时代:在早期阶段,经济正在取得进步,因此工人阶级作为社会中最贫困的阶层,仍然处于沉默状态;之后的阶段,由于战争对进步思想的破坏,激起了部分工人的敌意和初步的反抗。恩格斯和凯恩斯解释"同意与反对的均衡"的依据是相同的。还必须注意到,两位作者都强调工人阶级意识的消极因素,而不是积极因素;是日益增长的不公平感和反抗意识设计了这场社会变革,而不是工人接受了开明宏伟的社会主义变革的设计。

  暂将凯恩斯放在一边,因为他未对工人阶级有过多的论述。马克思主义理论中,经济对工人阶级处境和意识的负面影响受到了更多的关注。

  与此同时,资本主义逐渐成熟,有利于向社会主义过渡的客观条件也被马克思主义者强调为是一项科学发现。但是在资产阶级社会中,并没有发现存在自发的工作机制能够使向社会主义过渡的积极的条件记录在工人阶级的头脑中,并直接转化为工人的战略意识。资产阶级社会中积累起来的积极的社会主义潜能,能否由工人阶级通过劳动实现、如何实现且不经过任何知识分子的调和的问题,可以成为马克思主义政治理论与实践当中最重要和最亟待解决的问

---

① 约翰·梅纳德·凯恩斯:《和约的经济后果》,张军、贾晓屹译,华夏出版社2008年版,第15页。

题。这个问题将在之后的一节中被提及,主要关注消极意识形成的进程。

资本主义的运动规律

继马克思在德语版《资本论》第一版的序言中宣称"揭露现代社会的经济运动规律是这项工作的最终目的"之后,马克思主义学者[①]已经确定了四个运动定律的复合体,以实现马克思所说的目的。它们是:(1)利润率下降的规律;(2)资本日益积累和集中的规律;(3)贸易周期日益严峻的规律;(4)工人阶级贫困化加剧的规律。定律(1)～(3)的主要经济方面已经在第六章、第七章和第八章进行了讨论。剩下的是:(1)陈述加剧贫困的规律;(2)考虑四个定律对工人阶级的状况和前景的潜在影响;(3)考虑放宽利润率的定律对(2)所列的影响及修正;(4)比较马克思主义站在工人阶级立场的原始预测与历史发展状况。

首先,贫穷加剧使马克思认为他从资本主义分析中可以推断出的一种倾向有两种形式:绝对的和相对的。前者被定义为工人阶级实际收入的逐步下降才具有意义,而后者是收入分配中相对劳动份额的下降。一些作者认为,马克思对这两种形式的贫困的预测都有所认同,但至少在其成熟的文本中,并不支持绝对贫困理论。同时,相对贫穷则是生产率提高的一个几乎自然的后果,它削弱了工资性产品,降低了劳动力的价值。这个结果的确可以被工人的斗争所抵消,通过在工资方面的斗争,实现适当的货币工资水平(即对于给定的通货膨胀率和国民生产率的增长率,可以保持一定的收入分配水平)。

随着技术进步时期的失业负担加重,工人阶级的好战因此受到不利影响,工人的防御行动是否可以完全阻止对劳动力价值的侵蚀是值得怀疑的。至少马克思被说服了,在工资方面的斗争只能作为姑息。他还预期随着资本主义生产的发展,长期失业会增加。这两方面考虑使他赞同无产阶级的相对贫困伴随着资本积累的预测。

其次,在介绍中所描述的"早期马克思主义模式"中,这四个运动定律构成了一个连贯的机制,形成了一个等级因果结构。在等级结构的顶端(或者在结构的中心),存在着利润率下降的定律。正如第八章已经讨论过的那样,这个定

[①] "Marx's 'Doctrine of Increasing Misery'" in Ronald L. Meek, *Economics and Ideology and Other Essays* (London, 1967), p. 126; Joseph M. Gillman, *The Falling Rate of Profit* (New York, 1958), p. 1.

律将形成资本主义生产方式发展的主要社会经济条件汇集起来：资本家之间的竞争，劳资之间的阶级斗争，作为资本家之间竞争的武器的技术进步，以及资本和劳动之间的斗争。技术进步（增加机械化降低利润率）的特点，促使个别资本的经营规模扩大，因为它们努力弥补单位盈利损失的产出规模。

机械化程度的提高可能会降低利润率，但是这使得资本主义工业对小商品生产的竞争能力更具破坏性。资本主义将越来越多的独立生产者纳入无产阶级的能力是利润率下降定律的后果之一。与此同时，个体资本家为了扩大经营规模，采取自愿或强制并购的方式（马克思将其描述为积聚和集中的过程）。这些措施减少了活跃的资本家数量，使一定数量的过去独立的雇主进入需要的阶层，甚至是工人阶级的高层。利润率的下降导致资本主义所有者获得非个人形式，使得条件成熟，把社会两极分化为两个相反的、数量上非常不平等的社会阶层。因此，资本积聚和集中的规律是利润率下降定律的第二个结果。

大型的集中式资本更有利于提高生产过程的能力，但也超出了现有市场能够吸收的水平。资本集中程度越高，机械化程度就越高；机械化程度越高，生产潜力和市场吸收能力之间的差距就越大，因此，过度生产和经济危机的严重程度可能会越大。在利润率下降的情况下，这种危机变得更加难以克服，公司之所以能够维持是因为之前的储备积累，但这一能力已经被削弱了。因此，危机日益严重的定律可以推断为利润率下降的另一个后果。日益严重的危机反过来又导致失业率进一步上升、进一步提高剥削率，要么是降低劳动力成本（工资性产品），要么是直接挤压现有的实际工资水平。因此，贫穷加剧与其他三项定律相联系。

运动定律的运作方式并不是固定不变的，但是各种运动定律的结合并没有带来连贯性。正如第八章所讨论的那样，利润率的下降可能都会被缓和或者被加速，但是只能以牺牲资本集中度为代价来影响资产阶级社会的所有制结构，特别是如果通过增加失业压力来实现这种剥削，就构成了更为严重的意识危机的基础。如果为了防止危机的发生，允许利润率继续下降，那么资本家的投资罢工就会导致产生危机。

无论如何，工人阶级可能都会受到影响。如果利润率下降，可能会导致危机和失业。如果它的下降被阻止，那么剥削率将上升，而危机却不一定能避免。随着机械化程度和资本集中度的提高，将会加强雇主引进科学管理技术的能力，压制和非人化劳动活动更为深入。运动定律的连贯性产生的影响是，资本主义经济机制的任何发展,如果顺其自然的话,对于工人阶级来说是一个消极的方面。没有任何经济事件足以远离剥削劳工。证券交易所富豪之间的收购战将最终导致一些相关公司的"合理化",让他们能够裁员,并更彻底地利用剩下的人。公司法的发展将有助于形成更多的综合性、技术性更强的先进的企业,这些企业对劳动力的依赖程度较低。来自大学的一系列科学发现最终也是如此。没有重要的经济事件能让工人阶级的位置不受影响,运动定律的运作方式没有变化,从而使其得到很大缓解。工人阶级四面受敌、受到剥削,并越来越多地被排除在文明成果之外,只有在非常繁荣的阶段才会暂时放松其严酷的制度。在资本主义制度的背景下,工人阶级认为没有办法摆脱自己的状况,他们的反应是拒绝资本主义制度的全部内容。经济机制的运作,"资本主义的运动规律",实际上迫使它为社会主义革命服务。马克思用一段令人难忘的语言总结了这一切。

随着这种集中或少数资本家对多数资本家的剥夺,规模不断扩大的劳动过程的协作形式日益发展,科学日益被自觉地应用于技术方面,土地日益被有计划地利用,劳动资料日益转化为只能共同使用的劳动资料,一切生产资料因作为结合的、社会的劳动的生产资料使用而日益节省,各国人民日益被卷入世界市场网,从而资本主义制度日益具有国际的性质。随着那些掠夺和垄断这一转化过程的全部利益的资本巨头不断减少,贫困、压迫、奴役、退化和剥削的程度不断加深,而日益壮大的、由资本主义生产过程本身的机制所训练、联合和组织起来的工人阶级的反抗也不断增长。资本的垄断成了与这种垄断一起并在这种垄断之下繁盛起来的生产方式的桎梏。生产资料的集中和劳动的社会化,达到了同它们的资本主义外壳不能相容的地步。这个外壳就要炸毁了。资本主义私有制的丧钟就要响了。剥夺者就要被剥夺了。[①]

已经有人说过,驱使工人阶级愤怒的机制为革命事业的成功铺平了道路。它带来了易于国有化的所有权类型;它在数量上(资本日益集中)和在财政上(盈利能力不断下降)削弱了统治资产阶级。通过将经济推向一个又一个危机,它揭示了资本家无力保持生产机制以合理的秩序运转,并败坏了资产阶级作为统治阶级的信誉。它对作为阶级斗争缓冲器的社会中间阶层的影响逐渐减弱。它甚至失去了自己的知识分子的支持,他们中有些人已经投奔革命的无产阶

---

① 《马克思恩格斯全集》第 44 卷,人民出版社 2001 年版,第 874 页。

级。

如果它的假设被认可,早期马克思主义模型在预测无产阶级革命的必然性和成功的巨大可能性方面是非常令人信服的。因此,它本身就是一种非常有效的影响手段,以其所期望的方式塑造工人阶级的意识。这当然反映了马克思的意图,因为他首先是一个革命者。

这是否意味着,早期的马克思主义模式并不是积极的,而是纯粹的规范性模式,它不太可能预测资本主义生产方式的法令革命?事实远非如此。这个模型建立在假设的基础上,毫无疑问,这些假设的选择是基于对资本主义制度可能发展的理论前的整体看法。这些假设起到了一种简化的作用,它将马克思所认为的现实生活中的基本模式与第二性的、非本质的、使人困惑的特征分开。它们为一种清晰的模式奠定了基础,这种模式使与证据和事件的对抗变得清晰而有益。

因此,早期马克思主义模型包含了一个与经济学中任何模型一样积极的核心。与此同时,它向工人阶级提出了一种行动方针(一项"人类的任务")。这种方针的合理性不仅基于工人阶级目前的地位,而且基于对他们前景的预期,正如模型的积极部分所预测的那样。

预测不是任意的,是为符合规范建议而量身定做的。在早期马克思主义模型的建设者和使用者所面临的社会经济现实中,有足够的证据使这些预测在客观上是可信的。然而,理论的预测并不仅仅是当前的或重复的,也可以预测未来的事件。不可减少的不确定性总是与这种预期相联系的(见第一章)。

早期的马克思主义模型几乎没有对这种不确定性做出让步。为了邀请工人阶级参与到某一行动过程中,模型对未来的预测部分与对当前现实的分析被赋予了同等的确定性地位。工人阶级当然可以选择一个不同的未来,那就是社会主义改造的未来。阻止发生这样的变化,工人地位的恶化,正如模型正面部分所预测的那样,被视为不可避免。

两种可能的未来景象之间的相互作用是该模型教学策略的一部分。从这个意义上说,它可能被视为提出了一种规范性分析,而不是一种实证分析。构建模型的初衷是淡化规范方面。无论他们是否坚持对马克思主义的科学分析,对资本主义下物质发展的纯粹积极的预测都足以使工人阶级奋起反抗。然而,有争议的是,如果工人阶级革命的确定性预测未能实现,那么,在原始模型中仍然保留的规范性方面必须获得更多的相关性。

修正的马克思主义模型

在上文中,已强调了利润率下降趋势在资本主义运动定律中的核心地位。这一重点反映了马克思本人对这一定律的相对重要性的评价。在其中,他看到了对其历史唯物主义论点的肯定,即资产阶级生产方式的灭亡不是由于它外部机构造成的,而是由于在它自己的支持下生产力量的发展所导致的。毫不夸张地说,利润率下降的定律是马克思主义经济学的核心,正如本书第一章所定义的那样。这就解释了许多马克思主义理论家在为其辩护时所表现出的执着。

然而,考虑到机械化程度的提高导致利润率下降的逻辑必然性不稳定,鉴于迄今为止统计趋势的不确定性,利润率的下降趋势,虽然在特定时期内的特殊情况下仍然是相当重要的,但却无法维持资本主义运动规律的最核心地位。对于早期马克思主义模型的连贯性和功能来说,它的移除会产生什么后果?这个问题将讨论引向上一节开头所列的内容。

马克思主义的模式并没有崩溃,但它的一些更激进的预测必须被修改。它不会崩溃,这是原始利润率定律的前提之一,资本的技术构成上升仍然有效,正如第八章所解释的,并已被证明是非常稳健的。即使它不是翻译成上升的价值构成(即如果技术进步或技术的选择限制了固定资本的成本),增加技术构成本身也足以导致增加生产规模,生产单位之间的集成增强,一般来说,更高程度的社会化的生产过程。这些发展足以加强集中和中央集权的趋势,无论如何,这是资本积累中固有的,因为其倾向于交换价值(货币)。生产力的发展和所有权形式的演变之间的相互依存由此得以维持。此外,即使消除了利润率下降的持续趋势,也无法扭转生产潜力超过市场吸收能力的趋势。生产力的发展与周期性危机的复发之间的联系仍然存在。改变的是资本主义企业抵御经济风暴的能力。在修正后的模式下,它们的财务健康来源不再受到系统性的长期侵蚀。这样,贸易周期逐步深化的原因之一就消除了。经济机制的弹性增强也必然会对工人阶级的地位产生更好的影响。破产的减少意味着失业的减少,而较强的财务状况意味着资本家在剥削率问题上的态度较宽松。在模型中,相对贫困必须遵循利润率下降的规律。

在资本主义最初的四条运动定律中,剩下的两条——资本日益集中和集中化趋势,以及周期性危机的趋势——仍然具有充分的意义。它们直接基于资本的技术构成上升的趋势,表现了生产力增长和生产关系之间紧张关系的积极和消极方面:消极表现在经济危机破坏性,积极表现在适应资产阶级的财产关系更客观、集体主义的资本主义形式上,适合社会主义过渡到真正的财产关系。

修正后的马克思主义模型无疑缺乏原创性的动力、连贯性和力量。就因果关系而言,它更加多元化。某些破坏性的经济现象,如利润率下降、失业率持续上升、劳动人口生活水平不断下降等,不再同资本主义生产方式的长期、不可逆转的发展趋势紧密联系在一起。这种现象仍有可能发生。例如,如果工人阶级发现自己处于这样强有力的政治和经济地位的状态,利润率可能会长期下降,迫使雇主在工资方面不断做出让步。也有可能是因为完全不同的原因,在国际市场竞争中某个资本主义国家输给了其他资本主义国家;或者因为企业家和食利者之间的力量平衡已经向后者倾斜,因此利率开始吞噬利润;又或者因为国家在其扩大的角色中吸收了过剩价值的一部分到税收中。由于某个政府决定在分配的阶级斗争中把国家权力的全部力量放在资本家一方,相对的甚至绝对的贫困可能会再次出现。或者某个资本主义国家的失业率会上升,因为资本家发现在国外投资更有利可图。正如这些负面现象的原因变得多种多样,对资本主义来说不再那么必要一样,它们的治疗方法也可能是多种多样的,也不那么具有革命性。修正后的马克思主义模式比原来的改革主义政策有了更大的空间。

工人阶级的数量和自动化

工人阶级的地位也相应地得到了修正。在最初的马克思主义观念中,它被赋予了社会变革的代理人的角色,这既是由于它在社会关系体系中的地位,也是因为它在资产阶级社会中与其他社会力量相比,在数量上和战略上的相对重要性日益增加。其中有些不会改变。在资本主义发展的过程中,工人阶级的数量相对于个体经营的小型商品生产者的数量,在原有的和改良的马克思主义模型的基础上都有所增加。资本主义生产的实证归纳有:(1)本质上是扩张性的(由于其以独立形式交换价值的结果,即货币)。(2)与前资本主义商品生产者相比,具有决定性的成本优势(由于劳动过程的社会化,涉及大规模生产、劳动分工和机械化)。(3)是中央集权(资本集中化的法律仍然有效)。(4)历史上看,第一次作为一个地区的领土出现在由小型独立的商品生产者主导的领土上,并通过向外竞争和吸收它们进入资本主义工厂而扩张;对绝大多数生产者的无产阶级化的预测似乎是很有道理的。

对于这一预测,提出了三种反对意见:(1)资本主义在摧毁旧式小商品生产者独立性的同时产生了新型独立生产商(如车库业主和维护机械、维修耐用消费品的技工)。(2)它创建了劳动力中高薪水的管理和技术员工阶层,在薪酬和责任方面,不能等同于无产阶级,尽管他们依赖雇佣状态。对于这两个反对意见,最近又增加了一个不同的性质。(3)机械化,在其最新的自动化阶段,已经开始了一个几乎完全消除劳动力的进程,从直接生产的领域,甚至是在商业的文书活动中。结果不是工作阶级的数量的增长抵消了"新中产阶级"的出现〔如(4)和(2)〕,但工人阶级将减少到一个失业亚阶级,有时被称为社会阶层,区别于经济活跃的无产阶级。

在资本主义生产模式的历史演变过程中,如在第(1)(2)项下所描述的,可以追溯和统计数据。马克思也完全没有预料到这一点。即便如此,社会劳动力的结构调整,即绝大多数生产者转变为无产阶级,大体上已经实现了。从数量上占主导地位的独立小商品生产者,无论是旧的还是新的,都已沦为次要的角色。在发达资本主义社会中,2/3~3/4 的人口符合无产阶级(生产资料方面的)工资或受薪员工的描述。

这种转变始于资本主义的个人主义阶段,在集体主义阶段完成。在前一个阶段,从农民农业到工业大转移,但独立企业家仍然占人口的 50% 或更多。①在后者中,个体经营的小型商品生产者的数量最多下降到 10%,远远低于最先进的资本主义经济。这样的百分比表明,马克思对工人阶级成为社会主要阶级的预测必须被认为是实现的。从绝对数字的角度来看,资本主义确实带来了一种被视为有能力且特别适合引领社会主义的社会力量,终结了资本主义的生产模式。

与真正的个体经营的小商品生产者相比,工资收入者像工薪阶层一样,通过在就业市场提供服务来获得就业,但不同于普通工人的教育、职业、社会地位、工作保障、薪酬水平和对资产阶级社会的组织的总体态度,他们在数量上更为重要。他们约占人口的 15%~20%,是对"新中产阶级"最适用的描述。即便如此,他们的人数并没有扭转工人阶级的人数优势的趋势;在早期资本主义中,

---

① Harry Braverman, *Labor and Monopoly Capital* (New York, 1974), p. 404.

他们也没有接近50%的独立企业家。他们不能被认为是重新组成了这个阶级的新面貌。

他们的重要性在于别处。他们数量众多,作为从高水平的资产阶级层次向工商底层的工作人员传播政策的媒介,足以构成劳动力和资本之间的缓冲层。他们与工人阶级直接相关,在对工人的保守影响方面,他们可能比前个体户或小业主更有效,在他们的全盛时期,他们构成了社会中私人财产的"强大堡垒"。另一方面,由于他们至少在原则上而且经常在实践中脱离任何有意义的生产资料的所有权,如果进展所带来的威胁影响他们的地位和收入,他们更容易与工人阶级站在一起,假设后者对资本主义制度采取了对抗的态度。

对生产者无产阶级化预测的第三种反对意见与其他两种截然不同。即使从现在的角度来看,它更多的是指向未来,而不是现在。它不仅仅关注提高机械化(这是事实),而是关于直接生产过程的完全机械化,以及生产与贸易相关的办公自动化和电脑化。这种相当于取消生产性工作的技术发展,更多的是一个预测,在某种程度上还是一个猜测,而不是一个确凿的统计证据。迄今为止,似乎在任何资本主义国家(或者非资本主义国家)都没有对自动化对工业就业的影响进行全面调查。然而,定性的或有选择的证据使得工业经济可能处于一个导致工业实质生产部门的工人或文书工作被淘汰的过程。对于中等规模的工业经济体(如法国和日本)来说,70年代这种技术进步造成的就业岗位损失估计在100万个左右。就未来而言,到这个10年结束时,就业人数减少的选择性预测范围,从零售文书工作的25%到汽车行业非技术劳动力的50%(甚至100%)不等。[1]

对于这些显著的失业预测,人们可能会反驳说自动化不过是一种更先进的机械化。过去,后者不论在何时首次被应用到任何一个部门,肯定会取代工人,但是它不仅仅通过刺激工业活动创造了更多的工作岗位来弥补这一点。最终的结果是,不断增加的工人数量继续在工业中就业,资本和劳动力比率高于每一次机械化浪潮之前。

发达工业经济体的统计数字只能支持这一点。美国的数据显示,1920年左右,工业中劳动力的比例一直在增加。[2] 在那之后,这个趋势开始朝相反的方向发展,所以到目前为止,工业劳动力的占比要比20世纪初还要小。目前这种收

---

[1] Andre Gorz, *Farewell to the Working Class* (London, 1982), p. 126ff.
[2] Harry Braverman, *Labor and Monopoly Capital* (New York, 1974), p. 394.

缩已经被第三产业的补偿性扩张所弥补。然而,在美国或其他地方,这种补偿是否能够在未来继续存在,是值得怀疑的。计算机化尤其适合办公室工作;在未来10年,数百万文职工作将因其引入而消失。服务工作与文书工作不完全相同,但通常包含许多办公室性质。

在工业中心地区和第三产业的就业岗位被高比率淘汰的情况下,很难看到就业机会的增长从何而来。通过技术废除工作岗位正成为真实的前景。当然,它永远不会百分之百地发生,也不会突然发生。它可能会首先将现有的工人阶级分化为工业化的核心和"较软的外围工作人员"。一定数量的工程师、科学家和高技能的技术人员在工业上仍然是必要的,而在他们这方面,将开始形成一个半失业的后备军、一个低等级的或者一个非社会阶层的无产者、一个被工业和第三产业所雇佣的亚阶级或非阶级,不能指望在生命中有任何一个固定的就业期限。

产生工人阶级性质剧烈变化的原因,关系到工人与机器关系的基本方面,资本-劳动替代的微观经济学,因此是根本性的。几十年前,诺贝特·维纳(Norbert Wiener),自动化领域最杰出的先驱之一,就曾经阐述过这一点。尽管他发表的日期是1948年,但我们仍然可以从中获益。①

自动化的工厂和没有人工代理的流水线,只有我们自己愿意在工程中付出如此的努力,例如在第二次世界大战中开发雷达技术。

我曾经说过,这种新发展对于善恶有着无限的可能性。一方面,正如塞缪尔·巴特勒(Samuel Butler)所设想的那样,它使得机器的隐喻主导地位成为一个非常直接的、非隐喻性的问题。它为人类提供了一群新的、最有效的机械奴隶来工作。这种机械劳动具有奴隶劳动的大部分经济属性,尽管与奴隶劳动不同,它并不涉及人类残酷的直接的伤亡损害,但是任何接受与奴隶劳动竞争条件的劳动,实质上就是奴隶劳动……

如果说第一次工业革命,即"黑暗的撒旦的工厂"的革命,通过机器的竞争使人的双手贬值,那么我可以澄清一下现在的历史背景。美国的挖土机工人所能生活的工资水平是不足以与蒸汽铲或挖掘机竞争的。现代工业革命同样也必然会使人的大脑贬值,至少在更简单和更常规的决定中是这样。当然,正如熟练的木匠、熟练的技工、熟练的裁缝在第一次工业革命中存活下来一样,所以

---

① Norbert Wiener, *Cybernetics* (Cambridge, Mass., 1948 and 1961), p. 27.

在第二次革命中熟练的科学家和熟练的管理者将能幸存下来。然而,随着第二次革命的完成,一般人更没有值得被购买的东西。

在某种程度上,这些预测成功地抓住了不久的将来的发展主线,自动化可能会带来"新中产阶级"的崛起从未实现过的事情:在数量上边缘化工人阶级。甚至在达到这一目标之前,机械化就已经削弱了工人阶级的社会地位,机械化通过调整劳动力结构,使之朝着第三产业的方向发展。如果说在正常时期工人的主要武器是罢工,那么产业工人比服务业工人更能向雇主施加压力(有时也向整个社会施加压力)。电力行业工人罢工的影响将是迅速而剧烈的;大学教师可能会罢工一年而不引起任何人的注意。(当然,也有例外,如果银行员工罢工,破坏性会大得多,而且会立即引起注意。)

对于改进早期马克思主义模型的作者来说,上文所描述的这种自动化仍然超出了他们的思考范围。马克思本人是完全自动化生产的早期远见者之一,但他永远不会相信这种技术进步在资本主义下是可能的。[1] 早在废除劳动成为一个切实可行的提议之前——实际上,为了使它变得切实可行——社会主义的改造就会超过资本主义。资产阶级统治的削弱,是由于经济危机的不断恶化和工人阶级随着他们的日益贫困而产生的日益增长的怨恨所造成的。

然而,在实际的历史经验中,经济危机并不一定会变得更糟;相反,在一些重要方面,它们变得更容易管理。至于贫穷问题,与1844年恩格斯在《英国工人阶级状况》一书中如此雄辩地描述了发达资本主义国家工人阶级的状况相比,即便是随意观察一下他们的状况,也足以使任何建议的绝对贫困看起来荒唐可笑。相对贫困是一个更为微妙的问题,尤其是考虑到机械化和自动化导致工人对生产过程的控制力越来越弱。同时,从分配的角度来看,类型化的统计事实是,土地、劳动力和资本之间的相对份额在过去100年左右的时间里大致保持不变。根据定义,英国和美国的劳动收入占比都在增加。即使我们不从表面上看这些证据,至少也必须承认,如果相对贫困的假设是有效的,那么劳动力份额的下降趋势似乎并没有显现出来。

早期马克思主义模型及其修正后的关系——它们都被视为向社会主义过渡的预测——这些评论将如何引导讨论?在理论分析和实践经验的影响下,早

---

[1] 例如,在他的《对哥达纲领的批判》(Critique of the Gotha Programme)中,他清楚地设想社会主义是一个比资本主义更有生产力的制度。参见他在《政治经济学批判》(Grundrisse)(London,1973)第705—706页关于科学作为生产的直接力量对资本主义灭亡的影响的评论。

期的模型似乎发展出一种二分法。它的一个定律和另一个定律的一部分——资本的日益集中和集中化以及资本的技术构成——已经分离出来,并构成了一个独立的有效的子模型。它的预测对资本主义生产方式的发展至关重要,而且在人们看来是正确的。资本主义在其财产关系上确实变得更加集体主义;生产效率确实提高了,越来越少地依赖直接的人类劳动,而是越来越多地依赖科学,并通过科学依靠人类的集体智力努力。在马克思最初的概念中,积极的因素是支撑向社会主义的过渡(生产基于集体而不是特定的个人;大规模的、集体所有的资本主义公司,社会化的时机已经成熟;事实上,资本主义制度的发展恰恰造就了高生产率,使社会的每一个成员都有足够的物质资源和闲暇时间),这实际上是资本主义制度发展的结果。

同时,消极的事态发展正在减弱资产阶级对社会的控制,把工人阶级推向社会叛乱(利润率下降、危机日益严重、贫困加剧),要么根本没有实现,要么根本没有跟上积极因素的积累。社会主义的客观条件在资本主义社会中确实成熟了,但是发达资本主义国家的主观能动性并没有以决定性的程度参与社会转型的任务,无论是理论上预测,还是根据19世纪初骚动基础上的预期。一种社会进化机制的瘫痪似乎已经压倒了先进的资本主义;改革的需要已被麻醉,而旧的生产方式在带来其体制适应性更新方面的创造力早已枯竭。

消极的批评

即使早期的马克思主义的资本主义模式发挥了作用,但我们依然怀疑工人阶级在资本主义劳动过程所塑造的形式下是否也能够履行其他角色,而不是仅提供革命斗争中的大军。尤其是很难看出它能成为社会主义建设的主体力量的原因。对于马克思来说,在历史的长河中,工人阶级的干涉很大程度上依赖于早期马克思主义模式所描述的工人在资产阶级社会中的纯粹消极的地位。他在《共产党宣言》中著名的口号"无产者失去的只是锁链,而他们得到的将是整个世界",正是从这种精神出发的。围绕这个主题,试图将消极性转化为积极性的整体辩证法是可能的。

工人阶级消极的基础是没有私有财产。这可以防止工人在生产领域采取任何主动行动。为了生存,他们必须被动地适应由资本支配的项目;他们必须成为资本的一部分。如果资本将他们排除在外,他们就会脱离社会关系网络,并最终失去生存手段。他们的消极情绪只有在被雇佣时才是潜伏的,他们在失业时会突然爆发。即使他们采取了反对剥削者的积极态度,他们的行动也只能采取罢工的消极形式,从来不是(除非是对整个资本主义制度的处理)采取另一种生产方式。

工人阶级被排除在生产资料之外,哪怕是一点点所有权也是不被允许的,参与商业决策或控制也没有得到实现。从这方面来说,股权分享并没有改变任何事情。典型的工人阶层是没有股份的;即便是那些拥有一部分股权的,公司中的控制角色也将超出他们最疯狂的想象。养老基金拥有大量的股份,但资金本身并不受工人的控制。

工人阶级对资产阶级社会所完全否定的负面情况的反应,就是对生产资料中一切形式的私有财产的完全否定。在这一点上进一步说明,在后者从封建关系的蚕茧中出现的时代,比较工人阶级和资产阶级的状况是有用的。资产阶级不是作为无产阶级出现的。它代表了一种不同类型的私有财产——商业私有财产与封建私有财产。相比之下,工人阶级并没有什么独特的资产来对抗其他阶级。为了使资本社会的大门重新向无产阶级打开,唯一的办法是为其成员重新获得财产。这不能针对个体完成,例如通过分配和重新分配生产资料,因为这最终会导致资本主义的恢复或完全低效的简单商品生产形式。从生产技术上的整体化的特征的视角看,资本所有权既可以集中在少数人(即一个社会阶层、特权阶层)的手中,也可以排除在外,或者在社会层面上进行集体化作为一个整体(在第九章讨论过的集体主义的资本主义,作为一个中间阶段)。根据生产方式的特点,被排除在外的是他们的分割和平等地重新分配给个人生产者,以旧式土地改革的方式。

把工人阶级完全排除在生产资料的所有制之外,再加上生产过程在资本主义中所呈现的特征,就产生了工人阶级只有在所有权变为共产性质时才能重新获得所有权的结果。

然而,所有权只是生产关系的法律形式,而不是这些关系本身。社会主义所有制不能与社会主义生产关系联系起来,这不是形式问题,而是生产过程的实质性运作。这将不得不承担合作的角色,而不仅仅是执行任务(这已经发生在资本主义中),而且在决策和行政阶段也是如此。

无论人们在最好的情况下如何考虑这种方案的可行性,可以肯定的是,资本主义的劳动过程与让工人以合作的方式发挥作用相去甚远。有些作家在对工人阶级的现状的评价中,看到了与马克思有某种不一致。在本书作者看来,情况并非如此。《资本论》的某些分析确实表明,劳动过程为无产阶级进入集体创造了有利的条件,这是真正的社会主义生产关系所必需的。在资本主义制造业时代的车间中,劳动在技术上仍然是生产的主要力量,劳动分工,每个劳动者在一项特定任务上专业化导致了这样一种情况,即特定的个人只生产部分,而这些部分本身是不可用的,只有整个工作团队、集体工人才能生产出成品。根据他们的个人生产经验,因此可以认为自己是一个有机整体的成员,并有机会作为决策者,相应地塑造他们的行为。他们可能会采取合作的态度,因为他们知道作为整体的一部分,他们必须尽可能为整体提供服务,作为为自己服务的一部分。

随着现代工业的到来,集体工人的性格发生了决定性的变化。在劳动分工体系中,个人不再相互补充;他们只是一个机器系统的管理员,而这个系统现在本身就体现了劳动分工的原则,并转化为专门机器之间的任务分工原则。人类机器管理员不再是集体生产有机体的成员。一种机械的有机体已经取代了集体工人,而工人们则恢复到一种简单合作的状态,并肩为他们的机器服务,工作时间里彼此之间没有任何意义上的联系。再加上照看机器的工作可以简化到只需几周的训练就能学会的程度,使得个人很容易被其他人替代。在这种条件下,工厂里的共同劳动不再是工人阶级团结的物质基础。它不能把人们团结在一起;它孤立了他们,使他们以冷漠而不是参与的态度看待彼此。工厂生产不构成对形成集体主体的经济和社会决策的客观的教训。(另一方面,对雇主的普遍反对,无疑会在一定程度上促成团结,但这是另一回事。它关注的是工人阶级意识的消极方面,而不是积极方面。)

马克思很清楚工人的工作条件对他们的观点所施加的这些限制。他对此评论如下:

就分工在自动工厂里重新出现而言,这种分工首先是把工人分配到各种专门化机器上去,以及把大群并不形成有组织的小组的工人分配到工厂的各个部门,在那里,他们在并列着的同种工作机上劳动,因此,在他们之间只有简单的协作。工场手工业的有组织的小组被一个主要工人同少数助手的联系代替了。[1]

---

[1] 《马克思恩格斯全集》第44卷,人民出版社2001年版,第483页。

如果用这个术语来理解直接利用大量人力来完成一项共同的任务（如举起重物、划船），那么它可能就不那么简单了。在这个意义上，工厂里的工人是不会合作的；他们只是并肩工作。

马克思扩展了他的评论，包括他们的物质条件对工人阶级意识的影响：

尤尔博士，这位自动工厂的平达，一方面把工厂描写成"各种工人即成年工人和未成年工人的协作，这些工人熟练地勤勉地看管着由一个中心动力（原动机）不断推动的、进行生产的机器体系"；另一方面，又把工厂描写成"一个由无数机械的和有自我意识的器官组成的庞大的自动机，这些器官为了生产同一个物品而协调地不间断地活动，因此它们都从属于一个自行发动的动力"。这两种说法决不是相同的。在前一种说法中，结合总体工人或社会劳动体表现为积极行动的主体，而机械自动机则表现为客体；在后一种说法中，自动机本身是主体，而工人只是作为有意识的器官与自动机的无意识的器官并列，而且和后者一同从属于中心动力。第一种说法适用于机器体系的一切可能的大规模应用，第二种说法表明了机器体系的资本主义应用从而表明了现代工厂制度的特征。①

结果是，不仅工人阶级受到其生产活动的条件的影响，它也逐渐失去了活力。技能退化会产生两方面的结果：一方面，它会降低劳动生产力，破坏劳动工人阶级的谈判地位；另一方面，与目前的讨论更相关的是，它会在生产技术方法和工人的理解力之间产生一道屏障。在制造业的早期阶段，工人开始失去他们紧紧刻印在脑子里的劳动生产过程，原因在于，把他们分配给任务的劳动分工不是由他们自己来设计的，而是由资本主义的雇主和他的工程师设计的。

即便如此，在那个阶段，生产技术必须被认为对普通的理解仍然是相当透明的。显而易见，工人们与他们的生产活动真正分离的意义是生产的机械化。最后，运用时间管理和模块学习的科学管理，剥夺了工人的精神控制力，甚至于他们的人身自由。对于每一个致力于理解生产的全过程的工人来说，为了决策需要，最低的承诺是通过现代工厂工人的经验来解决。

优先于社会主义的工人阶级的地位，可能再一次与封建社会的资产阶级相比较。尽管贵族统治着资产阶级，但资产阶级事实上占据了在金融、贸易、航运以及早期制造业方面的指挥地位。在他们与其封建上级斗争取得胜利后，为资

---

① 《马克思恩格斯全集》第44卷，人民出版社2001年版，第482—483页。

产阶级提供了一种他们所承担的社会领导地位。至于工人阶级，他们的实际生活是完全相反的；作为一个个体，这削弱了他们作为决策者的能力。

这篇评论不是为了得出这么一个结论：工人阶级不适合作为社会主义改造的一种主观社会力量；而是指出，经济社会在产生这么一个推动力方面的局限性。即使工人阶级的纯粹消极思想植入无产阶级的思想中，为了消除他们的无产状态，从而把他们的消极态度转化为对于社会主义产权的积极状态，问题并不在于此。除了产权以外，还有其他关于工人阶级消极性的因素。由机械导致的集体工人的瓦解，具有活跃劳动力的工人阶级的自动化以及技能退化，导致其无法看到自身实际作为生产过程中的集体管理者的身份。作为一个规则，他们致力于在经济方面发挥作用的动机仍处于消极状态，即在工资和工作条件方面与雇主的集体对抗。工人们能够自己控制公司并比原来的雇主更加成功地运营公司的特殊例子是非常少的，并且也缺少说服力，以至于强化了这一规则。即便是工会主义也不可能被工人阶级的实际经验所青睐。团结一致对抗资产阶级雇主的必要性，常常被劳动人民生活条件中固有的个人主义所抵消。为了在他们自己的利益和社会之间取得一个必要的更广泛的事业，工人们必须从他们日复一日的工作或者是他们在劳动市场互相竞争的状态中走出来。仅仅是工会主义就预设了这一点。任何着眼于社会主义转型的、更加雄心勃勃的组织，都是必需的。

尽管马克思敏锐地对关于现代技术使工人无助和知识分子困惑的状态发表了评论，但早期的马克思主义模式在很大程度上依赖于他们在生产过程中的直接经验，为他们灌输了革命意识。这是因为他把重点放在消极意识上，认为日益贫穷将成为消极影响的不竭源泉。

这里就是模型的致命缺陷。不仅仅是因为发达资本主义经验没有证实贫困理论的直接预测。问题更为根本。即使这样，他们最多也只能引起工人阶级的反抗。他们本身就没有理由把这种反抗导向社会主义目标。在阶级社会，如果没有两个因素的共同作用，任何重大的社会变革都不会完成：多数人反对统治阶级的反抗，以及对一个新秩序的正面导向。有人认为，不能依靠工人阶级的直接经验来提供积极的方向。它不构成工人阶级作为社会主义生产关系的实际能力主体。这种情况所造成的困难并不局限于建立真正的社会主义社会，因为推翻政权本身就受到经济对劳动者社会观念的破坏性影响而受到抑制。

尽管马克思在理论上致力于生产是社会活动主要决定因素，但他并不认为工人阶级需要经济外部形成。在《共产党宣言》中,他甚至把资产阶级作为资产阶级政治家为了自己的目的动员工人的第一位政治教育者,而这样做是在社会行动的更广泛的方面发起的。列宁走出这个困境的途径是他的著名论断,即社会主义意识必须从外部输入工人阶级,从社会科学这个发现了社会运动定律的独立于工人经验的社会科学。实际上,这就是说,马克思主义知识分子必须带头,教育工人阶级走向社会主义建设的任务。因此,"人类"最终将通过革命知识分子的领导,达到恰当的"任务设定",而不是通过工人阶级的自发性。在列宁的序言中,隐含的方法论区分是在科学的和意识形态的、本能的对社会主义变革任务的认识之间,在制度上得到了实现。

列宁主义政党在征服国家政权和引入世界各国主要生产资料的国有制方面取得了显著的成就。列宁论点中的一个因素仍然是不可动摇的,即他决定性地接受这样一个事实:为了形成社会主义意识,工人阶级必须在生产过程中的狭隘角色的破坏极限之外寻求社会政治经验。发达资本主义国家无产阶级日益贫困化的定律的失灵,更强化了这个论点。

另一方面,在现代民主政治的条件下,工人阶级的政治形式似乎没有理由总是由一批紧密结合的马克思主义革命知识分子来掌握。工人阶级理所当然地参与政治生活。甚至可以想象,在机器人和自动化的发展倾向于使工人参与生产过程边缘化的情况下,他们参与政治进程将会增加相对的份量。

社会主义方向上更多种类的影响似乎也有可能出现。基于对科学技术进步的贡献,各学科的科学家们可能会开始认识到资本主义制度与进一步发展(甚至仅仅是生存)的不相容性,并希望将这些信息传递给工人阶级。在诺伯特·维纳(Norbert Wiener)的著作中,可以找到一个这种乐观和悲观的早期例子,他对自动化可能带来的社会后果进行了如下评论[1]:

对人类来说,机器使人类不再需要那些卑贱的和不愉快的任务可能是一件好事,也可能不是。我不知道。从市场角度来评估这些新的潜力并不是一件好事,而正是在市场方面,"第五自由"(fifth freedom)已经受到美国全国制造商协会和《周六晚邮报》(*Saturday Evening Post*)所代表的美国奥论界的抨击。我之所以说美国人的观点,是因为作为一个美国人,我最清楚这一点,但小贩们不承认国界……

---

[1] Norbert Wiener, *Cybernetics* (Cambridge, Mass., 1948 and 1961), pp. 27—28.

当然，答案是建立一个以人为本的社会，而不是买卖。为了达到这个社会，我们需要进行大量的规划和大量的斗争，如果最好的事情能够最好的发生，那么我们就可能在思想的层面上，否则，谁知道呢？因此，我觉得有责任把我对这个职位的信息和理解传达给那些对劳动条件和未来有积极兴趣的人，也就是工会。我确实设法与C.I.O中的一两个人联系，并从他们那里听到了充满智慧和同情的声音。除了这些人以外，我和他们中的人任何人都不能去。他们认为，正如我之前在美国和英国的观察及信息一样，工会和劳工运动掌握在极为有限的人员手中，商店管理以及工资和工作条件方面的纠纷，而且完全没有准备进入涉及劳工存在的更大的政治、技术、社会和经济问题。原因很简单：工会官员一般来自行政人员的艰苦生活，没有更广泛的培训机会；对于那些接受这种培训的人来说，职业生涯通常并不受欢迎；工会也不会接受这样的人。

这是约四十年前写的。技术进步并没有维纳所期望的那么快，这可能部分解释了他的信息没有得到回应的原因。最近的事态发展似乎给这个消息带来了新的紧迫感。如果说技术性失业者，或者是偶尔雇佣的工人阶级，就像有些预测所表明的那样多，那么阶级斗争的主要焦点将不得不永久地从失业者无法控制的生产转移到政治领域，在那里，至少在民主国家，他们拥有自动参与的权利。可以想象，未来工人阶级将越来越多地寻求在民主政治领域而不是在工会鼓动中谋求其统一性和社会主义的项目（没有这个项目就被谴责为无产阶级）。坚持马克思主义早期模式的马克思坚信，即使在这种模式下，如果要发生社会变革，经济学最终还是要走入政治领域。同样的信息，只有得到加强，才会从他的早期模式的消亡中显现出来。

延伸阅读

1 Economics and historical materialism

Anderson, Perry, *In the Tracks of Historical Materialism* (London, 1983).
Cohen, G. A., *Karl Marx's theory of history, a defence* (Oxford, 1978).
Levine, Andrew and Wright, Eric Olin, 'Rationality and Class Struggle', *New Left Review*, 123 (London, September–October, 1980) pp. 47–68.
Popper, Sir Karl, *The Poverty of Historicism*, 2nd edn (London, 1961).

2 Commodity production and capitalism

Marx, Karl, *Capital*, Vol. I, chapter 1, sections 1, 2 and 4; chapter 6 and chapter 24.
Meek, R., *Economics and Ideology and Other Essays* (Chapman & Hall Ltd, London, 1967) Part Two.
Morishima, M. and G. Catephores (1975), 'Is there an "historical transformation problem"?' The *Economic Journal*, Vol. 85, pp. 309ff.
Renner, K., (1949), *The Institutions of Private Law and their Social Functions* (Routledge & Kegan Paul, London) chapters 1, 2 sections I, II and III.

3 The labour theory of value

Böhm-Bawerk, Eugen, *Karl Marx and the Close of his System*, ed. P. M. Sweezy (Merlin Press, London, 1949).
Rubin, I. I., *Essays in Marx's Theory of Value* (Black & Red, Detroit, 1972).
Steedman, I. et al., *The Value Controversy* (Verso, London, 1981).
Steedman, I., *Marx After Sraffa* (NLB, London, 1977).

4 Value, labour power and exploitation

Bose, A., *Marxian and Post-Marxian Political Economy: An Introduction* (London, 1975).

Cohen, G. A., 'The Labour Theory of Value and the Concept of Exploitation' in Steedman, I. *et al.*, *The Value Controversy* (Verso, London, 1981).
Gintis, Herbert and Bowles, Samuel, 'Structure and Practice in the Labour Theory of Value', *Review of Radical Political Economics*, 12:4. (Winter, 1981).
Rowthorn, Bob, *Capitalism, Conflict and Inflation: Essays in Political Economy* (Lawrence & Wishart, London, 1980).

5 Money and growth

Braverman, H., *Labor and Monopoly Capital; the degradation of work in the twentieth century* (Monthly Review Press, New York, 1974) chapters 4 and 5.
Brenner, R., 'On Sweezy, Frank and Wallerstein', in *New Left Review*, 104 (London, July–August, 1977).
Desai, M., *Marxian Economics*, 2nd edn (Basil Blackwell, Oxford, 1979).
Friedman, A., *Industry and Labour* (Macmillan, London, 1977) chapter 6 and passim.
Keynes, J. M., 'Economic Possibilities for our Grandchildren' in his *Collected Works*, Vol. IX, *Essays in Persuasion* (Macmillan, London, 1972).

6 Capitalism and crisis

Desai, M., *Marxian Economics*, 2nd edn (Basil Blackwell, Oxford, 1979) chapters V and XIII.
Foley, D., 'Realization and accumulation in a Marxian Model of the Circuit of Capital', *Journal of Economic Theory*, 28,2 (December).
Itoh, M., *Value and Crisis: essays on Marxian Economics in Japan* (Pluto Press, London, 1980) chapter 4.
Lenin, V. I., *Imperialism, the highest stage of capitalism*, in *Selected Works*, Vol. I (Moscow, 1963).
Morishima, M., *Marx's Economics, a dual theory of value and growth* (Cambridge, 1973).
Union for Radical Political Economics, *US Capitalism in Crisis* (New York, 1978) (particularly the contributions by Anwar Shaikh and Thomas E. Weisskopf).

7 Growth, acceleration and credit

Dobb, M., *Political Economy and Capitalism* (Routledge & Kegan Paul, London, 1940). (Second edition. First published, 1937) chapter IV.
Fan-Hung, 'Keynes and Marx on the Theory of Capital Accumulation, Money and Interest', *Review of Economic Studies*, October 1939.
Itoh, M., *Value and Crisis, essays on Marxian Economics in Japan* (Pluto Press, London, 1980) chapter 5.

8 The falling tendency at the rate of profit

Fine, B. and Harris, L., *Rereading Capital* (Macmillan, London, 1979).
Gillman, J. M., *The Falling Rate of Profit* (New York, 1958).
Morishima, M., *Marx's Economics, a dual theory of value and growth* (Cambridge, 1973) chapter 6.
van Parijs, P., 'The Falling Rate of Profit Theory of Crisis: A Rational Reconstruction by Way of Obituary', in the *Review of Radical Political Economics*, 12, 1 (Spring 1980).
Sensat, J. Jr, *Habermas and Marxism, an Appraisal* (Sage, Beverly Hills, 1979).
Shaikh, A., 'Marxian Competition versus Perfect Competition: further comments on the so-called choice of technique', *Cambridge Journal of Economics*, 1980, 4, pp. 75–83.
Sweezy, P., *Theory of Capitalist Development* (Dennis Dobson Ltd, London, 1962) chapter 4.

Appendix to Chapter 8

Sensat, Julius, Jr, *Habermas and Marxism* (Sage, Beverly Hills, 1979) chapter 7 (the proofs given follow this text.

9 The rise of collective capitalism

Baran, P. A. and Sweezy, P. M., *Monopoly of Capital* (Penguin, Harmondsworth, 1966).
Fine, B. and Harris, L., *Rereading Capital* (Macmillan, London, 1979) chapters 7, 8 and 9.
Galbraith, J. K., *The New Industrial State*, revised edn (André Deutsch, London, 1972).
Green, F., 'Occupational Pension Schemes and British Capitalism' in *Cambridge Journal of Economics*, 6 (Academic Press, London, 1982) pp. 267–84.
Keynes, J. M., *The General Theory of Employment, Interest and Money* (Macmillan, London, 1961).
Minns, Richard, *Pension Funds and British Capitalism* (Heinemann, London, 1980).
Schumpeter, J. A., *The Theory of Capitalist Development* (Oxford University Press, Oxford, 1961).

10 The working class

Braverman, H., *Labor and Monopoly Capital: the degradation of work in the twentieth century* (Monthly Review Press, New York, 1974) chapters 17–20.
Gorz, A., *Farewell to the Working Class* (Pluto Press, London, 1982).
Wiener, N., *Cybernetics* (Harvard University Press, Cambridge, Mass., 1948 and 1961).